# 横浜開港時代の人々

紀田順一郎

神奈川新聞社

## 目次

本書は、「開港・開化傑物伝」として
雑誌「Best Partner」（浜銀総合研究所発行）に
二〇〇八年（平成二十）一月号～
二〇〇九年（平成二十一）三月号にわたって
連載されたものに、
加筆・修整を行いまとめたものです。

# 一

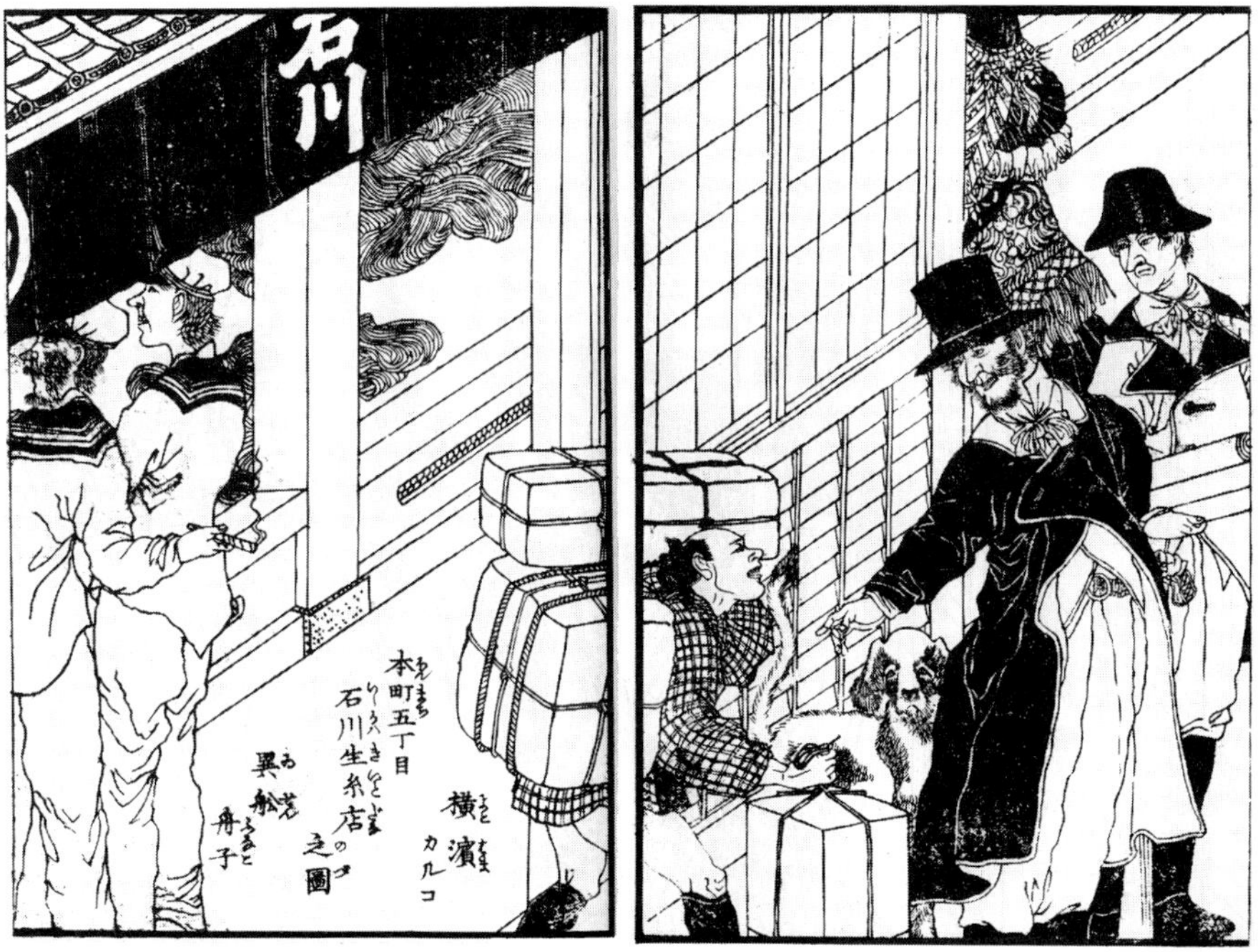


# 開港ヨコハマを駆け抜けた風雲児田中平八

## ◎生糸相場師

●——本町五丁目石川生糸店の図『横浜開港見聞誌』

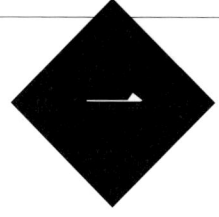

## 志士と商人の分かれ道

隅田川の流れが淀みなくゆったりとして、水の面には初秋でなければ見られない白い、大きな雲が映っていた。堤防をはさんで反対側の緑地帯は、いまは高層住宅に囲まれているが、白鬚橋の近くに平安時代の創建にかかるという古い寺院がある。当初あった場所から少し移転したというが、名高い梅若伝説ゆかりの木母寺《もくぼじ》である。

敷石道が掃き清められた境内に入ると、いかにも歴史のある寺らしく、本堂や庫裏に沿って大小の石碑や記念碑が目につく。その奥に、何か大きな壁のようなものがそびえ立っている。青磁色の石碑で、十二畳大の表面には、碑文がたった五文字だけ。

「天下之糸平」

この青い石は仙台石巻で切り出した稲井《いない》石で、書の揮毫《きごう》者は明治の元勲伊藤博文だというから驚く。あまりにも大きいので、帝国ホテル支配人宅の十五畳敷応接間に用紙を何枚も貼り合わせたものを用意し、伊藤博文に出張してもらい、大きな筆で「エイヤッ」と書かせたという。まことに破天荒なエピソードであるが、天下の糸平こと田中平八には、このようなことも当然と思わせる風格が備わっていた。

明治初期の実業家である。いまでこそ、知る人も少なくなりつつあるが、渋沢栄一によって三井の野村利左衛門(三井銀行の創設者)と鉱山王の古河市兵衛(古河財閥の創設者)とともに、「明治維新当時の財界における三傑」とまで称えられた人物である。

田中平八の主な活動舞台は横浜であるが、生まれは信濃の伊那郡赤穂村(現、長野県駒ヶ根市赤穂)である。天保五年(一八三四)七月十一日、同地の資産家、藤島卯兵衛の三男として生まれた。幼名を釜吉といったが、これは産湯を釜で沸かしていたとき、釜が鳴りだしたので吉兆とされたためである。上に一人の兄がいた。

赤穂一帯は養蚕業が盛んな土地だった。釜吉は利発な、目はしのきく子どもだったので、七歳で村の塾に入れられ、読書算数を学ばされた。腕っ節が強く、少しあとで剣術の稽古もしたらしいが、商人に学問や剣術は不要とされた時代である。十一歳か二歳のとき、釜吉は飯田の商家（雑貨屋）に丁稚奉公に出された。魚屋、染物屋を転々としたが、小規模の投機を試みては失敗することもあり、雇い主の受けはよくなかった（一説には、父親も相場癖のために、財産をすり減らしたという）。こんなことを繰り返しているうちに、心中なにか大きなことをやりたいと願うようになった。

十七歳（あるいは十九歳）で伯父田中保兵衛の養子となり、田中平八と改名した。そして飯田と商業的な関係の深い名古屋に頻繁に出かけているうちに、「金儲けは相場に限る」ということを再認識し、商売で知り合った友人油屋直吉から資金を借りて、米のほかに蚕糸を商うようになった。

しかし、相場はあまいものではなかった。このころから信州と開港直後の横浜との間を往復し、生糸や茶を売り込んだが、利益をあげられるほどではなかった。平八が「天下の糸平」となるには、まだ多くの経験が必要だった。

中山道を旅していた際、偶然に清川八郎と知り合い、天下の情勢についての意見を仰いだのもこのころである。ペリーの浦賀来航いらい、天下が麻のごとく乱れはじめていることは、平八も早くから察知していたが、清川八郎の尊皇攘夷論に接して、じっとしていられなくなった。このまま一商人で終わることはできない、という思いがますます強くなっ

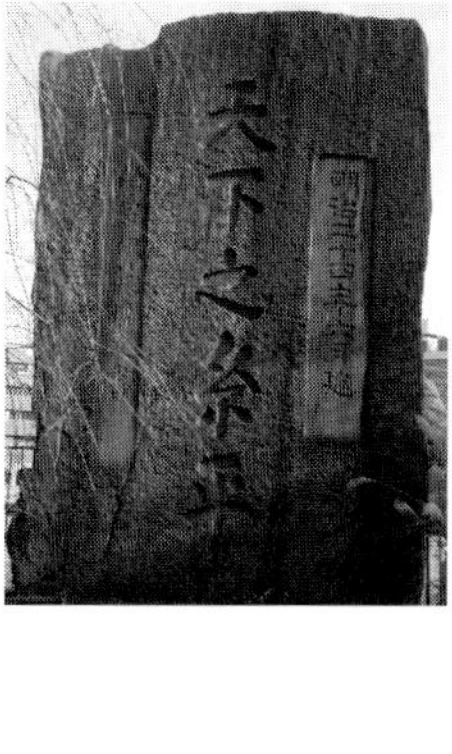

●——木母寺にある「天下之糸平」碑

てきたのである。

幕末の混乱期にあって、血の気の多い青年の中には武士になることを考えた者も多いと思われる。平八が剣術を好んだことはすでに述べたが、風貌も眼光の鋭い、六尺豊かの大男であったから、混乱期に志士を名乗ったとしても不思議ではない。それから間もなく、熱田行きの船で乗り合わせた志士伴林六郎《ともばやしろくろう》の口から清川八郎の死を知らされ、反射的に勤皇方につく決心をしたのも、以上のような伏線があるからだ。

伴林の紹介で攘夷派の志士を知った平八は、多少の紆余曲折はあったが、水戸の天誅組に関わりをもつことになる。このあたりは奔放そのもので、商人の域を越えていたが、後年親しい相棒の雨宮敬次郎（一八四六〜一九一一）に「わしは武士になって、役につこうなどとは思っていなかったのさ。勤皇に賭けたのはうまく行って勤皇派が天下を取ったら、新政府の御用達になろうと、ソロバンをはじいたのよ」と語っているところから、彼なりの合理性を伴った行為といえよう。

結果は義挙の夢破れ、おたずね者の身となったわけだが、捕縛されて小伝馬町の牢屋に投獄され、「剣を取っての栄

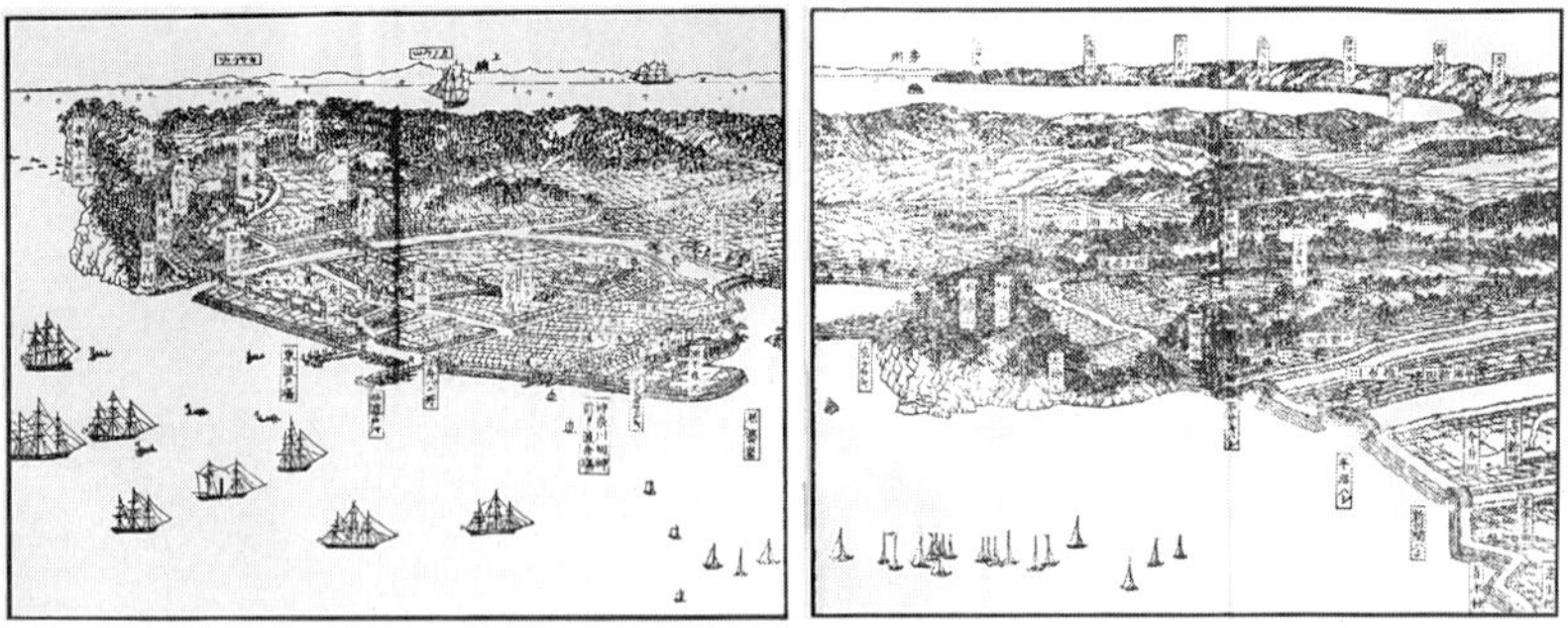

●――開港まもなくの横浜
［左端・現在の中区山手一帯、中央・中区吉田町一帯、右端・西区平沼町『横浜開港見聞誌』］

達は難しいから、俺はソロバンをもって立つ」と決意したというのは伝説であろう。実際は働き口がなく、すでに多少の手応えを感じていた横浜に出て、一旗あげる決心をした。平八が三十歳のときであった。

## 開港景気に湧き立つヨコハマ

そのころの横浜は、急速に新都市としての姿を整えつつあった。後に森鷗外の作詞した『横浜市歌』に、「昔思えば苫屋の煙、ちらりほらりと立てりし處」とされた横浜村なども、夜を日につぐ突貫工事で埋め立てられ、町並みも整いつつあった。安政五年（一八五八）の日米修好通商条約のもとでは、神奈川が開港地と定められていたが、幕府は外国人を日本人と隔離する居留地を設けるには、横浜のほうが好都合と判断し、強引に造成を進めたのであった。やむなく各国商人はここに商館を建設し、保安のための軍隊を駐屯させた。

日本商人にしても、この絶好のビジネスチャンスを見逃すはずはない。江戸をはじめ各地から多数の商人がやってきた。その筆頭が三井三菱の御用商人で、じつは江戸の問屋を横浜に集中させようとする幕府の政策によるものだった。なかでも羽振りのよいのは生糸問屋であった。すでに生糸は横浜の全輸出品価額の半分を占めていた。本町通りには小橋屋伝右衛門、郡内屋四郎右衛門、中居屋重兵衛、弁天通りには橋本屋忠兵衛、高須屋清兵衛、野沢屋昭三郎などが軒を並べていた。なかでも中居屋重兵衛の店は銅葺き屋根の総二階建ての豪華な造りで、「銅御殿《あかがねごてん》」と呼ばれていた。野沢屋昭三郎は群馬出身の茂木惣兵衛の主人で、間もなく茂木に野沢屋呉服店を開業させている。

開港期にはこの茂木のほか、原善三郎、小野善三郎、三越得右衛門、吉田幸兵衛ら五人の生糸商で横浜の生糸取扱量の七四%を占めていた。これらの人々の多くは養蚕業の盛んな信州や甲府、群馬、福島などの出身者だった。元来横浜は地理的な関係から、房総(千葉)の住民と結びつきが強かったのであるが、幕末以降は交流圏が大きく変わったのである。

これらはすでに成功した生糸商の場合で、田中平八はどちらかといえば後発組であったから、最初は元手をつくるために苦労したらしく、知人の家に寄食しながら人力車業を営んだという話もある。そのうちに大和屋三郎兵衛という洋銀商（両替商）に見込まれ、その養女と結婚、商売を手伝うようになった。もとより好きな道であるから、すぐにコツを覚え、利益をあげるようになった。

しかし、平八が巨富を築く端緒となったのは、やはり生糸相場であった。元来生糸相場は上がり下がりが激しい上に、初期の開港地には公的な検査場も立会場もなく、産地から運ぶ商品を洋館に持ち込み、相対商《あいたい》い（直取引）を行ったので、よほど情勢に詳しくないと利益をあげるどころか、逆に大損をしかねなかった。投機の手段としては、相場上昇の気配を察したら直ちに産地で買い占めを行うことであるが、逆にリスクも大きかった。

あるとき平八は大和屋から、従来一両につき三百匁《もんめ》ぐらいだった生糸相場が、二百二十匁に上昇していることを知った。原因は中国の絹が減産のため、イギリスやアメリカの貿易商が買いあさっているからだという。百両で仕入れた糸が、すぐ百五十両で売れるということだった。

商機到来と見た平八は、すぐに飯田に帰って前述の油屋直吉に相談し、地元の生糸を出来るだけ買いまくった。具体的には、親戚知人から十両、二十両と資金を借り、生糸の仕入値の一割に当たる手金（手付金）を払う。現品は手金を打つそばから馬で送り出させる。当時馬一頭の背に乗る生糸量（一駄）は、四梱《こり》分である。横浜生糸の相場は一梱五十両を超えていたが、これを飯田で一梱四十両、したがって手金四両で仕入れようというのである。荷主への残金は、横浜着払とする。横浜までは往復半月程度。若干時間はかかるが、従来の生糸買い（ブローカー）より割はよいはずだ。

事実、平八らが手金を打って生糸を仕入れているという噂が広がると、生産者が自分のほうから持ち込んできた。一梱平均三十九両で仕入れることができた。あとは商品の売り込み先だけである。平八には成算があった。先に述べた銅御殿の中居屋重兵衛である。いきなりその店の前に荷馬車をつけ、飛び込みで交渉した。若干の駆け引きはあったが、信州の生糸はモノがよい。一梱六十両で売ることができた。

◉——天下の糸平［『田中平八の生涯・天下の糸平』］

ドカ儲けである。それからは毎日のように一駄、二駄と入ってくる。それを中居屋に売ると、二百両から三百両に近い儲けが手に入った。次の一手は、在庫をもつことだ。南仲通に売家が出たので、早速購入して裏手に土蔵を設けた。ようやく中堅の生糸買い業者として、体裁が整ってきたのである。時に糸平、三十五歳。

**投機最前線に踊る人々**

開店祝いには、横浜中の有力業者を招待しようと、横浜で最も大きな「佐野茂」という料理屋に交渉したが、一見の客はとらないというので、隣の「松ヶ枝」という料亭に飛び込み、三日間芸妓と幇間を総揚げで大宴会を催すこととした。この前代未聞の会には三百人の参会者を記録し、横浜じゅう

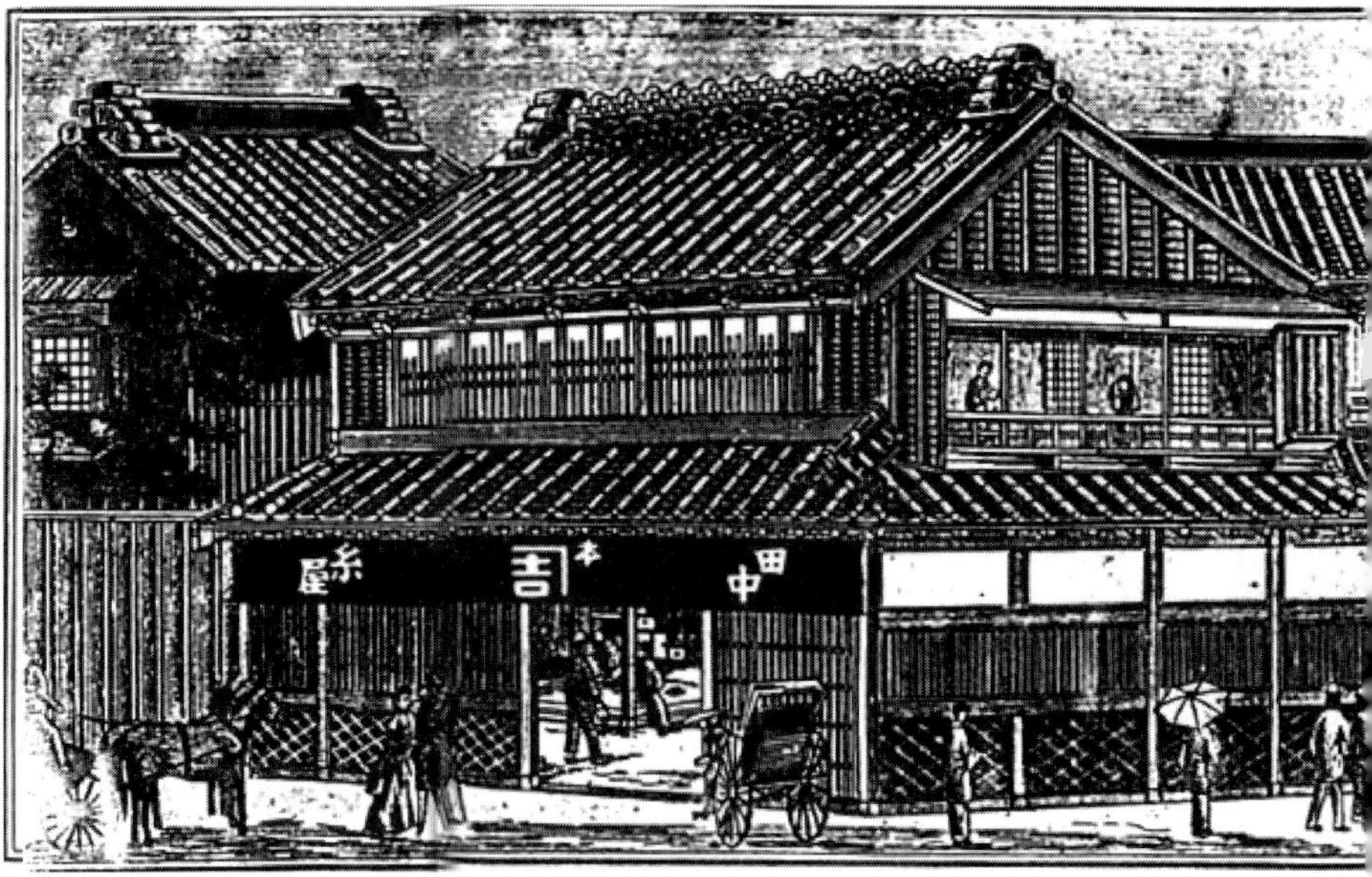


●――田中平八の糸屋［『田中平八の生涯・天下の糸平』］

の評判となった。平八のことを成り上がりと軽蔑する者はなかった。新開地横浜にあっては、ほとんどの商人は一旗組で、生糸商になるまえにはサザエの壺焼きを商いとしていた者もあったからだ。それに平八は元天誅組なのだから大威張りである。その点、元長州の志士で野村三千三と名乗っていた中居屋などと、気脈を通じることができたのだろう。

この宴会に平八が投じた費用は約五百両、芸妓や幇間に撒いた金は五十両といわれる。それでも平八は、「なあに、横浜に糸平ありと知ってもらえれば、安いものさ」と、得意顔だった。

平八は横浜の商人たちから、一目置いて見られるようになった。度胸がいいし、押し出しもきく。当人もそれを意識し、まだ平民に許されていなかった馬を買い、これ見よがしに海岸通りを闊歩してみせたりした。「平民がいつまでも卑屈で臆病ではならない」というのが持論だった。前述の相棒雨宮敬次郎と知り合ったのも、ちょうどこのころである。両人の横浜進出時代はきわめてよく似ているので、少し脇道になるが、ここで雨宮の経歴を記しておくことにする。

雨宮敬次郎は甲州山梨郡牛奥（現、山梨県甲州市塩山牛奥）の農家に生まれた。幕末農村経済の混乱に乗じ、綿やブドウなどの特産物を江戸で売り捌いていたが、天下の情勢を見るに相場こそ巨利を博する絶好の手段と気づき、明治初期に横浜に出て、商業活動の第一歩を踏み出した。といえば聞こえはいいが、見通しがあったわけでもないのは、手当たり次第に、まず洋酒販売を始めたことでもわかる。それも大きな店を張ることは不可能だったので、海岸通りに申しわけばかりの露店を設け、洋酒の看板を掲げた。大量の商品を仕入れるだけの資力がないため、店頭に並べたボトルの中身は、じつは海水を入れたものに過ぎず、本物の洋酒瓶はわずか五、六本というハッタリ商法だった。

ある日のこと外国の船員が通りかかり、金貨一ドルを投じて店頭のボトル一本を持ち帰った。ところが、その直後、海水入りのほうを売ってしまったことに気づいて、船員の後を追いかけたが、相手の姿を見失ってしまった。青くなって店に戻ると、間もなくその船員が文字通り烈火のごとく怒って飛び込んできて、敬次郎の弁明も聞かばこそ、海水入りの贋ボトルを投げつけ、代金を返せともいわず、立ち去ってしまったのである。

さすがの敬次郎も、この外国人船員の態度には感じいったと見え、後年になって「ああ、外人の剛快なる金貨一弗、之を念頭に介せず、僅かに酒瓶を投擲《とうてき》粉砕して以《もっ》てその忿懐《ふんかい》を遣《や》る。男子須《すべか》らく此の気風を養はざるべからず」と述懐している。洋酒販売は数カ月にして廃業したというが、もしこの出来事がなかったら、敬次郎はそのまま酒の小売商を続けていたかもしれない。

露店の酒商をやめた敬次郎は、在浜の同郷人金子屋元兵衛の家にしばらく寄寓することになったが、元兵衛が両替と洋銀相場を業としていたところから、敬次郎も見よう見まねで若干の資金を注ぎ込んで見たところが、水に合ったというべきか、最初の相場でいきなり八百余両の利益を占め、当面この道に専念するようになった。

思いがけず蓄えができると、自信も出てくる。直ちに馬を購い、市中を闊歩して得意然としていた。「何しろ平民で馬に乗ったのは私が魁《さきがけ》だったから」と自伝に述べているが、じつは前述のように横浜の商人として声望の高まりつつあった田中平八が、馬に乗って出かけることを知り、近づきになりたい一心で自分も馬を購入したというのが真相である。

首尾よく顔見知りとなり、間もなく平八が伊勢佐木町にあった敬次郎宅を訪問したことから、家族ぐるみのつきあいが始まった。二人は相場師的な気風で気脈を通じ合い、約十年後に平八が没するまで親交が続いたのである。

●――雨宮敬次郎

## 紅灯の巷が情報基地

平八が花咲町に千坪を超える土地を購入し、三百坪ちかい豪邸を建てたのは慶応年間（一八六五〜六六）である。総ヒノキ造の二階建てで、座敷開きと称して横浜中の芸者を総揚げし、ハマの有力者を招待した後、郷里から長年放っておいた妻子を呼び寄せたが、あまりに広すぎて目をまわしたという。何しろ廊下だけで五十間（約九十メートル）もあり、掃除も大変というので、十人以上の使用人を置いた。

時代は明治に入り、平八の活動領域は為替会社、第二国立銀行などの設立から、さらには水道敷設や瓦斯《ガス》設置事業など、公共方面へと広がった。明治五年（一八七二）東京―横浜間に鉄道が敷かれたさい、天皇を迎える横浜側の代表の一人に選ばれた平八は、感慨無量だった。その盛儀に主賓として参列したのは、鉄道事業に協力した原善三郎、高島嘉右衛門、金子平兵衛、増田嘉兵衛、それに平八の五名であった。当日の彼は、父母の名を記した紙片を懐中に、神妙な面持ちで天皇の詔勅を受けながら、心の中で「おれもとうとう天下の糸平になったか」とつぶやいたという。「天下の糸平」というのは、このころからの自称である。

田中平八にせよ、雨宮敬次郎にせよ、並の相場師と異なる点は、社会貢献となり得るような業績をのこしていることである。結局は自らの利益になることではあったが、開拓期の商人として、それなりの実力を備えていたことは確かだろう。平八の場合は、生糸相場会社や洋銀取引会所を立ち上げ、その肝煎りとなったり、三井八郎右衛門の呼びかけに応じて、金穀相場会所をつくったことが特筆されよう。それまでも日本橋や深川の米倉を私設取引所として、空米売買は行われていたが、公許でないためにリスクが大きかった。

さらに三井の要請に応じて、会所の形態は横浜の富豪が出資する合資会社という形とし、本拠を東京の鉄砲洲（現、中央区明石町）に置き、自ら責任者となった。米穀相場はなかなか公に認められなかったという経緯があるので、経済界の快挙であった。この一件で平八の社会的ステータスは大きく向上したのである。

いきおい、商売に役人や外国人を相手にすることが多くなった。その接待の舞台となっ

●明治七年の横浜駅［現在の桜木町駅］

たのが、遊郭である。そもそも横浜には開港後間もないころから、芝居小屋、寄席、相撲場などの娯楽施設が進出していた。遊興施設としては、取り締まりの便宜上、港から少し離れた太田屋新田の一角（現、横浜スタジアム付近）に設けられた遊郭がある。埋め立て地だったために土木工事は難航したが、江戸の吉原を模した設計で、完成後は港崎町（みよざきちょう）と呼ばれ、多くの遊女屋が軒を並べた。

その中でも一般に知られたのが岩亀楼《がんきろう》で、同時代の文献に「岩亀楼の家造りは蜃気楼《しんきろう》のごとくにして、あたかも龍界にひとしく、文月の燈籠、葉月の俄踊、もん日もん日の賑わひ、目をおどろかし、素見ぞめきは和人、異人打ちまじりて、昼夜を分かたず」とあるほどだが、もう一軒、勝るとも劣らぬ人気を誇った富貴楼《ふうきろう》という店がある。こちらの方は豪奢よりも一番芸者のお倉の人気に負うところが多かった。

平八は店開きの折に呼び寄せた芸妓の中に、このお倉を見いだし、すぐにねんごろになった。一説には、お倉は平八が雌伏時代の馴染みで、なにがしかの恩義もあったため、謝礼の意味で援助を惜しまなかったともいわれる。いずれにせよお倉は美妓だったので、間もなくこの店には、政財界の名士が集うようになった。店自体は慶応二年（一八六六）の大火で全焼してしまったが（いまでも当初の位置である横浜スタジアム敷地内に往昔の石灯籠が残されている）、その後高島町に移転、明治に入っても大いに栄えた。平八はここで顕官を接待し、重要情報を聞き出し、早めに手を打つことによって利益を獲得した。一方、お倉のほうでも登楼する官吏や商人から得られた情報を平八に流していたのではないかといわれている。

明治初期の岩亀楼

## 子孫に遺した投機の戒め

後半生の平八は土地開発や銀行創立（第百十二国立銀行）などを独力で手がけ、文字通り「天下の糸平」と仰がれたが、明治十四年（一八八一）の春ごろから胸を患うようになった。熱海につくった別荘で静養したが、いっこうによくならない。当時、熱海には岩崎弥太郎や大隈重信の別荘もあったが、水利がよくないという話を二人から聞いて、東京から技師を呼び、水道を引かせた。ついでに電気も引いて、当時の金で五千円かかったというが、平八には何でもないことだった。これが熱海水道のはじめである。

このように常に事業のことしか念頭にない平八だったが、さすがに病勢が進むにつれて気が弱くなったらしい。雨宮敬次郎が見舞いに顔を出すと、帰り際に必ず「貴様のようなバカ野郎でも、乃公が死んだら後は見るだろうな」といったという。

もう一つ、平八は死期を察した時「俺は死に家をつくるんだ」と、横浜の花咲町の敷地の一角に「死に家」と称する葬儀用の屋敷（百二十坪）を建築したことも、後の語りぐさとなった。棺を安置する座敷、通夜用の広間が二十五畳敷、施主近親の並ぶ控えの間がそれぞれ十畳ずつ、廊下も縦横にとって各室と連絡し、それも出棺用に幅広く設計するという念の入れようだった。

最期が迫った日、糸平は近親者を集めて遺言をした。当時の新聞に出たままを記してみよう。

「予は投機で一生を終わりたり。然れども最初より此のことを正業なりとして為したるに非ず。予が初めて故郷を去り、横浜に来りし時は、種々正業の計画も為したるが、何を云うにも資本がなし。その折り相場に手を出したるが病みつきとなり何の某と人にも知られて見れば、負けるは否なり。勝って面白し。騎虎の勢い我が抑制する能わずして遂に今日に及ぶなり。然れども、投機の事はわが糸平にて可なり。決して御身等の能くし得べきものに非ず（後略）」

諄々と語り終えるや、彼は死装束として用意していた黒羽二重の紋付羽織袴を家人に着せてもらって、しずかに横になり、一人一人の顔を見ながら「長い間ご苦労だったな」と声をかけたという。

明治十六年（一八八三）八月十日没。数え年で五十歳だった。その死を伝えた当時の新聞に「気象の卓落たる、言動の豪邁《ごうまい》なる上に世故に通じ、節義に明なる器なりければ往々人をして後に瞠若《どうじゃく》たらしめたる事あり」（「東京日日新聞」）とあるように、一代の商傑を惜しむ声が高く、良泉寺（現、神奈川区神奈川新町）で行われた葬儀には一万人以上の参

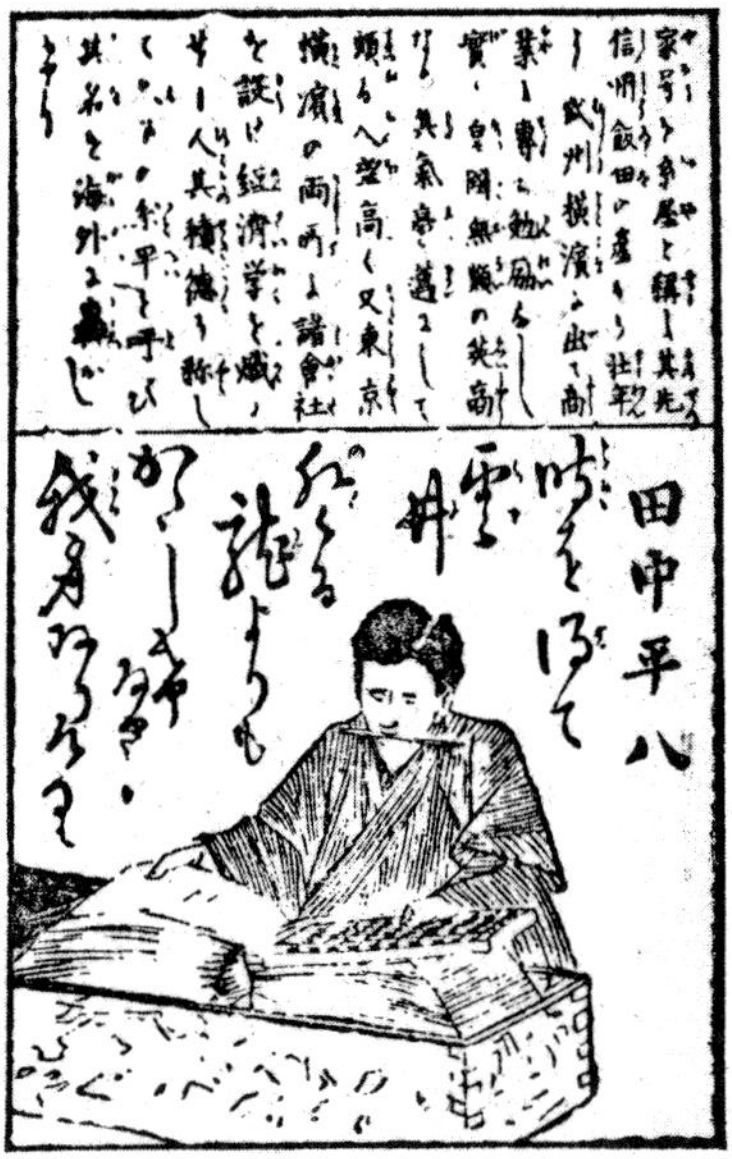


◉——『英名百人一首』の田中平八

会者が集まるという空前の規模となった。京浜間の財界人が五千三百余人も含まれていたため、日本橋蛎殻町の米商会所は臨時休業となった。菩提寺の隣の小寺では、貧しい人々五千人に金十銭ずつが施された。葬儀の費用は一万二、三千円という。小学校教員の初任給が五円に満たない時代である。

平八の没後間もなく、長男の菊次郎（二代目糸平）や富貴楼お倉らを中心に顕彰碑を建てようという動きが出てきた。新聞記者で作家の福地源一郎（桜痴《おうち》）らが漢文で碑文を草したが、これを見た雨宮敬次郎が「そんな文章は面白くない。日本国中のだれもが読める文章が欲しい。水戸光圀《みつくに》公の『嗚呼《ああ》忠臣楠子《なんし》之墓』にならって、俺は『天下之糸平』としたい」という意見を出した。関係者からは総スカンを食い、一時は頓挫しかけたが、たまたま帝国ホテルに滞在中の伊藤博文がこの噂を耳にして「非常に名文章である」と評価したというので、喜んだ敬次郎は強心臓にも揮毫を依頼した。これが冒頭に記した木母寺境内の巨碑のいわれである。

二百数十年の鎖国から開国へという変革期に、度胸と商才をもって経済の修羅場を制した一代の商傑天下の糸平こと田中平八。その波乱に富んだ豪放な生涯は、幕末明治生まれの日本人が備えていた情熱と豊かな可能性を窺わせ、港都横浜の発展史の上からも逸することのできない人物といえよう。

＊付記　田中平八の生涯は伝聞が多く、初期経歴には異説も多い。ここでは波乱に富む経歴の中から、平八の人間性がにじみ出ているようなエピソードを選んでみた。

# 二

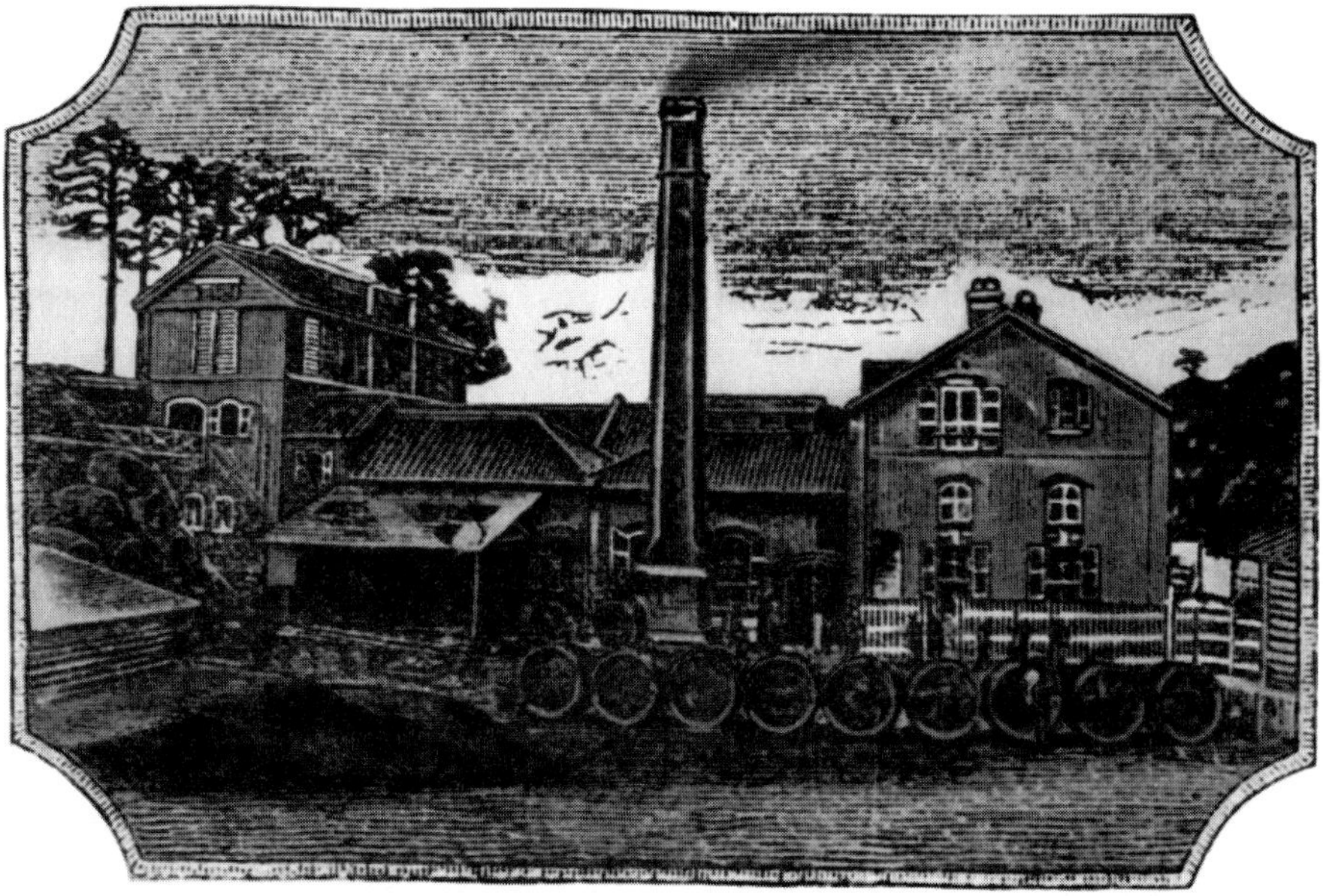

# 国民飲料の開祖　コープランド

## ◎ビール醸造技師

●――コープランド醸造所
［キリンビール（株）所蔵］

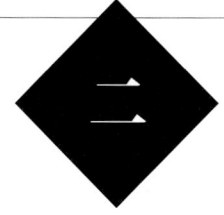

## 「泉あふれる丘」の発見

明治二年（一八六九）の初冬のことと思われる。山手の居留地から、年の頃は三十過ぎの外国人が、樹木の鬱蒼と茂る坂道を下ってきた。

少し前まで吹き荒れていた攘夷の嵐が、まるでウソのように静まり、山手一帯には少しずつ異国風の住宅も建ち並び、散歩姿の人影も見かけるようになっていたが、その外国人も日本人の住む地域へと、石ころだらけの道を散策していたのである。そこは山手に駐屯している外国兵士が、射撃練習場へ往復する道にあたっていたので、地元の住民たちには外国人などめずらしくもなかったが、それでもこの大柄な〝異人さん〟の、濃い八の字ヒゲを、何やら恐ろしいもののように見送った。

そんなことは少しも意に介さず、外国人は周囲の地形を見回しながら丘の中腹まで歩いてきたのだが、ふと片側の崖に注意を奪われたらしく、近寄っていった。山手は崖の多い地帯だが、その一角より清水がこんこんと湧き出ていたのである。

外国人は大きな掌に清水を受けると、ためらうことなく口に含んだ。一瞬目を閉じて味わっているようだったが、すぐにもう一度すくって飲んだ。そして満足そうに頷くと、あらためて一帯の光景を眺め渡した。すぐ目の前には周囲二百メートルほどの、かなり大きな池があって、清水はそこへ流れ込んでいた。岸辺には芦が生い茂り、池の真ん中にある築山《つきやま》のあたりには、一艘の小舟がもやっているではないか。

「スプリング・ヴァレー（泉あふれる丘）……」

外国人は呟いたが、それはロマンチックな情感に動かされたのではなかった。この泉をビール醸造に利用できないか、と考えたのである。

ウィリアム・コープランド（一八三四〜一九〇二）はそのとき三十五歳。ノルウェー南東部のアーレンダールという運河に面した港町に生まれた（幼時に三十キロほど離れたリルレサンに移転）。洗礼名はヨハン・マルティニウス・トーレセンである。

ここは現在でも夏には避暑客で賑わう場所で、コープランドが生まれた当時でも非常に開けた土地だった。父親は靴屋、母親は助産婦であったが、とくに貧しくもなく、ごく普通の家庭だった。しかし、弟妹三人ずつという環境では、あまり道草は許されない。成長後はこの土地の多くの若者にならって、海外へ出ることにした。バイキング以来、海の向こうを目指すのは民族の本能といえるが、彼は出国以前に、高名な技師について五年間もビールの醸造法を学ぶという準備をしている。生家付近に醸造所があったことから、将来ビール会社を興す希望を抱くようになったのであろう。

彼の出国前後の事情は不明であるが、最初に渡ったアメリカで市民権を取得、名前もウィリアム・コープランドと改めた。おそらくアメリカでの醸造事業を考えたに相違ないが、当時はラテンアメリカの製品に市場を握られていたので、参入が困難だったと想像される。そのうちに日本が有望市場だと知り、開港後まだ五年にしかならない元治元年（一八六四）、横浜にやってきたのである。

W・コープランド［キリンビール(株)所蔵］

## 極東で右に出る者なし

そのころの山手居留地には、三百人以上の外国人が住んでいた。三分の一がアメリカ人

●——江戸期の山手丘陵。右上に天沼
［『麒麟麦酒株式会社五十年史』］

であり、谷戸坂の辺りには外国人相手に西洋洗濯業（クリーニング）が生まれるなど、少しずつ賑わいを示しつつあったが、肝心の貿易は輸出入ともにふるわず、唯一の利益のあった生糸輸出も停滞していた。やむなく、コープランドは牧場を経営する商会に出資したり、運送業を営んだりしながら様子を窺っていたが、各国商館が大量にビールを輸入しており、とくにドイツ産は当時の金額で十万円にも達しているのを知ると、居ても立ってもいられない。このような折に地下水を発見したのであるから、喜び勇んで醸造会社設立へと動いたのであった。

　コープランドの見つけた池は古くから天沼と呼ばれ、古図には山手丘陵とその麓の湿地帯とを結ぶ狭い坂道の中間（山腹）に描かれている。天沼自体は現在の北方小学校の校庭あたりで、いまなお工場の井戸跡が遺されている。池の周辺は現在の諏訪町にあたり、小さな集落があった。この池を境に西側が現在の千代崎町一丁目となるが、コープランドが会社を設立した当時はまだ山手に属した。地番は百二十番地ないし百二十三番地で、総計二千四百八十坪。現在の一丁目二十五番地付近にあたる。

会社の名はいみじくもスプリング・ヴァレー・ブルワリー、製品は居留地向けに五十ガロンの樽詰めとし、残りを隣接の自宅を改造したビヤガーデンで販売した。工業化に成功した醸造所としては本邦初である。メニューは大ジョッキ一杯二十銭、小は十銭だったが、客の中心は外国船の船員だった。日本人はまだビールの味に馴染めないものがあったようだが、地元の人たちは、これを「天沼ビヤ酒」と呼んだ(「ビヤダケ」と訛って発音)。池の水は工場内に鉛管で引き入れ、冷却用とした。地下には貯蔵庫を設け、夏場の低温保存に備えた。

原料の麦芽製造には大麦を水を張った鉄製タンクの中で浸し、発芽床にひろげて数日間置く。発芽後の大麦は乾燥、焙焼のための装置にかける。このように準備した麦芽を粉砕器にかけ、仕込桶に入れて湯をまぜ、諸味《もろみ》とするためにオール(櫂)を用いて攪拌《かくはん》、糖化したものを濾過《ろか》すると麦汁が得られる。これを大釜に移し、ホップを加えて煮沸した。

その後、麦汁を発酵桶に入れ、地下の貯蔵蔵で発酵させたが、低温であることが必要なので、十月から三月までに仕込みを行うなどの工夫が必要だった。動力は人力と馬力に頼り、機械は用いなかったというが、それでも広大な敷地が必要だった。明治十年(一八七七)以降は、パストゥールの低温殺菌の原理をいち早く実用化し、ビン詰めの製品を売り出すなど、技術者としての面目を示している。

コープランドが醸造したのは、主にラガービールである。低温発酵のため、エールビー

幕末の天沼付近
『ビールと文明開化の横浜』

ルよりも腐敗しにくい。味はエールほど深くはないが、喉ごしがよく、高温多湿の日本には適している。その上、コープランドの「極東の醸造家中、私の右に出る者はない」という自負が本物であったのか、製品（銘柄「ラガービール」）はすこぶる評判がよく、出だしは好調だった。中国その他への輸出も行われた。じつは山手地区には前後してジャパン・ブルワリーやヘフト・ブルワリーなどという醸造会社が設立されたが、いずれも短命に終わったのは、コープランド製品に一日の長があったと見てよいであろう。

## 鹿鳴館時代の麦酒ブーム

会社を設立して三年目ぐらいの明治五年（一八七二）、コープランドは故郷のノルウェーに一時帰国し、幼時に堅信礼を受けたリルレサンの教会で、十五歳のアンネ・クリスティネ・オルセンと結婚式をあげた。花婿は三十八歳。年齢差はあるが、意中の女性だったのだろう。

この若い花嫁を伴って横浜に戻ったコープランドは、獅子奮迅の働きで会社を軌道に乗せた。四年後には手狭になった醸造所を建てなおし、一カ月の生産能力を二万四千ガロン（約九十キロリットル）とした。それ以前の生産高が年間約百六十キロリットルとあるので、おそらく十倍近くの能力となったと推測される。

このような事業発展の反面、妻のほうは日本の風土になじめなかったのか、結婚七年目に二十二歳で他界してしまった。落胆したコープランドだが、そのころから急激に需要が増えたり、ライバルが出現したりで、気を抜けない状況となっていった。

●——ビール井戸の跡［北方小学校］

●――コープランド醸造のビール製品ラベル［丸善(株)所蔵］

日本人は幕末になるまで、ビールを知らなかったが、高温多湿の日本には、ビールが普及する要因があったといえる。はじめてビールを飲んだのは万延元年（一八六〇）の遣外使節一行で、その一人玉虫左太夫はアメリカ艦の船内パーティーで「苦味ナレドモ口ヲ湿スニタル」といったとか。

しかし、一般には高価な輸入品だったので、普及は遅れた。醸造だけの歴史を尋ねれば、文久年間（一八六一～六三）、長崎出島のオランダ商館長ヘンドリック・ドゥーフがホップのかわりに丁子《ちょうじ》を用いて醸造を行っているし、横浜においても既述のような例をあげることができるが、国産ビールの歴史は嘉永六年（一八五三）ごろ、三田藩（現、兵庫県三田市）出身の蘭学者川本幸民が醸造したビールが、日本酒酵母を用いてほのかな甘味と香りを出したと伝えられている程度である。

その後、開港地の人口増加もあって、徐々に国産への取り組みが見られるようになった。山手に近い北方上野町に保坂森之輔が国産ビールを醸造、第一回内国勧業博覧会で「醸方精良ニシテ風味芳烈ナリ」という褒状をもらったのは、明治十年のことだ。いわゆる鹿鳴館文化の時代に入ると、ビールをはじめとする洋酒は開化の象徴となり、全国各地で国産化の動きが生じた。例を神奈川県周辺に求めても、久良岐郡《くらきぐん》大田村には横浜麦酒会社、山下町九番地には渋谷留五郎の大黒ビール、本牧間門には渋谷伝右衛門の醸造所などが動き出した。新橋にビール店を開いた金沢三右衛門は、コープランドのもとで働いていた久保初太郎を招き、芝の桜田本郷町（現、港区新橋辺）に桜田ビールを設立した（のち横浜保土ヶ谷に移転、東京麦酒という製品を発売したが、大日本麦酒に買収）。

およそ開港地の実業家であれば、このようなビール時代到来を予感しない者はなかったであろうから、コープランドとしても落ち着いていられなかった。ましてや自らの醸造所付近に直接のライバルが出現したからには、なおのことだった。

そのライバルとは、ババリア生まれのドイツ人醸造技師E・ウィーガントである。彼は前述のジャパン・ブルワリーの支配人兼醸造技師としてアメリカより招かれ、明治二年（一八六九）横浜に上陸したが、来て早々に交代した経営者とソリが合わずに退職、次の勤め先であるヘクト・ブルワリーの経営者とも衝突して、いったんは帰国してしまった。

このままアメリカに引っ込んでいれば、日本のビール業界の歴史もよほど変わったものとなったに相違ないが、この人物、何を思ったか二年後に再度来日し、自分をクビにしたヘクト醸造所を賃借して事業にカムバックしたのである。場所は山手六十八番地で、コープランドの醸造所と四百メートルぐらいしか離れていなかった。

当然、競争となる。コープランドは品質はともかく、値下げ競争になると自信がなかった。利益の減った分は労働者の賃金を削るほかはない。一年我慢したが、ついにウィーガントに対し、商事組合の結成を提案した。今日でいえば事業提携であるが、話し合いの過程で企業合併ということに進展し、明治九年、コープランド・アンド・ウィーガント商会の設立を見た。コープランドが支配人、ウィーガントが醸造担当であった。

当時の広告によると、扱ったビールはイギリス系とドイツ系の各三種類で、さらにビールから作ったモルトビネガーを加えた。販売方法は一日二回、荷馬車が得意先を巡回するというもので、横浜港に停泊するイギリスやフランスの軍艦なども上得意だった（じつは軍艦の代金踏み倒しには手を焼いたらしく、支払督促状が残っている）。東京、長崎、神戸、函館などにも販路を拡大し、外国人よりも日本人の需要が伸びはじめたので、味も日本人好みの淡泊なものに変化していった。

このままいけば、コープランド・アンド・ウィーガント商会の前途は洋々たるものと、周囲からも思われていたが、このコンビは最初から不幸な結末に終わる運命にあった。発足からわずか一年にして両者の関係にひびが入り、ついには事業停止（廃業）という大事にいたったのである。原因は経営方針をめぐる対立からウィーガントがコープランドをアメリカ領事裁判所に訴えたことにある。判決は被告コープランドの勝利となったが、会社は解散、建物、設備、在庫など一切が競売にかけられ、コープランドが買い戻したものの、巨額の借財を負う結果となった。

ウィーガントの人となりはよく知られていないが、いささか協調精神に欠けた投機的な性格の持ち主という印象を受ける。コープランドの性格は出身地の教会に「勤勉、実直」とあり、近親者も「穏和で人好きのする性格」と証言している。しょせんウィーガントとは水と油でしかなかったのかもしれない。

## 再起不能、落魄の晩年

巨額の借金ばかりではなかった。裁判による信用の下落も、コープランドに打撃となった。そのころまでに出現した他の醸造所からは、容赦なく得意先を奪われ、数年間は悪戦苦闘の日々であったが、ついに明治十七年（一八八四）、破産宣告を受けるという事態となり、会社は公売に処せられてしまった。

この競売に目をつけたのが、幕末勤王諸藩に武器を売って有名になったトマス・B・グラバーだった。早速、横浜の英字新聞「ジャパンガゼット」のオーナー、W・H・タルボットと、証券・金銀塊ブローカーのE・アボットという二人のイギリス人に買収を勧めた。タルボットらは明治十八年（一八八五）七月に香港籍の英法人ジャパン・ブルワリー・カンパニーを設立したが、その際グラバーは役員に就任、自らが顧問をつとめていた三菱の岩崎弥太郎をはじめ渋沢栄一、大倉喜八郎ら有力財界人にも参加を要請した。当時はまだ不平等条約のもとにあって、日本の企業が直接外国の会社を買収することはできなかったので、まずイギリスの法人として出発したのである。

　コープランドは株主として醸造の研究に従ったとされているが、じつは一株も持っていなかった。新会社の醸造は専らドイツから招かれたヘルマン・ヘッケルトという技師に委ねられたので、アドバイスを求められることすらなかったろう。前述のように穏和で人好きのする人物であったが、酒を飲むと荒れるのが唯一の欠陥だったという証言があるのは、このような失意の時期に発した性癖と思われる。

　しかし、こうした状態にあるときも、彼は無為な日々を送っていたわけではない。ビアガーデンの経営のほか、東京の磯貝麦酒醸造所の技術指導などをしながら、常に再起の機会を得ることを考えていたと思われるが、周辺の土地だけでも急速に値上がりし、設備を整えるだけでも巨額の資金が必要となっていた。

　明治二十二年（一八八九）、コープランドは箱根芦の湯で伊勢屋という旅館（現存）を営む勝俣清左衛門の次女ウメ（二十歳）と再婚した。年齢差はまたも三十歳以上。親子ほども差のある女性との縁がいかにして生じたか、興味あるところだが、じつは不振な旅館業の活路を求めて横浜に進出しようとした清左衛門が、ビール醸造についてコープランド

●――コープランドと新婦ウメ、その両親
［キリンビール(株)所蔵］

に相談したことからといわれる。横浜に着目したという点については、ウメより三歳年下の弟（清左衛門の長男）にも深い関係があるが、これについては後述する。

コープランドが日本女性を妻にしたということは、日本に骨を埋めるしかないと覚悟をきめたためであろう。芦の湯温泉は鎌倉時代に開かれた由緒ある温泉地で、勝俣家は旧家であった。江戸時代の国学者勝間田《かつまた》茂野（一七七八～一八三六）は、伊勢屋の隠居として知られる。このような環境下に育ったウメは、旅館の手伝いをしながら世の動向を察し、進取の気性を養っていたと想像される。結婚記念に横浜相生町の写真館で撮った写真には、そのような意気込みと緊張感が伝わってくるようだ。

結婚後、コープランドは相変わらずビヤガーデンの経営や醸造の経営指導を続けていたが、あまりパッとしなかったのだろう。四年目の明治二十六年（一八九三）七月、ウメを伴い、新天地を求めて横浜を出港した。どの程度の成算があったのか。すでに還暦に達していたことでもあり、かつてノルウェーからアメリカへ渡ったときと同じ気分だったとは思われない。

その後のコープランド夫妻には放浪の日々が待っていた。最初のハワイでは二カ月少々滞在したのみ。再び太平洋を渡り、アメリカ西海岸のサンフランシスコから南下、中米グアテマラの太平洋側にあるサンホセに到着したのはもう岸辺に重苦しい波が打ち寄せる十一月となっていた。当時中米連邦の一部だったグアテマラ市のホテルに到着したとき、コープランドの嚢中にはわずか二十ドルしか残っていなかったのである。

若いときには中南米のマーケットについて研究したこともあろう。この地に日本の製品を輸入販売するためには、百ドルほどの資金がかかることはすぐにわかった。困惑している彼の面前に、たまたまカナダのバンクーバーから、日本製品の販売に従事していた旧友が現れ、共同経営を持ちかけてきた。渡りに舟と、コープランドは一も二もなく応諾し、店の一角を借りて雑貨店を開いた。各種の絹製品や寝具類、それにクレープ、すだれ、うちわなどの雑貨類が、まだ日本の産物を見慣れない現地人の目をひくことに成功した。

しかし、それも束の間だった。手持ちの商品が底をつき、注文した品も思うように入荷せず、クリスマス・セールや新年の売り出しにもこと欠く始末に、コープランドはすっかり落ち込んでしまった。最初のうちこそ物珍しさから寄ってきた客からも愛想をつかされ、やがて開店休業の状態にまで追い込まれてしまった。無理がたたって持病のリューマチが悪化し、心臓病にも悩まされるようになった。もはや商売も人生も店じまいの時期が近づいたことを、いやでも悟らなければならなかった。

明治三十五年（一九〇二）一月、シベリア鉄道の開通が新聞を賑わしている最中、病身のコープランドは妻に支えられながら、ひっそりと横浜港の桟橋に降り立った。はじめて横浜の土を踏んだときから、三十八年の歳月が経過していた。当座の住まいに落ちつく暇もなく、翌年の二月、コープランドは妻に看取られつつ世を去った。六十八歳であった。

コープランドの困窮を知ったジャパン・ブルワリーは、重役会の議題としてとりあげた。当時の議長の発言にいわく、「数週間前、コプランド君が、夫人同伴、困窮かつ気息奄々の状態で、南米（原文のまま）から来着した。彼こそはスプリング・ヴァレー・ブルワリーの創始者であり、わがゼ・ジャパン・ブルワリー・コンパニーは、その跡を継いでいるのであるから、わが社はなにがしかの援助の手を差しのべるのが至当と考える」。

同社は葬儀その他の費用として金百九十八円五銭を支出、先達の業績に報いた。現在の

●――明治四十年のキリンビール山手工場［キリンビール（株）所蔵］

八十万円程度であろう。その後、ウメは東京麹町に両親と暮らしながら帽子店を営んだが、六年後に三十九歳で没した。いま夫妻は横浜の外国人墓地の二区に眠っている。

## 先駆者の大いなる遺産

コープランド本人の事績は以上に尽きるが、これではいかにも寂しい。実業家として来日したにせよ、彼の手がけた製品は文明開化の象徴であり、日本人の生活と文化に貢献する性質のもので、その影響は産業界にとどまらなかったからだ。

まず企業である。彼の事業を継承したジャパン・ブルワリーは、製品名をキリンビールとし、販売を明治屋が担当して順調に発展したが、明治四十年（一九〇七）馬越恭平《まごしきょうへい》（一八四四〜一九三三）の経営する日本麦酒株式会社からの申し入れを受け、買収が成立、その名も麒麟《きりん》麦酒株式会社となった。明治屋の独特なボックス型の自動車は、宣伝カーの第一号となったが、大量の製品の運搬は馬力によった。当時を知る地元出身の童話作家平塚武二は、毎日荷馬車に積まれたビールびんが「カチャカチャカチャ」と音を立てながら通る様子を、独特の風物詩として、懐かしそうに回想している。

従業員が三百人ほどの、当時としては大企業の繁栄は、地域を大きく変えた。すでに明治初期、醸造所の所在地は千代崎町という町名に変わり、明治末期から大正中期にかけて、隣接の上野町を含めた企業城下町として発展した。大通りには商店や料亭が建ち並び、三弦の音が絶えなかった。芝居小屋には『明治一代女』で有名な花井うめが来演したこともある。周辺の市日の賑わいなどは、江戸時代のこの一帯がハスしか育たない湿地帯であったことを思えば、信じられないほどだった。

この賑わいは、文字通り槿花《きんか》一朝の夢であった。大正十二年（一九二三）の関東大震災によって煉瓦建築のビール工場が倒壊してしまったのである。このとき工場脇の坂道（ビヤ坂）には滝のようにビールが流れ、泡だった。飲料水に困った住民は、工場からもらったビールで喉を潤したり、風呂を立てたりして喜んだが、ほとぼりが冷めてみると、工場再建のめどが立たないのに落胆した。結局、工場は鶴見区生麦に移転してしまい、あとには閑静かつ平凡な住宅街だけがのこされることになった。池の跡は前述のように小学校のグラウンドとなったが、一部は公園に、工場跡は分譲地となった。千代崎町二丁目にあった芝居小屋だけが映画館として再建されたが、二十年後の横浜大空襲で消滅した。

最後に「人」である。後半生のコープランドに連れ添った妻ウメに、三歳年下の弟があったことはすでに述べた。名を勝俣銓吉郎《かつまたせんきちろう》（一八七二〜一九五九）といい、後に早稲田大学教授として日本の英学史に多大な貢献をした、立志伝中の人物である。

●ビールを輸送する明治屋の宣伝カー第一号
［提供キリンビール（株）］

本名銈吉であるが、「小僧みたいで格好が悪い」と、終生銈吉郎を名乗った。前述のように家が傾いていたので、十四歳の明治十八年（一八八五）、小学校を卒業しないうちに横浜へ出て郵便配達夫となった。一日置きにくる宿直の空き番を利用して、山手百二十番にあったミッションスクール山手英学院に入学、郵便局の仲間とスウイントンの『万国史』を輪読した。

ここで一年ほど学ぶうちに、観光客として来日していたチャムリーというイギリス人の好意で上京、国民英学会に入学した。正規の学歴コースに乗れない環境の子弟を相手とした、しかもレベルの高い私立学校である。その後「ジャパン・タイムス」の記者をつとめ、ついに早稲田大学で教鞭をとるまでに至った。「日本人は英語で立つことはできるが、歩くことはできない」として、英単語相互間の自然な連結法（コロケーション）を集成した『英和活用大辞典』は、昭和十四年（一九三九）初版。英米の無数の雑誌から直接に例文をとっている点、ネイティブに近い辞書として、一九六〇年代ごろまで論文や書簡を書くための必須の辞書という高い評価を獲得した（現在別人の編纂になる新版に継承）。

ウメが外国人と結婚したのは、この弟の影響なくしては考えられない。逆に銈吉郎が豊富な雑誌類をはじめ、ナマの英語を駆使し、それを一大特技となし得たについては、一つには横浜という開けた環境、もう一つはコープランドという義理の兄の影響が考えられるとしても、あながち我田引水とはいえないだろう。

約百五十年前、バイキングの子孫よろしく海外に活路を求めて来日したノルウェー系アメリカ人が、開化のヨコハマを終焉の地と定めるまでに、幾多の文化的な影響をもたらし、人間模様を織りなした。歴史と人の不思議なドラマに感慨なきを得ない。

# 三

●――居留地の食肉業者〔『横浜開港見聞誌』〕

# 日本人の生活を変えた牛鍋と氷
## 中川嘉兵衛

◎製氷事業・食肉業

文明開化の食物といえば、なんといっても牛肉であるが、これについてはおもしろいエピソードがある。

明治四年（一八七一）二月、東京市谷の尾張屋敷に衛兵の前身である親兵隊が置かれた。隊員は薩長土三藩の兵をもって構成されていたが、なかでも薩摩の兵は郷土で肉食をしていた関係で、しきりに牛肉を食べたがった。江戸時代には禁じられていた肉食だが、一度その味を覚えるとやめられない。たちまち長州、土佐の兵士にまで広まり、ついには細々と供給される肉だけでは足りなくなり、「軍馬を殺して食おう」などという物騒な連中まで現れる始末に、調達係は当時芝露月町（現、港区新橋六丁目付近）にあった中川屋牛肉店に頼み込み、大量に納入させることにした。

主人の中川嘉兵衛は、この注文に気をよくし、苦心して調達したのはいいが、輸送機関が不自由な時代とて、露月町の店舗から市谷まで配達するのは容易ではない。やむなく市谷八幡町に手ごろの家を物色することにした。

しかし、当時の日本人の多くは肉食に偏見をもっていたので、頭から断る者も多く、たまたま堀端に見つけた格好の家からも拒絶されたため、困り果てて親兵隊に事情を訴えたところ、これを聞いた兵士たちは「われわれの肉食を妨ぐる奴らは、容赦せん。ただちに斬ってしまえ」と、抜刀して家主のもとに押しかけた。

血気にはやる兵士たちに詰め寄られた家主はふるえあがり、しぶしぶ賃貸契約を承諾した。これを機に他の牛肉屋も一斉に進出、市中に「官許牛肉」という旗がひるがえるようになったという。

この一件で有名になった中川嘉兵衛は、文化十四年（一八一七）一月十四日、三河国額田郡伊賀村（現、愛知県岡崎市）に生まれた。本姓は大谷である。幼時から利発をもって知られたが、十六歳になると京都に出て巌垣東園《いわがきとうえん》という漢学者の門に入り、数年勉学に励んだ。後年の嘉兵衛の文書などを見ると、漢学に精進した跡がうかがえる。

嘉兵衛がいつごろ横浜へ出てきたか、はっきりしないが、伝記には「たまたま横浜開港のことを耳にするや、時運の変遷を考え、飄然と京都を去り、まず江戸へ出て外国人の様

●——牛鍋を食すハイカラ武士
『安愚楽鍋』

子を知ろうと、英国公使館の厨丁に雇われる」という意味のことが出ている。この公使というのは、初代駐日総領事となったオールコックにちがいない。

しかし、順序からいえば嘉兵衛は江戸へ出る前に外国人相手のビジネス・チャンスを求めて、横浜に出たのである。はじめは商いの元手もないので、一時は廃品回収の仕事についたこともあったというが、そのうちにシモンズというアメリカ人医師に雇われることになった。元来語学の才能がある上に、機を見るに敏なる行動性があるため、シモンズの援助で牛乳販売に手をつけた。洲干の弁財天付近（現、中区弁天通辺）に搾乳場を設け、瓶詰めの牛乳を全部シモンズのもとに送ったが、慶応二年（一八六六）十月十日の火事（通称豚屋の火事）によって乳牛二頭を失った。このとき馬に乗って火事見舞いに駆けつけたシモンズが、「中川は牛の丸焼きロースをつくった」とユーモラスな挨拶を行ったことは、当時の一口噺となった。

その後嘉兵衛は天沼（現、諏訪町）に移転、イギリス駐屯軍の食料品御用達となり、パンの製造もはじめた。一説に嘉兵衛は当初から公邸住み込みの料理人となり、勤務態度がまじめだったため公使の信任を得て、間もなくイギリス駐屯軍の糧食賄方《まかないかた》を請け負うまでになったとあるが、シモンズを介して商いを広げたと考えるほうが自然であろう。

このような経験から嘉兵衛が知ったことは、外国人がどんなに牛肉や牛乳を消費するかということだったが、そこから一歩進んで、今後は日本人も牛肉を食べ、牛乳を飲むようになるだろうと考え、いち早く牛肉と牛乳の販売業を考えたことは、先見の明と行動力に富んでいたことを示すものだ。

●中川嘉兵衛『中川嘉兵衛伝』

## ヘボン博士との出会い

往古の日本人が肉食を習慣としていながら、鎌倉期以降に廃れた理由は仏教の影響が強い。江戸時代には薬食いと称して、一部の人が嗜む程度であった。そのような背景を考えると、中川嘉兵衛の決断は今日では考えられないほど、大胆なものだったといえよう。

当初、嘉兵衛は天沼のほか、横浜元町一丁目通りに店舗を構えた。そのころの牛肉仕入先が横浜にしかなかったからだ。正確にいうと慶応元年（一八六五）五月に幕府が各国領事の要求によって北方村小港（現、中区小港）に設けた屠場から、毎日肉を仕入れては、大急ぎで販売するしかなかった。近くの販売所ならよいが、イギリス駐屯軍の本拠地である東京芝高輪（現、港区芝高輪）には運搬に半日以上もかかり、夏場などは腐敗を免れない。当然、嘉兵衛は至近距離に屠場を設けることを考えた。幕府外国掛官の許可を得て、府下荏原郡白金村（現、芝白金）に施設の屠場を設けたのは、慶応三年（一八六七）五月である。

新たな屠場の設置といっても簡単ではなく、さんざん探しまわった末、さいわいにも白金の堀越藤吉という郷士が土地と物置を貸してくれることがわかった。この藤吉は福沢諭吉と面識があり、屠場設置について相談したところ、「それはいい。これからは日本人も大いに肉を食べないと、外国人のように大きくなれないし、世界の人を相手に商売もできない」といわれ、食肉業に入ることを決心したという。このような食肉業者は明治に入ると続々現れたが、当初は藤吉以外に一人もなく、作業もまず土地に青竹を四本立て、それに御弊を結び、四方へ注連を張った上で行い、後でお経を上げるという始末だった。藤吉は間もなく作業場を移転したが、現在の屠場経営の第一号とされる。

嘉兵衛は藤吉という絶好のコンビを見つけたわけで、事業は上々のすべり出しだった。慶応三年（一八六七）十二月に横浜で発行された「万国新聞」の広告欄には、「各国公使館用弁のため、牛肉店を高輪に開き候ところ、御薬用かたがた諸家様より御用仰せつけられ、日に増し繁盛仕り、遠路運び出来兼ね候につき、今般柳原へ出張売り弘め候間、沢山御取引のほど、願い奉り候」とあり、急速に市場が拡大していくようすが窺える。

食肉販売がうまくいきそうだと見るや、嘉兵衛はすぐに牛鍋屋の出店を考えた。毎日貸家探しに歩いたが、最初に見当をつけた京橋界隈では、誰も貸し手がなく、ようやく前述の芝露月町に貸家を見つけた。ただし、家主はたいへん欲の深い女性で、「四倍の家賃をだすというなら、長屋の五人組がなんといおうと貸しましょう」という。やむなく高い家賃を払い、開店にこぎつけた。店頭には朱で「御養生肉」と書いた旗を立て、軒には柿色に「中川屋」と染めぬいたノレンを掛けた。牛鍋店の第一号である。

とはいえ、最初はまったく客が来なかった。通行人は鼻を押さえ、目を閉じながら駆け去る。ようやく店じまいの時刻に酔っぱらいの客が入ってきて、「さあ牛肉を食わせろ」とクダを巻く有様で、店の維持も危ぶまれたほどである。

しかし、牛肉の需要についての嘉兵衛の見通しは変わらなかった。実際、明治に入ると牛鍋屋は一挙に普及し、横浜や東京の市中には「開化鍋」の旗がひるがえり、「牛肉を口にせざるはハイカラにあらず」といわれ、庶民はわれもわれもと店に押しかけるようになった。有名な假名垣魯文の『安愚楽鍋《あぐらなべ》』（一八七一）にはチョンマゲの武士や商人、芸妓をはじめ、書生や一般の女性までが牛鍋を囲んでいる図が見られる。値段は上等を「焼鍋」

●明治中期の牛肉店の店先
［横浜開港資料館所蔵］

と称して五銭、並等はネギと醤油のソップ（スープ）で煮込んだもので三銭五厘だった。刺身（肉サシ）は、あまり歓迎されなかった。

肉食が爆発的に普及したのは明治天皇が肉食を始めてからで、これを機に奨励の布告を出した府県も多く、間もなく東京だけで五百数十軒の牛鍋店がひしめくようになった。なかには「懐中ソップ」と称して、インク瓶に肉汁を詰めて販売した店もある。ビフテキもこのころ登場したが、一人前七銭だった。この勢いを見て馬肉商は「ウチはツノのない牛肉です」といい、安売り攻勢に出た。牛鍋屋も一膳一銭の牛丼を開発して対抗した。要するに牛肉がなければ夜も日も明けない世の中となったのである。

したがって、彼の商売は全体として上げ潮だったはずだが、ここに意外なことが起こった。嘉兵衛が藤吉にむかって「牛肉屋の株を譲りたい」といい出したのである。文献によると、「慶応二年（一八六六）の頃嘉兵衛が他商売を始むるにつき」（『日本社会事彙』）商売を譲ったということであるが、その理由については「五稜郭の氷の切出しに失敗して姿を隠さざるを得ず」（『明治事物起原』）などとある。

五稜郭の氷とは何だろうか。多少回り道になるが、嘉兵衛の考えをたどることにしよう。

嘉兵衛は前述のように、食肉の鮮度ということに心を砕いていた。どうすれば輸送の短縮などの手段により、とくに夏期において新鮮な食肉を提供できるだろうか。そのカギが氷にあるという結論を、嘉兵衛は早くから得ていた。というのは、横浜開港後間もなく、アメリカの商人がボストンから大量の氷を輸入し、巨利を博したことがあるからだ。食肉や牛乳の販路拡大は、一に氷にかかっている、という認識に到達するには、さほど時間を要さなかった。

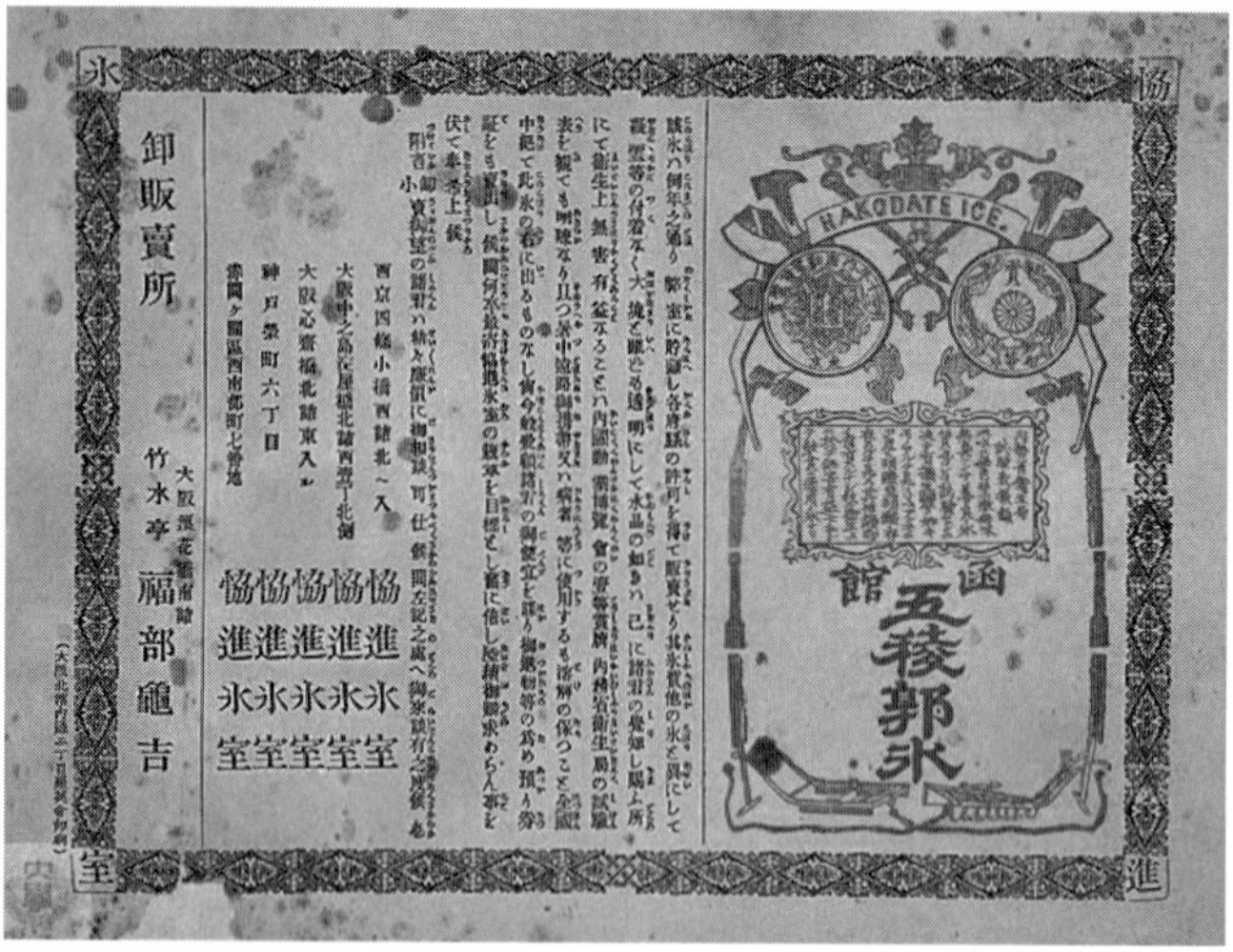


「五稜郭氷」の宣伝チラシ

嘉兵衛の伝記によると、食肉を扱うようになってからヘボン博士に会い、衛生に関する教示を得たとある。ヘボンとの接点は、横浜で商いをしているうちに生まれたらしい。公使館で紹介されたか、あるいは嘉兵衛のほうから会いにいったかは不明であるが、たまたま彼が病気にかかったさい、ヘボン博士の診察を受けたことから親しくなり、漢訳の聖書をもらって海岸教会で受洗したという説もある。ローマ字で知られるヘボン博士は宣教師であると同時に医師であり、西洋文化の導入に大きな役割を果たした。いずれにせよ嘉兵衛がヘボン博士の意見により、かねてから抱いていた食肉冷蔵についての確信を得たのはたしかである。

## 五稜郭の氷に着目

日本では古くから冷蔵の手段として「氷《ひ》室《むろ》」を用いたことは、奈良に氷室神社があることからも知れるが、夏期に氷を多用することは不可能とされていた。このことは幕末遣外使節の一行がサンフランシスコのホテルに宿泊、冷やしたシャンパンを出された際に、どんなに驚いたかを見ればわかる。

「徳利の口を開けると恐ろしい音がして先づ変な事だと思ふたのはシャンパンだ、其コップの中に何か浮いて居るのも分らない、三四月暖気の時節に氷があらうとは思ひも寄らぬ話で、ズーツと銘々の前にコップが並んで其酒を飲む時の有様を申せば、列座の日本人中で先づコップに浮いて居るものを口の中に入れて肝を潰して吹き出す者もあれば、口から出さずにガリガリ噛む者もあるといふやうな訳けで、漸く氷が這入つて居るといふことが分つた」(『福翁自伝』)

このエピソードからも、当時のエリート階級であった武士ですら、食品としての氷を知らなかったことがわかる。ただし江戸時代の末期には、幕府が毎年三月に富士山の氷雪を採取して江戸まで運び、貯蔵していたという記録もあるが、じっさいには江戸に到着した氷は半分が水になっていたという。慶応年間(一八六五〜六八)にはボストンから横浜まで半年がかりで運んできた氷が、主に外国人の医療に用いられ、「ボストン氷」として珍重された。この天然氷は、専ら外人間で医療用に利用されたものの、ビール箱一つが三両もしたという大変高価なものだった。ほかに中国から輸入した「天津氷」もあったが、同じく高価だった。

嘉兵衛はヘボンの意見をいれて食肉の冷蔵を実行しようとしたが、余りにも高価で手が出ない。それなら自ら製氷事業を興してはどうかと考え、まず富士山麓に約五百坪(一六五〇平方メートル)の地を選び、そこに多数の小池を掘って氷をつくり、清水港から江戸に送り出したのはよいが、あいにく好天続きの夏だったため、ぜんぶ融けてしまった。諏訪湖や日光などにも進出し、ついには東北方面でも試みたが、コスト高のため成功しなかった。

こうなると意地である。食肉事業よりも困難なことが、逆に彼の闘志を掻き立てたようだ。前述のように食肉事業を共同経営者に譲渡し、残りの全財産をもって製氷事業を推進させようと、明治二年（一八六九）単身北海道に渡った。一説には、度重なる製氷事業の失敗で負債を背負い、夜逃げ同然に北海道へ渡ったというが、前述のように堀越藤吉に円満に譲渡したというのが真相であろう。横浜の店は雇用人の恵川甚三郎が引き継いだ。

嘉兵衛が北海道に渡ったのは、一つ当てがあったからだ。ちょうどそのころ、函館の五稜郭が官軍の占領するところとなり、堀の天然氷が利用できる状態になっていた。この外濠には亀田川の清流が大量に流入し、良質の天然氷が出来たのである。翌年北海道開拓使より五稜郭の外濠一万七千坪を七年間使用する権利を獲得した彼は、六百トンの氷を採取し、船便で横浜に運んだ。ほかに東京永代橋の開拓使倉庫を借り受け、貯氷庫を造り、東京市中に「五稜郭氷」ブランドとして販売した。「函館氷」「竜紋氷」ともいった。

嘉兵衛は横浜の馬車道にも店舗を開いて、コップ一杯八文で売り出したが、千客万来、行列の後方は二時間待ちという盛況だった。九代目市川團十郎もこの店の氷を味わい、知人に一句をおくった。

「身に染むや夏の氷の有りがたき」

販売体制が整った際、嘉兵衛は氷一斤（六百グラム）を四銭で売り出した。この景気を見てあわてたのはボストン氷と天津氷であった。ただちに値下げして、対抗しようとした

●中川嘉兵衛の横浜氷会社
［横浜美術館所蔵］

が、値段といい品質といい「五稜郭氷」の敵ではなかった。五稜郭氷の品質については、『北海道開拓使公文録』に「堅硬透明、実に水晶状」とあり、さらに明治十一年（一八七八）の『東京司薬場水試験表』にも「善良にして、飲食に適する」などとあって、嘉兵衛の判断の正しかったことが立証される。

## 氷は日本人の生活を変えた

五稜郭の氷の製造高は、明治十五年（一八八二）には三千五百トンにのぼった。氷田は毎年八月下旬ごろに古い水を落として清水に入れ替える作業を、前後三回繰り返した。十二月ごろに結氷し、厚さ二寸（約六センチ）に達したときは、たとえ降雪のさなかでも作業員を出して採氷を行った。氷の大きさは二尺四方、厚さは一尺で、一個の重量は五十七斤だった。道具はアメリカ製のノコギリ、サスマタほかの特殊なものを使用した。

採氷したものは馬や人の引く車ないしは橇を用いて運搬した。

天然氷の最も困難な点は冬場に採氷したものを夏場まで持たせることだった。嘉兵衛は早くも幕末のころ、土蔵の内部を厚板で三重に裏打ちし、空間に炭の粉を詰め、氷と雪を等分に収納し、上部を鋸屑《おがくず》で覆うという方式を発明した。この方式はその後も模倣されたが、保存率については明確な数字がない。ただ経験則的に天然氷のほうが機械製氷にくらべて一、二割がた持ちがよいとされた。

このような情勢を見て、他の業者が指をくわえて見ているわけがない。京都に本拠地を置く山田啓助は函館の北方にある七飯村大沼付近で採取した氷を「龍紋氷室」と名付け、関西方面に販売したが、後に嘉兵衛の採氷場の権利を獲得し、関東にも進出した。特筆すべきは、後の新聞記者で目薬「精錡水」の発明者として有名な岸田吟香が、明治四年に氷室商会という販売会社を設立、北海道から氷を運んで、横浜や東京で売り出したことである。活動期間は短かったものの、吟香は眼病を治療してもらったヘボン博士を通じて、氷の重要性を知ったと思われる（165頁参照）。

一方、手間のかかる天然氷にかわって、人造氷（機械製氷）に替えようとする動きもあった。横浜での機械製氷の試みは明治三年（一八七〇）にもあったが、失敗に帰し、十二年（一八七九）になってオランダ人のストルネブリンクが山手一八四番地で横浜アイスワークスという機械製氷会社を設立した。実際に軌道に乗ったのは四年後で、後に帝国冷蔵に譲渡された。

このころには天然氷の業者が人造氷の悪口をいい、逆に人造氷の業者は天然氷の悪口をいうなど、夏の都市風景を大きく様変わりさせた。至るところに「函館氷」「竜紋氷室」

などと銘打った旗がひるがえり、「ブッカキ氷、ブッカキ氷」と叫びながら売り歩く声が露地裏にもこだました。氷店の最も早い例は明治二年六月、馬車道常盤町に町田房造が出店した「氷水店」で、氷のほかアイスクリームを二分で売り出した。

ちなみにアイスクリームをはじめて口にしたのは、氷と同じく遣外使節だった。「めずらしきものあり。氷をいろいろに染め、これを出す。口中に入るるに、たちまち溶けて、まことに美味なり。これをアイスクリンという」。当時、多くの日本人はミルクの味に親しめず、一部の人だけが「氷に卵を和し、砂糖を加えたる珍物」として口にした程度である。新式の製造機械が輸入されたのは明治九年（一八七六）で、価格は二円五十銭。買い上げは「さる役所」といわれたが、おそらく宮内省であろう。庶民向けのアイスクリンは十三年（一八八〇）に東京で売り出されたが、桶に入って五十銭。米一斗が買える値段だった。

氷はやがて生鮮食料品の保存性を高めるためにも使用され、日本人の食生活を徐々に変えていった。ただし、家庭用の木製冷蔵庫がある程度普及するのは昭和時代になってからである。これは小型のボックスの上下に扉があり、上の扉に氷の塊を入れ、下棚のものを冷やす仕組みで、内面には薄い鉄板が貼られていた。戦後六〇年代以降、急激に電気冷蔵庫に移行したが、それまでは氷式が普通で、住宅街には薪炭商が氷の小売りも行っていた。

## 好一対の開化商人 木村荘平

嘉兵衛はその後、氷の輸出に向けて事業を拡大し、清国、韓国ほか南方諸国へと販路を

横浜アイスワークス
［横浜開港資料館所蔵］

広げた。製氷だけでなく、越後の石油、北海道のリンゴや鱈肝油などの殖産興業にも貢献した後、明治三十年（一八九七）一月四日、東京越前堀にて没した。行年八十歳であった。

嘉兵衛は進取の気性と不屈の精神に富んだ開化期の起業家で、その性格も勤勉実直、後進の範たり得るような人物だった。子孫も製氷事業に関わった。

このような一生を見るにつけ、対照的な存在として想起されるのは、やはり開化期に牛鍋普及で知られた木村荘平（一八四一〜一九〇六）の存在であろう。同じ開化期の実業家でも、荘平の活躍舞台は東京である。生まれは山城国（京都）で、中川嘉兵衛よりもずっと年下だが、若いときに京都の鹿児島藩邸御用をつとめたことから、後に大久保利通の懐刀となった川路利良《かわじとしよし》と知り合った。

明治十一年、その川路に呼ばれて上京、当時三田にあった内務省勧業寮育種場の一部を払い下げてもらい、馬匹改良を手がけるようになったが、事業の一環として競馬会社を設立し、賞金付きの競馬をはじめた。これが後に上野不忍池の競馬に発展するが、傍ら官設屠場の運営を一任されることになったことが、彼の方向を決定づけることになった。屠場の運営が軌道に乗った後は、その民営化や東京都肉問屋組合の創設などに力をつくし、精選の肉が得やすい立場を利用して、牛鍋チェーン店「いろは」を東京市内各地に開店するにいたったのである。

その第一号店を三田四国町（現、芝二〜五丁目辺）に開業したのは明治十四年（一八八一）であるが、付近の慶應義塾から福沢諭吉がよく食べにきたという。福沢は日本人の体位向上を説いた関係で牛肉奨励論者であった。商いとしては、すでに同じ町内にもライバルが存在していたはずだが、荘平はたちまち先行業者を押しのけ地域の一番店になったばかりか、他の地域へ支店を増やしはじめたのである。

急成長の秘密は、当時としては画期的なチェーン店方式を採用したことにある。欧米のチェーンストアは十九世紀後半に発生しているが、日本でも木村荘平が、早い時期からこの方式を実行していたのである。本部は芝浦にあったもと後藤象二郎の別荘（間口が一間もあった）を割烹旅館に改築したもので、その一室を事務所とし、主な支出である肉や酒類を一括して仕入れ、約束手形として支払った。全店舗を二階建てとし派手なステンドグラスで人目を惹き、軽子（女子従業員）には黒えりに丸帯、たすき掛けという姿をさせて企業イメージの統一を図ったあたり、当時としては独創的な経営方式といえるものだった。

ただし、荘平式チェーン店の繁栄の秘密は、愛人を次々にもうけて各支店の責任者に任命し、「い」「ろ」「は」順の支店名をつけ、一日の適当な時間に社長自ら赤塗りの人力車で集金に回るという方式にあった。このような店舗が二十二あったという。現代の感覚とはだいぶかけ離れているが、このようなことを公然と行うことができたのが、当時の一般社会を支配していた「二号の一人や二人を持っているのが男の甲斐性」という観念だった。

しかし、この面においても、じつは彼独自の〝モラル〟が貫かれていた。つまり、「おれのは、みんな家内だよ」という感覚である。真面目に一夫多妻制を実行しているつもりだったのだろうか。その結果、なんと三十人の子どもが生まれたが（男十三人、女十七人）、すべて自分の子として認知し、男子には「荘」の字と数字を組み合わせたり、女子には数字だけの名を与えたりした。この子どもたちは、文学者や芸術家として世に出た。長女栄子は明治女性作家の先駆とされる木村曙である。四男荘太は第二次新思潮の同人から出発して文芸評論家となり、晩年「艸太」の筆名で自伝的小説『魔の宴』（一九五〇）を著した。

木村荘平

荘五は経済史家、四女清子は新劇女優、荘六は手品師、荘七は俳優、荘八は画家、随筆家、荘十は直木賞受賞の作家、荘十二《そとじ》は映画監督となった。

荘平の晩年は悲惨で、顎ガンに侵され、明治三十九年（一九〇六）に六十七歳で没した後は後継者争いでチェーン店は倒産、世間からは顧みられることもなかった。このような事業家のあり方も、中川嘉兵衛とは対照的といえよう。

嘉兵衛は食肉事業の安定のため、仕入れ先である屠場の確保に苦心した。荘平は広大な官営地を入手し、馬匹関連の事業を拡大し、最終的には牛鍋店の経営を安定させることができたため、それ以外の商売には手を出さなかった。これが両者の分かれ道となっている。もう一つは性格の相違である。おそらく嘉兵衛は近代的な事業（工業）の可能性が、製氷のほうにあることを悟って、食肉から転向したのではないだろうか。自己の資質も、必ずしも飲食店向きとは思わなかったに相違ない。

ともあれ、開化の巷を彩った牛鍋屋と氷店の看板の背後にも、世の偏見を撥ねのけて新しい事業に挑む男たちの大きな夢があった。

# 四

●——入浴図
［『横浜開港見聞誌』］

# 外つ国の香り豊かな文化の雫

## 堤磯右衛門

### ◎石鹸製造業

## キリシタンの魔法のごとし

日本で初めて石鹸の工業化に成功したのは、堤磯右衛門（一八四三〜九一）である。堤家は元禄期以降、武州久良岐郡《くらきぐん》磯子村（現、横浜市磯子区）の名主・年寄をつとめたが、代々磯右衛門を襲名し、幕末から明治にかけての当主十代目は天保十四年に生まれた。文久年間（一八六一〜六三）から江戸の土木請負業蔵田清右衛門の手代として、地域農民を監督しながら開港場の建設に従事、居留地の海岸部に石垣を造成する工事なども請け負っている。

磯右衛門自身が記した「堤石鹸製造工場の来歴」という回想録によると、慶応二年（一八六六）には横須賀製鉄所の建築作業に加わり、工事を監督していたが、あるとき作業で油が付着した手を、米ぬかで一生懸命に洗っていると、それを見たフランス人のボイル（ボエル）という技師から、「これを使えば良く落ちるよ」と、四角い固形物を渡された。使ってみると効果てき面、しつこい油汚れがウソのように消えてしまったではないか。「あたかもキリシタンの魔法のごとし」と、心底からおどろいた。

このときまでに、磯右衛門は「シャボン」という名を耳にしたことぐらいはあったに相違ないが、ふれたのは初めてだった。手を洗いながら、「これがシャボンというものか」と、感嘆久しうしたというのが実際のところだろう。そして当時の日本人は、激変する環境への自衛的な本能からか、好奇心がきわめて旺盛だった。とくに磯右衛門は幕末から明治初期にかけての詳細な『懐中覚《かいちゅうおぼえ》』を記したり、安政元年（一八五四）ペリーの二度目の江戸湾来航のさい、わざわざ現地へ出かけて本船ミシシッピー号の写実的なスケッチ（「蒸気船ミッセシペン号」＝彩色）を残したりしているほどで、このような積極性と知的関心により、単なる村役人の境涯から変動する幕末社会へ深く関与することになったといえよう。

彼は早速ボイルから石鹸製造法の概略を聞き出した。ちなみにボイルはフランスのブレスト造船所から来日した「舎密《せいみ》工」（化学技師）で、横須賀造船所につとめた後は横浜製鉄所の会計主任に転じ、明治三年（一八七〇）ぐらいまで勤務していたことがわかっている。

磯右衛門が石鹸の国産化へと踏み切るまでには、もう一つ後押しが必要であった。明治五年（一八七二）十一月、たまたま横浜税関に出かけた彼は、毎年二十万円余の石鹸が輸入されているという事実を知って発憤し、「大に感慨する所あり、輸入を防ぎ国益を興すの一端」と事業化の決意を固めたのである。そして翌年三月、横浜三吉町四丁目（現、南区万世町二丁目二十五番地付近）に堤石鹸製造所を建てた。

石鹸製造は化学工業に属する。磯右衛門は洋学者で洋書輸入商（丸善）の早矢仕有的《はやしゆうてき》の

堤磯右衛門
［堤 真和氏所蔵］

技術的指導のもと、河原徳右衛門（鉛筆製造者）ほかの援助を受け、試作にとりかかったが、最初はどうもうまくいかない。だいたい欧米人のような肉食の習慣に乏しい国で、油脂を入手すること自体が難しい。当時の日本では菜種油しか普及していなかった。それよりも困ったのはアルカリ性の物質である。洋書に出ているような理想的なアルカリ液など、簡単に製造できるわけがない。初期には後述するように、煙草の茎を焼いたものを利用するなど、さまざまな苦心があった。

しかし、磯右衛門はこの期におよんでもボイルのような外国人の力を借りようとはしなかった。一人で苦心すること数カ月、金は湯水のように流出していく。土木工事で稼いだ資金などはすぐになくなってしまい、出来たものといえばブヨブヨした油の塊ばかりで、一向に石鹸らしきものにはならない。すぐに家産が傾きはじめた。

ついに明日は廃業と決意し、器具類に付着した原料を溶解したのであるが、さて、その翌日溶解物を見ると、一部が凝固しているではないか。調べてみると、器具を洗う洗浄液が混入していることがわかった。

「石鹸だ、石鹸だ！　ついにやったぞ！」

磯右衛門は小躍りして喜んだ。偶然とはいえ、最後のギリギリの瞬間につかんだ幸運だった。

## 最初は食べ物とまちがえた

人類の文化は、ものを洗い、清潔にするということに始まるといってよい。身体も衣服も汚染にまみれたままでは、哲学も宗教もない。つまりは動物の水準を抜け出ることは不

●──十九世紀のイギリスの石鹸工場

可能だからであるが、その手段はといえば、ギリシアの詩人ホメロスの『オデッセイア』（紀元前八世紀ごろ）に、衣服を河川の水などに漬け、叩いたり揉んだりするという情景描写があるのを見ても、素朴な段階が長く続いたことは疑いない。

その後ローマ時代になると、フロニカ（洗濯所）というクリーニング店の元祖のような店が生まれていたことは、ポンペイの遺跡からも判明するが、そこから漂白土（粘土の一種）が発見されている。ローマ時代にあって洗浄剤として多用されたものは、何と人間の尿で、街角に桶を置いた業者が、通行人の尿を採集したという。アルカリ成分に洗浄効果があることが、自然にわかってきたのだろう。

石鹸のはじまりは、一説には食肉を焼いて調理したさい、滴り落ちた油脂が樹木の灰（アルカリ）によって鹸化《けんか》されたものを、たまたまその土で手を洗ったところ、汚れがとれたことからという。紀元一世紀の博物学者プリニウスの『博物誌』には、ガリア人がヤギの脂肪とブナの灰から石鹸（サポ）を発明したという記述がある（「サポ」はポルトガル語あるいはスペイン語を介して日本に伝わり、「シャボン」となる）。

いずれにせよ石鹸は徐々に普及し、中世に入ると良質のオリーブ油と海藻灰ソーダ（バリラー）の得られるフランスのマルセーユが主要産地となった。当時ドイツのカール大帝のつくった『荘園法典』（八一二）には、全国の荘園に対して十分な石鹸を用意すること、そのために石鹸製造人（サポナリウス）を置くことが規定されている。このころドイツでは一般農家でも石鹸の自家製造が行われ、主婦の役目となっていたという。

その後、石鹸は各国に広まり、産業革命を経て工業生産品のトップに進出するまでになるが、日本への渡来は信長、秀吉の時代らしく、当時すでに「シャボン」という言葉が知られ、「石鹸」という漢語が当てられていた。しかし、実際は灰汁《あく》を麦粉をもって固めたものだったようだ。

石鹸の「鹸」の字は分解すると、地中の塩分が点々と吹き出たさまを示す「鹵」と、それが集まり固まったという意味の「僉」に分かれる。中国は明時代の辞書『正字通』によれば、竈《かまど》から出る灰に水を注いだものを「鹸水」といい、垢やよごれを除去するに効ありとある。石鹸を得るには蒿蓼《こうりょう》（もぐさの一種）を乾燥し、焼いて灰としたものに澱粉質の粉をまぜて固め、石状にしたものとしている。

現在の意味での石鹸は、戦国時代の末期ポルトガル船によりもたらされた。天文年間（一五三二〜五五）にエスパーニャ（スペイン）より渡来したという説もあるが、いずれにしても江戸時代末期まで庶民には手が出ない貴重品で、将軍や一部の大名以外には無縁のものだった。よく知られているように、庶民は入浴には自然の界面活性剤であるぬか袋やダイコン汁、米のとぎ汁などを用い、洗濯にはアルカリ剤の代表である灰汁、木灰、卵白、胆汁などを使用した。そのほか小豆や大豆の粉に香料を入れた洗い粉、ヘチマも用いられ、補助的に軽石などが愛用された。

少数輸入された石鹸は蘭医によって腫れものの外用薬や下剤として用いられ、なかには自家製を試みる医師もあったようだが、一般には石鹸なるものは全く知られていなかった。幕末の黒船土産として香水などとともに石鹸が入ってきたのはよいが、食物と間違える者もあったという。シャボン玉だけは庶民の間にも普及したが、これは今日の石鹸ではなく、煙草の茎を焼いたものを粉末とし、水に浸したものを細い竹の管で吹いたものである。

ちなみに、この煙草の茎は焼いて灰にするとアルカリ分を多く含むために、おそらく中

●——鹸化釜で原料混合

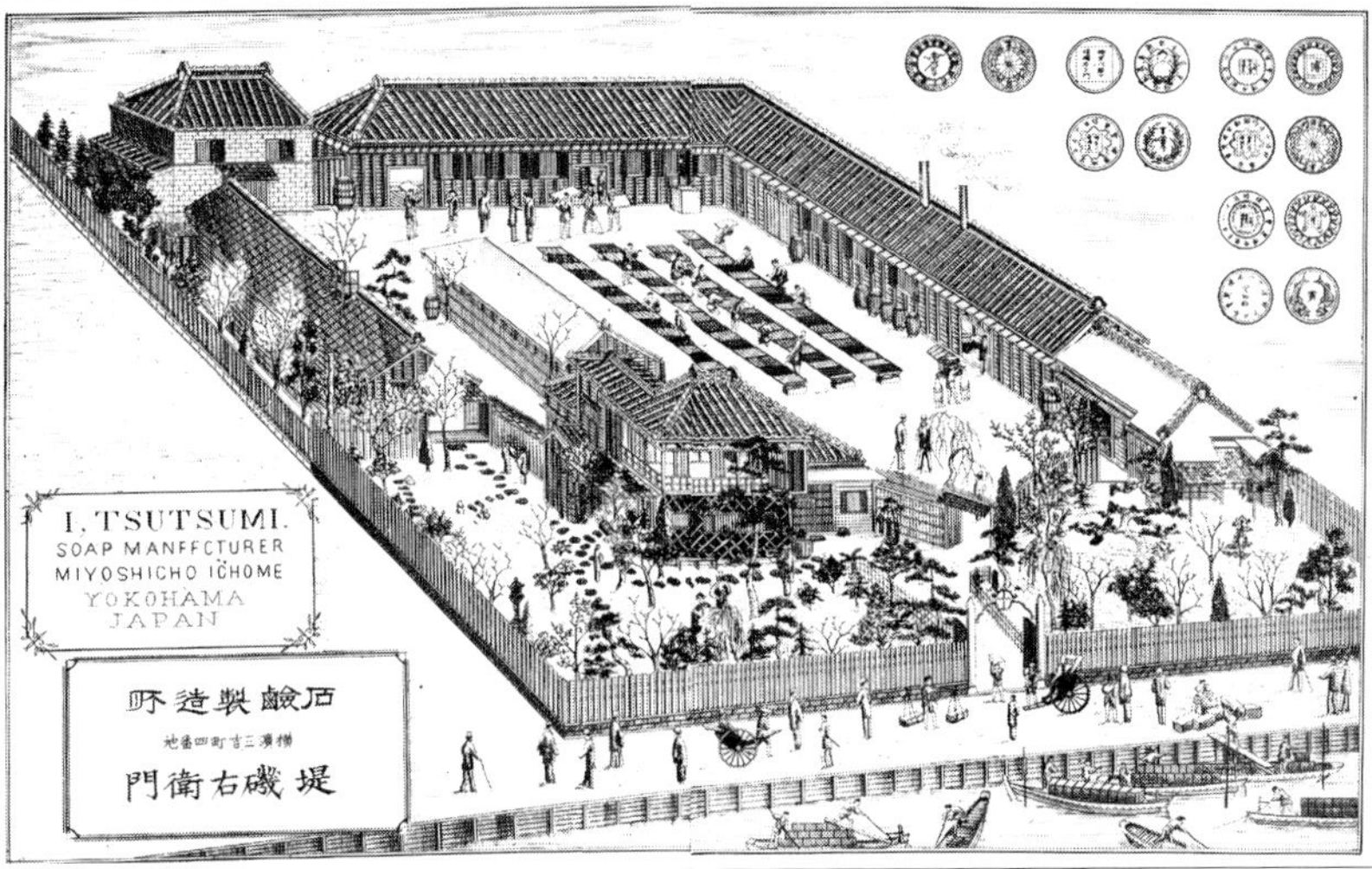


堤磯右衛門石鹸製造所
［横浜開港資料館所蔵］

国から前述の蒿蓼に代わるものとして伝わったらしい。

## 洋品に勝り、価格は半額

このような次第で、石鹸に関しては日本は西洋の水準から少なくとも数百年の開きがあったといってよい。さきに堤磯右衛門が明治初期に石鹸の輸入高を知って発憤したと記したが、それは必ずしも金高だけが理由ではなく、文化の遅れを痛感したからではなかったか。しかし、努力家で負けず嫌いだったと思われる磯右衛門としては、技術の遅れとは思いたくなかったろう。開発にあたって、外国人の力を借りようとしなかったのは、そのためと思いたい。

さて、偶然の結果から油脂の凝固という方法をつかんだ磯右衛門は、早速洗濯用の石鹸一本をつくり、知り合いの洗濯屋に金一朱で販売し、意見を聞いた。そして相手から「普通品」という評価を得た。この場合は、問題なく通用する品質という意味であろうか。

かくて製品化に確信を得た磯右衛門は翌年に化粧石鹸を開発した。評判はすこぶるよく「横浜毎日新聞」明治七年（一八七四）六月四日号には、堤石鹸を評して「其製精ニ殆ト洋品ニ勝リ、其価値ハ半ニシテ泰西ニ誇ルニ堪タリ」「小利ニ走ラス、主トシテ国益ニ志ス堤氏ノ如キハ、抑《ソモソモ》愛国ノ士ト伝ベキ」という投書が掲載されるまでになった。

これに力を得た磯右衛門は少しずつ販路を拡大し、四年後の第一回内国勧業博覧会に出品して「製法粗ナラズ、品位良好、弘ク需要ニ供スベシ」という評価のもと「花紋賞」を獲得している。政府主催のこの博覧会は同年東京上野で第一回が開催され、以後数年おきに上野、京都、大阪などで開かれ、明治三十六年（一九〇三）まで続いた。

磯右衛門の工場で働く職工は、磯子村の親類や農家の子弟が多く、一時は数十名に達した。設備といっても、基本は小さなドラム缶程度の鹸化釜を数基用意し、原料を混ぜ合わせるというものだった。石鹸の形枠は長者町七丁目の印判師土岐清次郎に依頼し、丸形のものを作らせた上、これを見本として東京呉服町の玄々堂に舶来品と同じような角形真鍮形の模様を彫ってもらった。やはり舶来品に似せなければ売れなかったのである。

研究熱心な磯右衛門はその後も新製品開発につとめ、横須賀造船所には海水石鹸（海水でも溶ける石鹸）や石炭酸石鹸（コレラの消毒石鹸）などを納入、別に害虫駆除用の鯨油石鹸、ハチミツ石鹸、グリセリン石鹸なども開発、第二回の博覧会（一八八一）には主要製品を三十四種も出品している。

このときの出品で最も興味深いのは、石鹸の形である。標準は先に述べた丸形だが、そのほかに地球形、大判形、犬形、蜂形、異人形、花形などと今日では考えられないほど多様である。そのほか水指《みずさし》形とあるのは茶道具の水指に似た形と思われるが、蠅取形というのは、戦前まで遣われていた蠅を誘引する凸形の水瓶に似た形であろうか。要は需要喚起のために相違なく、努力のかいあって、一時は香港、上海、シンガポールにも輸出、ついには明治二十三年（一八九〇）「時事新報」主催の国産優良石鹸の投票で、堂々第一位を獲得するにいたった。値段は高級品が一個五十〜七十銭、中級品が二十五銭、普及品が八銭前後だった。

しかし、「洋品に勝り、価格は半値」という一般の高い評価とは裏腹に、経営は年々厳しさを増していった。その理由は競合業者の乱立による。第一回内国勧業博覧会に出品した業者は、民間では京浜間の六名であるが（そのうちの一人は前述の早矢仕有的）、ほか

堤石鹸の型枠
［横浜開港資料館所蔵］

にも多数の業者が出現していた。官庁では印刷局までが石鹸製造に乗り出し、宮内庁御用達をつとめている。さらに京都府はお雇い外国人としてワグナーを招き、医学校や舎密局の技術伝習生に対し、硝子器や石鹸製造に関する講義を行うよう要請している。

横浜では磯右衛門に数年遅れて(明治十四、五年ごろ)、イギリス人のコッキングが石鹸を製造している。経歴の詳細は不明だが、明治元年ごろ薬品の輸入商として来日、正金銀行と関係があるところから多額の融資を受け、平沼(現、西区平沼町)の田んぼの中にレンガ工場を建設、一時は利益を上げ、日本人女性を妻とし、江ノ島に別荘を建てたという。

東京では明治八年(一八七五)、榎本武揚の実兄武與が牛込区新小川町に江水舎という石鹸製造所を建設、ヨーロッパ最新の機械を設置して操業を開始したが、軌道に乗るまでに三、四年を費やしている。技術面を担当したのは榎本武揚が駐露公使としてペテルスブルクに滞在中、従僕として随行した大岡金太郎で、現地の石鹸工場に通って技法を学んだ。

兵庫県出身の堀江小十郎が東京に鳴春舎という企業を設立したのは、明治九年(一八七六)である。父は蜂須賀家の家老に仕えた人。廃藩置県後に水戸藩士らと諮り、石鹸製造に着手した。

磯右衛門が石鹸開発に成功した当時、このように踵を接するようにライバルが出現しているが、共通していることは士族か名字帯刀を許された階層が関わり、実際の製造工程は独立独歩で苦心を重ねたという事実である。しかし、このような独立独歩の時期が過ぎると多数の業者の参入による過当競争が生まれ、先行各社の製造技術を盗んで安易に製品化を試みる例も出てきた。そのため工場では「縦覧禁止」(見学お断り)の札を出したが、顧客を装って秘密を盗む者が後を絶たなかったという。

## 高品質が仇、不況で傾いた社運

明治十三年（一八八〇）当時、日本には京浜地区を中心に二十一社の石鹸工場がひしめき、その総売上は約十五万円にのぼるという盛況だった。工場といっても典型的な家内工業である。それでも少し前の明治十年（一八七七）における舶来石鹸の輸入額が七万五百十七円であるから、急速に倍増したことになる。このような隆盛の原因は、一つには原料の油脂分として椰子油の入手が可能になったことがある。

それまでの油脂分は牛脂、綿実油（コットン油）などが用いられ、一部に菜種油やロウも試用されたが、加工が面倒なので敬遠された。椰子油はアフリカの西海岸に生育する「オイルパーム」という品種から採取されたもので、実の大きさはハトの卵程度のもので、黄色であることが特徴だった。砕いて熱湯を注げば油脂分が表面に出てくる。石鹸製造には大量の油脂が必要だが、椰子油は最も扱いやすいので、各社競って使用するようになったのだが、じつは明治の初めごろまではほとんど輸入されていなかった。わずかに外国の密輸船が運んできたものを、横浜港で食料品などと交換していたにすぎない。前述の鳴春舎がこの大部分（五十二樽）を買収し、一年間の操業にあてたというエピソードもある。

ただ、椰子油だけでは高級石鹸はできない。磯右衛門は「第一番製」という最高品質の石鹸の成分処方に際し、牛脂を六貫九百目、椰子油をその二割程度の一貫四百目と抑制しており、逆に「椰子洗濯石鹸」は椰子油百パーセントとしている。椰子油の多すぎる製品は、気温の低下する冬期には表面に塩分が吹き出し、甚だしい場合には砕けてしまって、全く使いものにならないのだが、他の業者のなかにはコストの関係から椰子油を多用したり、糊を混ぜてひびが目立たないようにする者もあって、良心的な製品をめざす磯右衛門を苦境に陥らせた。

打撃はそれだけではなかった。突如として吹き荒れた不況風が、商品の売れ行きを一挙に下落させたのである。この翌年、参議兼大蔵卿となった松方正義は、政府懸案の金融政策を強行、西南戦争時に乱発された政府発行紙幣の全廃と兌換紙幣である日本銀行券の発行を行ったため、財政収支は大幅に改善されたものの、深刻なデフレーションを招いた。世にいう「松方デフレ」である。

そのころの未熟な経済政策は、社会的なセーフティー・ネットの配慮が乏しかった。繭価・米価などの農産価格は暴落し、地主や豪農は衰微した。必然的に零細農民は没落し、反政府的な暴動に走った。磯右衛門のような小規模商工業者の多くも、従業員を減らしたり、工場規模を縮小したりで、倒産の危機に直面した。創業以来、年々五〜十割の成長を見ていた堤石鹸製造場の売上も、明治十四年（一八八一）の二万四千二百余円を境に下落に転じ、翌年は一万七千七百八十余円、翌々年は一万一千八百八十余円というように右肩下がりとなり、回復の目途がつかなくなった。

しかし、この苦境になっても彼はけっして品質を下げることなく、高級かつ良質な油脂を用いた石鹸を製造し続けた。他の業者のなかには平然と前述の椰子油石鹸を量産する者も多かった。この時代は「速製石鹸時代」と名付けられているように、せっかく輸入品を駆逐しかけた業界の評判が急落するという事態となった。これではいけないと、前述の鳴春舎主堀江小十郎は明治二十三年（一八九〇）、東京都の意をうけて東京石鹸製造業組合を設立、製品の改善へと努力することになった。

石鹸は開化の景物としての時代は疾うに終わり、業界は体質改善を迫られていたといえる。このときにあたり、他社より遙かに高い品質をもって先行していたはずの磯右衛門ではあるが、当時の多くの事業者と同様、士族の商法といった側面を免れることはできなかった。良品は製造し得ても、経営の困難な段階を乗り切る体力を持たなかったのである。不況でいったん陥った劣勢をカバーすることはできなかったことは、磯右衛門にとってどれほど心残りであったろう。明治二十四年（一八九一）、病を得てこの世を去ったときは、まだ四十八歳であり、そのわずか二年後に堤石鹸製造所は、あえなく廃業となってしまった。前述の「時事新報」の国産優良石鹸投票で第一位を獲得した時が生涯の絶頂であった。

堤磯右衛門をパイオニアとする明治前半の石鹸製造業は、幾多の試練を経て、次世代の近代的石鹸工場へと脱皮をとげる段階にあった。その有力な一人となった岐阜県出身の長瀬富郎は、明治二十年（一八八七）東京日本橋区馬喰町（現、中央区馬喰町）に長瀬商会（資本金五百円）を設立、三年後に花王石鹸を創製した。当初「顔石鹸」という発想が「香王」「華王」という案に発展、最終的に「花王」としたという。

花王石鹸創製者の長瀬富郎
『花王石鹸五十年史』

## ぜいたく品から生活必需品へ

冒頭にも記した通り、堤磯右衛門が石鹸という西洋の必需品を認識した端緒は、製鉄所での作業における汚れを落とすのに、非常に卓効があるということだった。多くの日本人にとって、石鹸とはまず皮膚や衣服の表面上の汚れを落とす手段であり、ついで皮膚病の治療と清潔さの維持ということであり、最後に美肌等の化粧に適することが認識された。

この認識の順番は、石鹸以前の洗い粉やぬか袋などの時代の価値観を踏襲している。日本人にとって、洗浄とは表面上の汚れを落とすことにほかならなかった。効力の弱い洗浄手段では、それ以上の殺菌や予防などは荷が重すぎたのである。

慶応元年（一八六五）刊の橋本玉蘭斎『横浜開港見聞誌』には、外国人主婦が二人の幼児を風呂桶に入れ、ブラシでごしごし洗う図を絵入りの文章で活写している（もとの文は文語体である）。

「しゃぼんというものには洗濯しゃぼんという下等なものと、上等なものとがある。上等品はまず桶に湯を汲み入れ（て溶かし）、日本の行水のように全身を櫛はらいのようなもので手足の指の先まで洗い、顔や首筋までも入念に洗い、頭髪までその中をこすり分けるように洗う。そのあと、頭上から湯を流し、しゅろ箒のようなもので洗う。その後、上等のしゃぼんをあらかじめ水に溶いたものを、櫛はらいのようなものにつけ、再び頭髪の中から全身を洗うこと数度。そのあと、拭かないで乾かす。これはしゃぼんの香りがよいからである。わが日本で用いる洗い粉の類である。上等のしゃぼんは薬種成分が十三入っており、最も香りがよい。下等のものは洗濯しゃぼんという。垢が付いて汚れたものを洗うが、そのときには桶の中に水に溶かして洗う。ゆえにその人は身衣ともに美である」

上等のしゃぼんを流し、拭かないで乾燥するという箇所はおそらくオーデコロンの誤解であろうが、要するに日本人が入浴のさい、洗い粉などで最小限擦るだけなのを、西洋人の石鹸による徹底的な清拭ぶりに驚異を感じたのは間違いない。

洗い粉から石鹸への移行は、単に垢がよく落ちるというだけでない、意識の変革をともなうものであった。とれないと思った外見上の汚れが落ちるばかりか、頭髪の中に分け入って見えない汚れを落とし、殺菌する。それまでの日本人の生活には、医療に役立つ洗い粉というものは存在しなかった。石鹸の普及によって、清潔と消毒のレベルアップが医療や衛生観念の向上につながったのはいうまでもない。

ただし、日本人全体の衛生思想が向上するには、教育の普及や住宅構造、とくに台所やトイレの改善を待たなければならなかったので、そのためにはなお一世代の歳月が必要だった。宣伝面から見ても明治時代の石鹸は衛生思想の強調だけでは不十分で、もう一つ「美容」という要素が必要だった。江戸時代の洗い粉は、女性美を磨くという発想のもとに販売されていたが、明治の石鹸時代となっても本質的に変わりはなかった。

「匂ひ袋兼用雪の肌石鹸は、薫香馥郁《くんこうふくいく》、四方を払い、匂ひ袋の代用をなす日常必携の石鹸なり。雪の肌は、きめを濃にし、色を白くし、皮膚一切の病に宜し」（ゆきのはだ、明治二十六年八月）

「此石鹸を、常に使用する時は、自然に身体を美麗白皙ならしむること、天津乙女の羽衣

●——花王石鹸広告『日本女性の歴史（第十一巻）文明開化と女性』暁教育図書〕

に弥勝《いやまさ》りて、実に不思議といふの外なし」（羽衣石鹸、明治三十年三月）

明治後期まで、化粧石鹸は文字通り化粧品の一種として、フランスなどから輸入されたビオレッタなどの香油を混入、「馥郁たる香気」を競った。

もっとも、日本人は欧米に比較して体臭が少なく、風呂に入る頻度も高いということもあり、西洋香水の珍しさが失せると、かえって無臭が好まれるようになった。大正期以降の化粧石鹸は、原料の油脂のにおいを消すという消極的な意味をもつようになり、メーカーはむしろ「ほのかな香り」を強調しはじめる。

「シャボン」から石鹸へ。それは文明開化のぜいたく品から生活必需品への課程であり、その背後には日本人の大きな意識変化が存在した。現在、堤磯右衛門が日本最初の石鹸工場を建てた跡地には、その功績をたたえる記念銘板が設置されている。

# 五

# 黒船が運ぶ銀板の秘法

下岡蓮杖◎写真師

●——写真師に戯れる犬
［『横浜開港見聞誌』］

## 絵師に与えた写真の衝撃

幕末に流入した海外文化の中で、最も日本人の想像を絶していたのが写真技術であった。その導入にあたって筆舌に尽くしがたい労苦を重ね、日本に写真師という職業を確立したのが、伊豆国下田（現、静岡県下田市）生まれの下岡蓮杖《れんじょう》（一八二三〜一九一四）である。

蓮杖は自らを「豆州の一漁夫の子」と称していたが、じつは下田の判問屋の三男で、父桜田与総右衛門は船番所の勤番であった。判問屋というのは江戸湾の要所下田を回船で往来するさい、必要な手形（交通許可証）を発行する役職で、先祖は漁師にしても、判問屋の職は幕府の同心として名字帯刀を許されていた。この勤番は長男が継ぎ、判問屋は二男が継ぐという規則があったため、三男の蓮杖（幼名を久之助といった）は早くから近隣の岡方村に養子に出されたが、幸か不幸か間もなく養父母と死別し、実家に戻ってきた。

この久之助少年、じつは絵が大好きで、画家になりたくて仕方がなかったのだが、親の理解は得られそうもないので、ついに十三歳のとき密かに江戸に出奔してしまった。

勢いこんで出てみたが、広い江戸で簡単に絵の勉強ができるわけもない。やむなく足袋屋に奉公してみたが、片足を高く掲げた傲慢な客から寸法をとらされ、「巨万の富を積むとも他人の足を拝せざるべからず」と立腹、さっさと郷里に戻ってしまった。

そのまま部屋住のまま数年を過ごしたのだが、時代のうねりは久之助を放置しておかなかった。異国船の出没が常態化した天保十三年（一八四二）下田にも砲台が設置され、隠居や部屋住ら十五名が砲台付きの足軽として動員された。久之助もその一人として砲術や剣道を仕込まれたのだが、ある日同心の一人から「自分の弟が江戸で狩野董川《かのうとうせん》の門弟となっている」という話を聞かされ、矢も盾もたまらずに口利きを依頼した。董川は将軍家出入りの画家だから、久之助の目の色が変わったのも当然である。間もなく足軽の職を解かれるさいに手当金三両を手にした彼は、同心の紹介を得て江戸へ上った。

董川の門下生としての久之助は、まさに水を得た魚であった。たちまち頭角をあらわし、師匠から董円の号を授けられるが、運命は彼をこのまま落ち着かせることにはならなかった。ある日、彼は出入りの薩摩藩下屋敷でオランダ渡りの写真を見せられたのである。「和蘭陀の銀板写真というもので、海内希有の珍品である。人の姿が写っておるが、息が

◉——壮年時代の下岡蓮杖
「『写真百年祭記念号』アサヒグラフ臨時増刊」

かかると消えてしまうによって、口を被うてから見るがよい」

久之助が袖で口を被うと、相手は大切そうに写真をかざして見せた。今日の手札判よりやや大ぶりの銀板に写っていたのは、男性の立像であった。墨一色ながら、立体感や微妙な階調がはっきり表現されている、と蓮杖は思った。

「これは何を用いて描いたものでござりますか？」

驚愕の念にうたれた久之助は、思わず問うた。

「筆で描いたものではない。器械にて写しとったものじゃ」

「器械と申しまするとき？」

「委細は余も知らず。ただ蘭書にある写真鏡のようなものではあるまいかの」

それが三、四年前の一八三九年（天保十年）、フランスのダゲールが発明したダゲレオタイプという世界初の実用写真であることを、主人もよくは知らないようだった。

要領を得ないまま、師匠のもとに戻った彼はその一枚の写真が脳裏から去らなかった。

「どんな方法を用いるのかは知らないが、画調の精細なこと、世の中には毛筆などの到底およばない妙技があるものだ。港を閉ざして外邦との商いを禁じているうちに、わが国はこんなにまで遅れてしまったのか！」

気がつくと、久之助は手元の絵筆や刷毛を、力まかせにへし折ってしまっていた。

## 黒船だけが唯一の情報源

西洋古代から発明されていたというカメラ・オブスキャラ（暗箱）の原理は、日本でも蘭書により「写真鏡」として知られていた。しかし、これを感光剤と併用した写真術に高めたのは、まずフランスのニエプスによるヘリオグラフィー（一八二六）、ついでダゲレオタイプで、その公開はわが国の年号では天保十年にあたる。

ダゲレオタイプは四年後オランダ船により長崎に到来、蘭学者上野俊之丞によって図面がとられている。正式な輸入は嘉永元年（一八四八）で、器械は薩摩藩に献上、島津斉彬の所有となった。俊之丞の二男上野彦馬は、後述のように最初の写真師の一人となった。

島津斉彬は写真術に強い興味を示し、「印影鏡」と名付けて愛用した。家臣や城内風景などを撮影対象としたが、その一枚に篤姫（天障院）がある。完成したものは豆粒ほど小さな写真に過ぎなかったが、篤姫を将軍家に嫁がせれば、再び里帰りは叶わないことと思って、とくに撮影したものといわれる。

ダゲレオタイプに続いて渡来したのが、桜田久之助の目にした銀板写真である。銀板または銅板に銀メッキしたものの表面にヨードの蒸気をあてて沃化銀の膜をつくり、これを露光させたものを水銀の蒸気で現像する。露光に三十分前後かかるが、ニエプスの場合はアスファルト露光に何と三時間を要したことから見れば、格段の進歩であった。

しかし、久之助はそんなこととは知る由もない。元来新奇なものを好んだ彼としては、なんとしても写真の正体を知りたいと考え、それには外国人に近づくほかはないという結論に達した。思い立ったら逡巡しないのが久之助の性格である。弘化二年（一八四五）師の許しを得て下田に向かったのだが、そのさい師恩を忘れないため、彫師に五尺（約一・五メートル）の蓮の杖（唐桑製）をつくらせた。「蓮花は泥田に生じてなお廉潔なるところがよい」という意味だが、後年の号「蓮杖」の由来となった。ちなみに下岡という姓も

初期のダゲレオタイプ写真鏡

後年のものだが、出生地の「下田」と養子先の「岡方村」の各一字をとったものである。

便宜上、これ以後の久之助を蓮杖と呼ぶことにしよう。浦賀の平根山砲台の足軽となった蓮杖は、日がな一日望遠鏡で沖を監視しはじめた。周囲からは「回り道過ぎないか」と嘲笑されたが、意に介さなかった。当時写真器材は幕府関係者や大名など、外国人と接触し得る者にしか手にすることは不可能だったからだ。

望遠鏡をのぞき続けること一年有余、ついに閏五月二十七日、二隻の黒船が視野に入った。ビッドル司令官の指揮するアメリカ東インド艦隊だったが、番所には漁師たちが「ご注進！　ご注進！」と駆け込んでくる中で、奉行所から命令が下った。

「足軽桜田久之助、米艦に赴き子細に図面を取ることを命ず」

実にこの瞬間を、画業を得意とする蓮杖は待ちわびていたのである。勇躍して伝馬船に乗り込むと巨艦に接近、筆や紙、物差しなどを示し、腰に差した安物の刀を抜いて膝で押し曲げて見せるなど、害意のないことを懸命に伝えると、相手は舷側に一本のロープを垂らした。もとより漁夫の子だから、臆せずスルスルと上りきると、艦長室に案内された。

船長（おそらくビッドル）はこのとき散髪の最中だったが、蓮杖の履いているワラジに目をとめると、脱がせてしげしげと観察し、自ら蓮杖に履かせた。蓮杖のほうではこれが異人の挨拶かと思い、船長に靴を脱いでもらい、じっと観察してから返した。船長は破顔一笑し、中国人通訳を呼んで久之助の来意を知ると、艦内を案内させた。蓮杖は艦内を駆けずりまわって大砲その他の寸法をとり、通訳に即席で尺貫法を教え、艦の全長やマストの長さなどについての正確な情報をつかむことができた。

この調子で数日間通いつめたが、肝心の写真については何も得るところがなかった。黒船は次々にやってくるが、肝心の写真については何一つ得られなかったのである。

## 根強い迷信と闘う

またたく間に十年以上の歳月が経過してしまったが、安政三年（一八五六）ついに機会が到来した。タウンゼント・ハリスが通商条約の締結を求めて来日した際、通訳のヒュースケンから写真の原理を聞き出すことができたのである。

蓮杖は役人の厳しい目をかいくぐり、ヒュースケンと示しあわせて付近の山中で会うこととした。何事ならんと出かけてきたヒュースケンに対し、蓮杖は手真似で写真の原理について知りたい旨を伝えた。ヒュースケンは木の枝を折って三脚に見立て、撮影の様子を説明したほか、懐中していた鏡を取り出して銀板の仕組や、暗室での現像の必要性などにも説きおよんだ。そのさい、蓮杖は一葉の写真をもらったというのであるが、おそらくは写真鏡の図であったろう。その後の一日、蓮杖は周囲に人がいない時をうかがって木箱に孔を明け、これに眼鏡の玉を付けた竹筒を挿入し、箱内の鏡に投影することに成功したが、手真似で得た知識だけでは、細部が不明だったのは当然である。

間もなく、江戸城本丸全焼（一八五九）のさい、蓮杖は師の依頼で襖絵などの制作を手伝い、多額の報償を得たので、横浜に出る決心をした。すぐにアメリカ商人ラファエル・ショイヤーの注文を受け、八十六枚の油絵風景画を描いたが（油絵の技法はショイヤーの妻から学んだ）、その間に同家に寄寓していた「ウンシン」という写真師に接触する機会があった。この人物は近年の研究によると一八六一年に来日したジョン・ウィルスンとい

●——下岡蓮杖が撮影した指輪をした女［一八六〇年代、『上野彦馬と幕末の写真家たち』］

うカメラマンであるというが、蓮杖によると「吝《けち》で秘して教えざること多く、労多くして功を収むる甚だ少し」とある。やむなく、すでにウィルスンから写真を教わっていた宣教師の娘ラウダー夫人経由で知識を獲得するという、二重手間をかけなければならなかった。

しかし、辛抱の甲斐あって蓮杖はウィルスンの帰国に際して器械と薬品の一切を譲ってもらうことができた。喜び勇んで念願の写真館を開業したまではよいが、日本人客がさっぱりこない。写真は生き血を吸うといった迷信がまだ抜けきらず、外国人客だけでは採算がとれない。当時蓮杖は妻を娶ったばかりなので、半年間は必死に努力してみたが、ついに資金が尽き、戸部（現、横浜市西区戸部本町）の貸家へと転居しなければならなかった。

問題はもう一つあった。ウィルスンの教え方がいい加減だったので、薬液の配合がわからない。ラウダー夫人に聞いてみたが、そこまでは聞いていないという。雪隠を改造した暗室にこもり、来る日も来る日も現像作業に没頭してみたが、ぼんやりした像が出てくるばかり。家主からは臭いから出ていってくれといわれる。やむなく古屋台を買って現像を行ったが、嵩んだ借金はついに二百五十両にも達した。江戸の後期における一両は現在の三万円から五万円にあたるから、大変な金額となる。

すっかり頬がこけ、憔悴し切った蓮杖は、ついに傍らの妻に宣言した。

「いまやわが家は赤貧洗うがごとき状態で、志は成らず、借財は日増しに増える一方。これも運命かもしれぬ。明日も成功しなければ、我が家は夜逃げせざるを得まい」

女房の美津も常日ごろは、蓮杖の健康を気遣うあまり、「もう乞食になっても、二度と写真なんかに手を出さないでくださいな」と不満を述べていたのだが、夫が血涙をしぼるのを見てはさすがに言葉もなく、悲嘆にくれるばかりだった。

翌日、早朝から祈るような気持で暗室に入った蓮杖は、出てくるなり「やはり駄目だ！」と縁側に倒れこんだが、やや気をとりなおし、「待てよ、もう一度」と最後の現像を試みた。この部分、蓮杖の伝記にはつぎのように記されている。

「蓮杖、食餌のどを下らず、神倦み気飢え、縁に倒れて言われず。すでにしてまた起きて試写すること一再、たちまちにして影像歴々故面に印す。蓮杖驚喜して手の舞い足の踏むを知らず。妻君また喜び禁ぜず」（「写真事歴」）

まるで『蘭学事始』の一節のようだが、外来文化の輸入には、同じようなことが繰り返されたのである。その後も、購入しようとした薬剤の「エーテル酢酸銀」という名やその入手先も不明といった苦労が続くが、ようやく第一のヤマ場を越えたことはたしかである。

折から董川の紹介によって、遣米使節の新見豊前守や村垣淡路守ら幕閣が蓮杖の写真館を訪れ、撮影を依頼するなどのこともあったが、やはり日本人客がこない。やむなく外国人相手に江戸の風景写真を撮影したが、路上で暗箱を出していると浪士に取り囲まれるので、駕籠の中に器械を隠し、御簾の隙間から撮影するなどの苦心をした。

いっそ外国人相手という方針をきめ、横浜の中心街である弁天通五丁目に進出、運転資金捻出のため、四分板に油絵を描いて店頭に出したところ、たちまち二十五両の儲けとなったので、写真場（スタジオ）を設置することができた。このとき知り合いの娘が外国人に囲われそうだと聞き、給仕役に雇ったところ、客の外国人から喜ばれた。よいことをしたと思っていた矢先、娘が不慮の病にかかったことから、「やはり写真には害がある」という噂が広がった。日本人の写真についての迷信は、かくも根強いものがあったのである。

## 開化アイディアマンの明暗

さすがに、大勢のなかには理解者もあって、野毛山の南麓にある太田陣屋（現在の中区日ノ出町付近）を統括していた鈴木という信州出身の人物は、蓮杖とウマが合った。蓮杖はこの人の口から佐久間象山が写真への関心が深いことを知り、喜んで写真の見本を象山に贈ったところ、他日機会あれば会いたいという返事があった。間もなく象山は暗殺されてしまったため、その機会は永久に失われた。

写真家を志望する者も現れた。千島択捉島生まれの横山松三郎（一八三八〜八四）は、

●——外国人が撮影した慶応元年ごろの横浜
［「写真百年祭記念号」アサヒグラフ臨時増刊］

●——最盛期の下岡蓮杖の店舗
［「写真百年祭記念号」アサヒグラフ臨時増刊］

十五歳で商家の奉公に出るが、ペリー来航以降、米艦乗員が函館市内を撮影している光景を見て、自分も母の肖像を遺そうと考えた。結局蓮杖に入門し、立体写真や航空写真などの開発で功績を残すのだが、入門までには蓮杖のもとにお百度を踏み、何度も断られている。これは蓮杖が技術を出し惜しみしたのではなく、当時の写真術習得が容易ではなかったことと、安易に一もうけを企む者が多かったことによる。松三郎に入門を許した蓮杖は、その知識や経験を惜しむことなく伝授した。

そうこうしているうちに、ようやく日本人の間にも写真の需要が生まれてきた。文久二年（一八六二）の生麦事件の直後には、死を決した諸藩の士が、形見の写真撮影に殺到するという出来事もあった。当時の『横浜奇談』（一八六三）という案内書には、「価はギヤマンの大小によりて（感光剤を塗布したガラス板の大きさにより）、二分位のものと一両二分位なるものとあり、今にては当地弁天通五丁目に居住する桜田蓮杖といふものが、その伝を覚え業にしてゐるが異人の仕方と少しも違はず価は安く下直に出来る者右の画像望みある人は彼のものへ命じてやれば便利ならん」という紹介記事が見える。時勢は急速に展開してきた。慶応年間（一八六五～六八）には写真館を太田町に移転、大店を張るまでに発展し、これを機に姓を下岡へと改めた。

太田町は開港前は太田屋源左衛門が開発した土地で、開港後は横浜町と称した。商館や商店が建ち並んだ目抜通りで、二階建ての店の正面には富士山と蛇の意匠に英文で〝PHOTO-GRAPHER〟と併記した看板を掲げ、屋号は通称にちなみ、○に久の字とした。一階は地本や錦絵、小間物などを扱う店舗（「相影楼」と「全楽楼」）、二階は写真館とした。

富士山の看板はユニークで評判となったが、これは一夜の夢に富士山がそびえ、麓の茅屋と大樹のかたわらに一個の壺があり、中央にいる蛇が壺を窺うという構図を見たので、そのまま看板にしたという。看板を見たアメリカ人宣教師が「どうも不思議なことがあるものだ。西洋にも世界のはじまりに一匹の蛇が人類に薬を教えたというので、薬物を扱うものはなべて蛇を商標にする傾向がある。貴方の商売もいよいよ栄えるでしょう」と予言した。蓮杖は気をよくしたが、蓮の杖といい、元来日本人離れした感覚があった。

宣教師の予言通り、やがて収入も急増し、横山松三郎のほか鈴木真一、江崎礼二、中島待乳、臼井秀三郎ほか後年大家となった門人も増えた。年号が明治とかわるころには手狭になった店を本町（現、中区本町）に移転、東京から俳優や力士らも訪れるようになった。蓮杖自らの言によるとこの店で七、八千両もの売上があったという。

この前後から、横浜にはイギリス人写真家F・ベアト、スイスの写真家ロシエほか、日本人では内田九一や清水東谷らが活動をはじめているが、蓮杖の撮影意欲も絶頂期で、江戸城周辺や新橋―横浜間の鉄道開通式、各種の職業風俗などをテーマに作品を撮りまくっている。このままでいけば、子孫に対しても莫大な遺産を遺すことができたであろうが、前述の通り新しもの好きな蓮杖は、好奇心を写真だけに限るわけにはいかなかった。その代表的なものが乗合馬車である。

江戸時代の日本人は、移動手段について幕府から大きな制約を受けていたため、馬力をもって人間の乗った箱を曳くということを思いつかなかった。遣米使節に随行した福沢諭吉ですら、初めてワシントンで停車中の馬車を見た際、何だか見当がつかず、動き出してから乗物とわかったというのはよく知られたエピソードである。蓮杖も居留地あたりで馬車を見て、驚異の目を見張ったにちがいない。すでに慶応二年（一八六六）ごろから、横浜の外国人が東京の公使館などと往復する必要から、馬車を利用し始めたという資料がある。蓮杖が調べたところ、早くも和歌山県出身の由良《ゆら》守応《もりまさ》という人が京浜間の乗合馬車の免許をとったと知り、共同して経営に乗り出したが、明治二年（一八六九）ごろより多くの業者が参入しはじめ、かつ人力車からの妨害もあり、初期投資を回収できずに終わった。一説には馬千頭、従業員千人という大規模な計画だったため、かなりの損失を蒙ったらしい。

## 武士に生まれなくてよかった

そのほか牛乳販売業や人力車業など、蓮杖が手を出したり、もくろんだりした事業は数

●――下岡蓮杖が撮影した旧江戸城［小沢健志『日本の写真史』］

多いが、いずれも失敗に帰した。アイディアマンの彼は帽子から靴にいたるまで、身につけるものもすべて自分の考案になるものだったが、根っからの創業者タイプで、持続的な経営の才は持ち合わせていなかったようだ。

明治二十年代の初期ごろまでは、外国人土産用に着色の横浜写真なども手がけたが、還暦ごろには浅草公園五区に移転、再び絵筆をとってスタジオの背景画（掛軸）、函館戦争や台湾戦争などのパノラマ画を描き続けた。パノラマ館が公園内に設けられたのは明治二十三年（一八九〇）で、その後上野公園内の内国勧業博覧会場や神田パノラマ館などに広がり、諸家の戦争画や宗教画が展示された。蓮杖の作品は現在靖国神社内遊就館に保存されている。

このような流れの中で、写真術の黎明期は急速に過去のものとなっていったが、蓮杖とともに逸してはならないのが、先にふれた長崎出身の上野彦馬（一八三八〜一九〇四）である。天保九年（一八三八）蘭学者上野俊之丞の次男として生まれ、安政五年（一八五八）にオランダ軍医ポンペを教師とする医学伝習所の舎密《せいみ》試験所に入ったが、このとき蘭書で湿板写真術を知り強い関心を抱いた。感光剤の自製に成功、蓮杖とほとんど同時期の文久二年、長崎中島河畔に上野撮影局を開業、坂本龍馬や高杉晋作ら志士を撮影したほか、維新後は金星の観測写真（日本初の天体写真）や西南戦争の戦跡撮影（日本初の戦跡写真）なども手がけ、蓮杖と並んで日本の写真史上の二巨人とされる。

最晩年の蓮杖は悠々自適で、浅草観音裏手に大きな平屋の家を建てた。周囲をすべて藤の木で囲い、家には洋風の便所があった。当時は非常にめずらしいものだったので、わざわざ見物にくる者もあった。淡泊な水墨画を描いていたが、家人には「おれは空を飛ぶものや、遠くの人と話のできるものを作り出してみたい」などと、気炎をあげるのが常だった。高齢になっても腰一つ曲がらず、高下駄をつっかけ、大好物の生魚を買いに出かけた。大正元年（一九一二）写真術への貢献により、東京府から木杯を贈られたことが、生涯唯一の公的栄誉である。その二年後、大正三年（一九一四）三月三日、九十一歳で没した。先妻美津、後妻登和との間に三男二女と養子一人があり、男子は三男を除いて写真関連の職業についた。

——それから二十八年後、昭和十五年（一九四〇）春ごろのことである。「サンデー毎日」の記者が港から響く汽笛を背に、暮れなずむ野毛山の道を歩いていた。そこから山続きの

●——晩年の下岡蓮杖夫妻
［「写真百年祭記念号」アサヒグラフ臨時増刊］

久保山に、日本最初の写真師下岡蓮杖の三男喜代松（当時五十七歳）が健在であると聞き、特集「日本史の目撃者」のインタビューに訪れようとしていたのである。

一キロ以上の道のりを歩き、交番で聞くと、すぐ目の前の下宿屋とわかったが、そこはすでに三カ月も前に引っ越し、近所の天理教の先生の家に同居しているという。教えられるままに訪ねて、やっと目的の人物に会うことができた。どことなく蓮杖の面影がある。

祭壇を横切って案内されたのは四畳半の一室。中央には蓮杖の肖像が掛かり、片隅には写真用の修正台があった。早速「蓮杖さんの古いお話を聞きに参ったのですが」と切り出すと、主人はしばらく困ったような顔をしていたが、やがてぽつりぽつりと語りはじめた。

「父のことを訊ねていただくのは嬉しいのですが、それにつけても私の現在の境遇があまりにもみすぼらしくてお恥ずかしくてなりません。不屈の気性で、天下に写真道を貫いた父に対しても私は申しわけない気持ちでおります」

思い出話には、父への敬愛の念がにじみ出ていた。記者には、蓮杖が死の一日前に言ったという次の言葉が印象にのこった。

「俺は武士に生まれないでよかった。武士だったらこんな長命はできなかった」

夜も更けていた。記者は写真の元祖の血をうけついだ主人にカメラを向けることに、いささかくすぐったいものを感じつつ、その場を辞去したという。

# 六

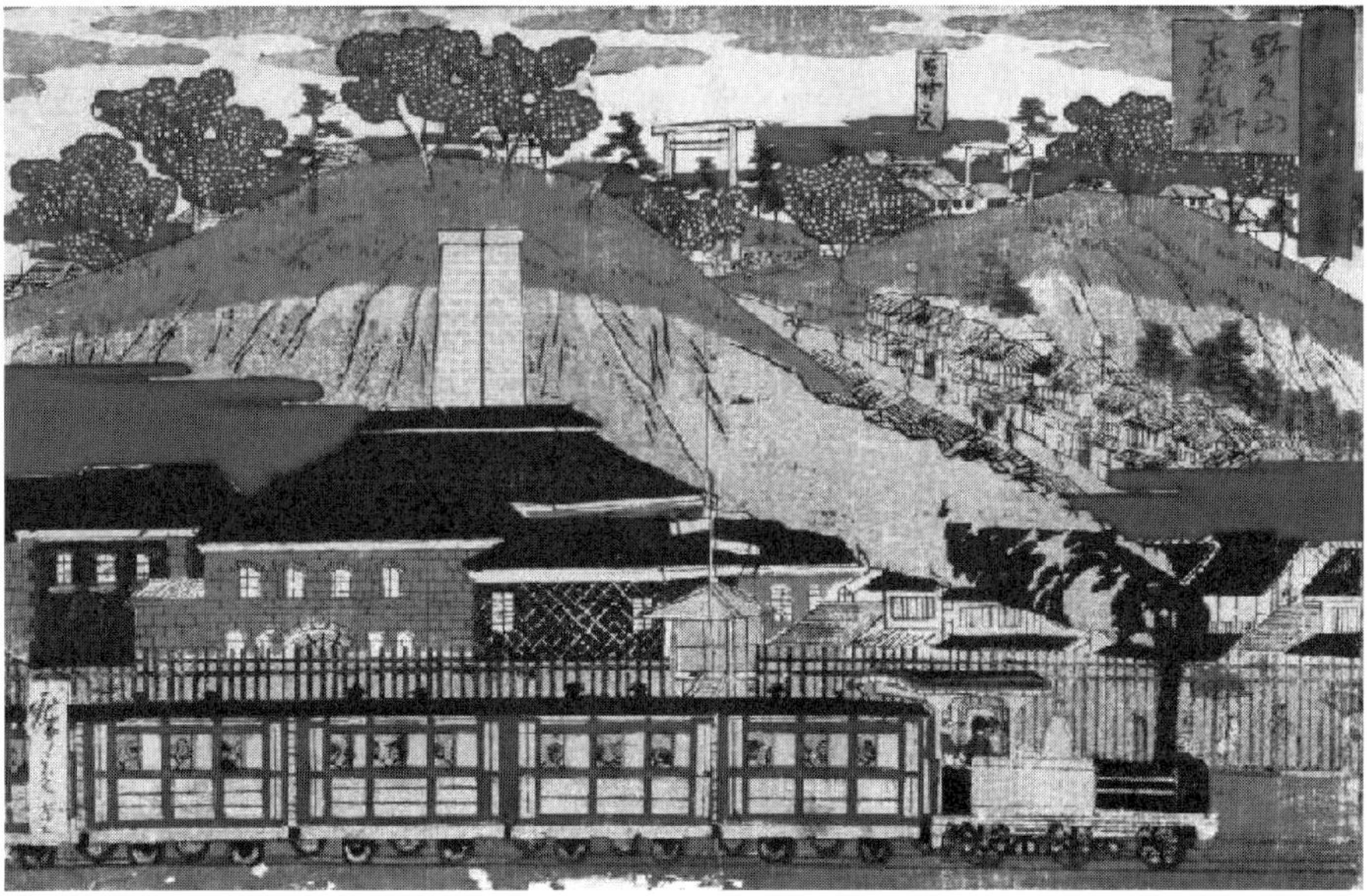


# 技術者の良心見せた鉄道建設の父 モレル

## ◎鉄道技師

●――野毛山下を行く蒸気車

## ペリーみやげの汽車ポッポ

明治三年（一八七〇）、旧暦の三月九日、蒸気船オレゴニアン号が横浜港に到着した。といっても、当時は大型船をじかに停泊させる波止場がなかったので、沖に停泊した本船まで艀を出し、東西の波止場（現在の大桟橋）まで乗客を誘導したのである。

上海や長崎経由の乗客にまじって興味深げに港湾の様子に視線を注いでいるのは、エドモンド・モレル（一八四〇〜一八七一）というイギリス人技師であった。痩身で髪が薄く、ほおひげの濃い顔は一見中年のように見えるが、実際はまだ三十歳に達していなかった。当時ボルネオ領のラブアン島で鉄道敷設工事に従事した後、今度は日本での鉄道建設という重要な役割を担って、はるばる極東の国へとやって来たのだった。

三日後、まだ遷都して間もない東京で彼は伊藤博文ら高官に面会、正式に鉄道兼電信建築師長としての契約を結んだ。さしあたり急務となったのは、東京―横浜間二十六キロの鉄道敷設であった。モレルは当時七時間もかかった駕籠《かご》の苦痛を体験したばかりなので、「一刻も早く鉄道が必要だ」と力説したに相違ない。

初めて日本人が蒸気機関車を目にしたのは、安政元年（一八五四）のペリー二度目の来航の際であった。このときペリーが持参した機関車の模型は、子ども一人を乗せて走らせる、いまでいえば遊園地の汽車ポッポのようなものだった。幕府の横浜応接所裏には一周約六十間（約百十メートル）の円状軌道が敷設され、客車の屋根にまたがった役人の河田八之助は、時速二十マイル（約三十二キロ）という未経験の速度に「振り落されじと一生懸命屋根の端に歯噛みついていて、面白そうに歯を露出して笑っていたが、実は怯《こわ》さに戦々身体を震わしていた」（ホークス『ペリー提督日本遠征記』）という。
アメリカとしては文明の威力を日本に見せつけ、あわよくば鉄道建設の利権を獲得しようという下心だったのは明白で、このとき日本側が贈った漆器類や相撲の実演などは、未開野蛮の証拠のように受け取られたとされているが、最近のアメリカ側の研究では当時アメリカはいわゆる金ピカ時代で、反動的に古雅で奥ゆかしい日本文化への関心が知識人を中心に生まれ、明治になってから研究家や収集家が続々訪れる契機となったとする見解が生まれているのは興味深い（クリストファー・ベンフィー『グレイト・ウェイヴ』）。

それはともかく当時の日本にとって、何はさておき鉄道敷設こそは国家的な最重要課題である筈だったが、それは現代の私たちから見ての話で、西郷隆盛や副島種臣《そえじまたねおみ》らを中心に、大方は反対派であった。業を煮やしてアメリカが鉄道敷設の具体案を示したのは必然的な成り行きで、書記官のポートマンが渋る徳川幕府から江戸横浜間の鉄道建設の免許を獲得したのが慶応三年（一八六七）十一月。間もなく幕府が倒壊してしまったので、今度は新政府に約束の履行を迫ってきた。これを見て一拍遅れていたイギリスが、辣腕のパークス公使（一八二八〜八五）を陣頭に割り込みを図り、双方あい譲らぬ形勢となったが、突如勃発した南北戦争のためにアメリカが降りたため、利権が棚ボタ式にイギリス側にころがり込んできたという次第である。

ようやく明治二年（一八六九）になって、日本政府とパークスとの間で鉄道建設が協議された。日本側からは鉄道推進派の岩倉具視、伊藤博文、大隈重信らが出席、運営主体を政府（すなわち官営）とし、敷設ルートは当初、東京―京都間と敦賀―琵琶湖間となっていた。後者は対中国交易を睨んでのことであった。

●――エドモンド・モレル

●――パークス英公使

問題は資金である。幕府からすっからかんの金庫を引き継いだ新政府には一文のカネもなかった。その足下を見たパークスは、予算総額三百万ポンド（現在の約五億円）のうち、とりあえず百万ポンドを借款とし、さらに技術者の雇用、給与の支払などもすべてイギリス側に一任するようにと提案した。この借款の担保として、彼はチャッカリと中国貿易の関税（日本海関税）および将来の鉄道の売上までも要求した。

これら実務の担当者として、パークスはホレーショ・ネルソン・レーという代理人（プロの請負人）を指名したのだが、このレーがまた相当なしたたか者だったのである。

## お雇い外国人第一号

ネルソン・レーは実業家。パークス公使が中国（清国）領事館で総税務司をつとめていた時代からの相棒で、実務的な功績からバス勲位（イギリスで最高名誉の爵位）を授与されているほど信用厚いとされる人物だったが、日本の鉄道建設という途方もない利権に目がくらみ、百万ポンドというカネを、ロンドンでの鉄道公債発行により調達しようとした。その利子は本国では年九分であったが、日本政府との間に取り交わした契約書では、政府から一割二分を取ることになっていた。無断で三分の利ざやを稼ごうとしたのである。

これではあまりに一方的で、リスクも大きいということを日本側に知らせたのは、レーから業務委託を受けたオリエンタル銀行横浜支店の支配人ロバートソンだった。伊藤と大隈は仰天して、ただちにレーとの契約を破棄、オリエンタル銀行に委託替えを行った。もともと政府としては、こうした資金繰りを各国に知られないよう、内密に事を運ぼうとし

●——新橋停車場開通式
［蘇武緑郎他編『明治文化版画大鑑』］

たのだが、怒ったレーから裁判に訴えられるし、アメリカ側からは腹いせに資金調達の不透明性を暴露されるなどで、下手をすれば大臣の首が飛びかねない騒ぎとなり、結局はレーの発行した公債を引継がざるを得なくなった。日本初の外債である。

財政面はともかく、レーは契約破棄の前にパークスの推薦する技術指導者エドモンド・モレルを雇い入れていた。彼が日本到着後三日目に東京に赴いたことは冒頭に述べたが、その目的はレーとの契約を解き、日本政府と新たな契約を結ぶことにほかならなかった。肩書は鉄道兼電信建築師長。期せずして〝お雇い外国人〟第一号となったのである。

モレルについては、これまでピカデリー・ノッティングヒルで出生し、セイロン島の鉄道建設を完了して来日、日本女性を妻としたなどの経歴が伝えられてきたが、最近の詳細な研究によって、大幅に書き改められた（林田治男「鉄道技師：モレルの経歴と貢献」「大阪産業大学経済論集」二〇〇六年六月）。以下、この研究レポートを参考に初期鉄道の貢献者の人となりを探ってみたい。

エドモンド・モレルは一八四〇年十一月十七日、ロンドンのセントジェームズ広場のイーグル・プレイス通り一番地に生まれた。ピカデリー広場に近いこの繁華街で、父トーマスと母エミリーはイタリア製商品の卸売りとワインを商っていた。

モレルは一人息子だった。十六歳でキングス・カレッジスクールに入学したが、この時の住所はノッティングヒルとなっている。モレルが通学していたころ、同校はキングス・カレッジ（現在のロンドン大学）の予科として、建物の地下にあったという。その後の一九一一年、この予科は大学と別れてウィンブルトンに移転独立し、両者には直接の関係はなくなった。

せっかく入った学校だが、モレルは頻繁に欠席し、秋にはカレッジの応用科学科に移籍している。これは推測だが、両親は教育志向で、子どもは勉強好きだったが蒲柳《ほりゅう》の質だった。移籍の理由は明らかではないが、技術分野の才能を認めた担当教師のすすめによるものとしか考えられない。

その後のモレルは技術畑をまっしぐらで、英仏の技術学校で学び（当時のイギリスは技師養成教育が整っていなかった）、帰国後はロンドン東端のウリッジ区で学んだというが、十八歳から三年半ほどエドウィン・クラーク（一八一四〜九四）に師事した。つまり、事務所の見習になったということか。ついで土木技師としてオーストラリアのメルボルンに派遣されることになるが、おそらくその前の一九六二年二月四日、ハリエット・ワインダーという五歳年下（未成年）のイギリス女性と結婚している。二人とも若いが、双方の父親

●——新開地高島町鉄道之真景

はすでに死亡していたという。

前後を考えると、モレルは新婚生活もさめやらないうちに、妻を置いて南方へ出かけたことになる。当時イギリスはビクトリア女王のもと、植民地政策を拡大している最中だったので、技術者の需要が急激に高まっていた。おそらくモレルも土木の専門家として好条件で迎えられたのであろう。間もなくニュージーランド南端のオタゴ州の政庁に赴き、ついで首都ウェリントンで主任技師をつとめたのであるが、特筆すべきは在任中の一八六五年、クラークにより英国土木学会の準会員に推挙されたことである。この会員資格は二十五歳以上だから、一年キャリアが不足していたことになるが、外地勤務ということで特例が認められたのかもしれない。いずれにせよモレルは、技術者として順調な歩みを続けていた。

## モレル、最初の杭を打ち込む

一八六六年、モレルはもう二十六歳となってい

たが、前述のように北ボルネオのラブアン島に鉄道敷設のために赴いた。現在マレーシア連邦の直轄領として観光客で賑わっているこの島は、シンガポールと香港の中間に位置し、海上交通の要衝であった（第二次大戦中は前田島と呼ばれた）。モレルの当時はイギリス領となってから二十余年、石炭採掘とその輸送のための鉄道が必要となっていた。彼は石炭採掘会社に雇われ、鉄道敷設計画の管理者兼技師として働いたが、延長七マイル強の作業に必要な労働力（囚人や中国人苦力《クーリー》）の確保が困難なうえ、治安もよくないという悪条件が重なり、仕事半ばでラブアンを離れた。彼の経歴を掲載した「土木学会誌」には「六九年健康を害し、南オーストラリアに移動し、顧問技師となった」と記されている。結核であった。

来日する前のモレルの経歴は以上だが、従来伝えられてきたノッティングヒル出生説をはじめ、学歴、職歴、結婚歴などすべてが誤りであることがわかる。セイロン島での鉄道敷設という事実もなく、同島でレーと会い、日本行きの要請を受けたという程度らしい。

◉——横浜海岸を行く蒸気車

問題はこのような経歴の持主で、健康に不安のある人物が、なぜ日本に赴任する気になったかということだが、前述のように当時の技術者が外国（植民地）で才能を発揮する方が有利であったということのほか、庶民出身で大学卒ではないモレルにとっては、むしろ新天地で実力を発揮したほうがよいという考えもあり得たであろう。

そのような考えに立てば、国家的プランとしての日本の鉄道敷設は、それまでの仕事に比すれば遙かにスケールが大きく、技術的にもやり甲斐のある仕事である。報酬も破格らしいとあって、モレルとしては迷う理由はなかったと思われる。

彼が来日した年度中に、同じイギリスから十九名の技術者が来日したが、モレルの目的が単なる出稼ぎ意識ではなく、日本の鉄道の将来を考えた技術者的な良心が背景にあることは、来日後の行動に明らかである。政府と年俸七百ドル（初年度）の契約を締結すると、彼は直ちに技術推進のための役所を設けることと、技術者養成機関の必要性を訴えた。日本側の反応も早く、工部省および工部大学の設立という形で実現した。さらに工事の進行中にも、日本にとって有利な方策を具体的に進言している。たとえばレーが鋳鉄製の枕材を大量に発注したことについて、大蔵大輔大隈重信につぎのような意味の書簡を送っている。

「日本は樹木の豊富な国で、一本あたり一シリングに満たない上等な枕木を大量に供給できるし、砂利も廉価である。また鉄道は湿気の多い沖積土に敷設されるため、鋳鉄製の枕木は適当ではない。砂利は線路工事が完成すれば、日本に多い二日続きの雨にあっても、流されることはないであろう。鉄柵も日本流の通常の柵で間にあうことに注目している」

後年伊藤博文は、このようなモレルの誠意に満ちた進言を、「日本の将来をおもんばかったもの」と高く評価した。

日本の将来といえば、なぜ政府は鉄道に広軌を採用せず、みみっちい狭軌を採用したのかという問題がある。そのころ鉄道頭《てつどうのかみ》に就任した井上勝（一八四三〜一九一〇）は「広軌

●——蒸気機関車第一号
［金森徳次郎監修「日本世相百年史」］

で百マイルを造るよりは、むしろ狭軌で百三十マイルを造ることが、国利大である」と主張していたが、じつは政府はロンドン公債から得た百万ポンドの三分の二を鉄道に用いず、そのころ苦慮していた膨大な債務処理（維新期の不換紙幣乱発）に流用してしまったというのが真相である（服部之総「なぜ日本の鉄道は狭軌になったか？」）。

モレルがこの問題をどう考えたかは不明だが、日本の懐具合を知っていたし、一日も早い鉄道完成を考えていたので、強くは進言しなかったと思われる。三月二十五日、彼は汐留側の測量起点に最初の杭を打ち込んだ。スタッフはジョン・ダイアックやジョン・イングランド（いずれも建築副役）らイギリス勢と、日本の鉄道掛である民部大蔵省に所属する小野友五郎、橋本小一郎ほかの土木司たちであった。これら土木司の中には幕末長崎海軍伝習所においてオランダ人お雇い教授団から指導を受けていた武士もあったが、いずれもだんぶくろに陣笠、腰には大小を帯びるという姿のため、作業に小回りがきかない。刀の鉄分が磁石を狂わせるというので、太政官に願い出て丸腰を許可してもらった。ちなみに脱刀自由の布告は明治四年（一八七一）、廃刀令は九年（一八七六）である。

汐留付近の陸軍の用地には、兵部省が反対派の急先鋒とあって立ち入ることができない。やむなく芝浦から品川までの海に土手を築き、その上に線路を敷いた。一帯は泥の海だったが、外国人が平然と長靴で入っていくのを日本人は羨ましげに見ているばかりだった。

## 開通を前に早逝

横浜側では四月三日、野毛下の修文館（林光寺付近にあった幕府の漢学塾）に鉄道掛の

●横浜鉄道開通式
［金森徳次郎監修「日本世相百年史」］

出張所を置き、海岸から測量を行った結果、前年埋め立てた野毛町海岸（野毛浦）を横浜停車場の敷地と決定した（現、ＪＲ桜木町駅）。ここから東京方面に向かって地続きの青木町（現、神奈川区青木）から石崎（現、西区石崎）までの距離約七百七十間、幅三十五間を埋め立て、中央五間を線路用地とすることに決定、残り部分を貸与する条件で工事入札を行ったところ、応募した実業家高島嘉右衛門（一八三二〜一九一四）に落札された。嘉右衛門は政府に鉄道の必要性を力説してきた人物である。翌年二月までの突貫工事によって工事を竣工させ、現地に高島町の名をとどめたという話はよく知られている。

測量のさい、お雇い外国人には一人につき日本人職員三人（旅館や食事の世話役一名、技術伝習生二名）および七人の作業員が付けられ、人力車で現場に通った。作業期間中の外国人は、横浜市内の場合は鷹巣山（現、西区掃部山公園）の官舎に寝泊まりしたが、おいおい地方に出るに従い、沿線の旅籠や寺院に泊まるほかなく、慣れない食事や畳生活にホトホト困惑したという。その一方、親切な宿屋が布団を何枚も重ねて寝かせてくれたり、山越えのさいに大名駕籠が差し出され、大勢の役人の護衛がついたという例もあるようだが、食物だけはどうしようもない。用意したビスケットや缶詰などが底をついてしまうと、握り飯やタクアン、ナスの塩漬を食べなければならなかった。最もつらいのは肉食が不可能なことだった。地方では牛鍋屋一軒ないため、どうしても我慢できずに猟銃持参で狩りをはじめる者さえ現れ、日本の取締当局と深刻なトラブルを起こした。

肝心の作業中の協力関係や技術交換については、おおむね良好だったようで、モレルをはじめ親切な技師たちは新技術や知識を伝えることについて、非常に積極的であった。しかし、その一方では日本人を見下し、在来技術を無視する傾向があったのはやむを得ない。

たしかに煉瓦積みや石造建築の技術などは教えを乞う必要があったが、井戸掘りの技術などの付帯工事については、むしろ日本人のほうがすぐれている場合も多かった。全般に日本人は新技術を素早く自家薬籠中のものとし、工事を進展させた。

お雇い外国人のなかで最も評判がよかったのはモレルであることは、誠実な人柄のほか、何よりも仕事熱心だったことによる。来日前から発症していた結核が、激務のため急速に悪化していたようだが、不幸にして本人もそれほどの症状とは思っていなかったらしい。微熱をおして工事現場を見回っていた姿が目撃されている。

彼について記す場合、逸してはならないのは妻ハリエット・モレルに関することである。多くのお雇い外国人は日本に単身赴任し、契約期間が終了するまでは独り身で過ごしているが、モレルの場合は日本到着の翌月に妻を呼び寄せている。あるいは病の進行を自覚したためとも考えられるが、ハリエットはモレル到着の二カ月後に来日した。

久し振りに会った夫婦の様子について、語る資料はないが、日本の好日を楽しむ余裕もなかったことは、翌明治四年十月、モレルが日本政府宛に二カ月の休暇を願い出たことでもわかる。療養のため、寒い日本の冬を避けて、インドに行きたいというのであった。政府は過去十八カ月間、彼が雨露を冒して山野を跋渉したことが健康にさわったものと見て、許可のうえ療養費五千円を下賜したのであるが、なんと、そのわずか四日後にモレルは急死してしまったのである。明治四年九月二十三日の午後一時。まだ三十歳であった。

さらに哀れをとどめたのは夫人で、モレル死亡の翌日、癪を起こして倒れ、そのまま不帰の客となった。二十五歳。慣れない異国での心労が祟ったのだろう。

日本で病死したお雇い外国人は、同期ではモレルを含めて四人にのぼり、病を得て辞職

●——横浜停車場［現在の桜木町駅］

（帰国）した者も三人にのぼる。繁忙ばかりでなく、衣食住などの不慣れな環境、医療体制の不備などの原因が重なったためであろう。

## 歴史の不思議な展開

まことに惜しまれるモレルの死であったが、その亡きあと、建設工事は粛々と進行し、機関車や客車も中古品をまじえてイギリスから到着した。明治五年（一八七二）五月には東京―品川間で仮営業を開始するまでにこぎつけ、ついに同年の九月十二日（太陽暦では十月十四日）、東京側は新橋停車場で明治天皇行幸のもと、鉄道開業式が行われた。皇族から太政大臣、参議にいたるまですべて直垂《ひたたれ》姿であった。お雇い外国人の主立った顔ぶれも多数列席し、モレルの業績を偲んだ。午前十時、鳴り響く汽笛一声、天皇乗車の列車が動き出すや、チョンまげやザンギリ頭の見物人から一斉に歓呼の叫びが上り、日比谷練兵場の近衛砲兵と品川沖の軍艦からは数百発の祝砲が放たれた。

一方、横浜側では神奈川県令大江卓が家々に国旗と日の丸提灯十五万個を掲げさせた。午前十時五十四分に東京からの列車が到着すると、天皇臨席のもと、在留外国人代表のW・マーシャルと横浜住民代表の原善三郎（予定では高島嘉右衛門）による祝辞があり、天皇による勅答があった。式典後、天皇は再び正午の列車で東京に戻り、午後一時から行われた新橋の開業式に臨んだ。

翌十三日から営業が開始された（神奈川駅、川崎駅は六月五日に開業）。新橋―横浜間二十九・八キロメートル。所要時間は五十三分で、時速（表定）三十二・八キロメートルであった。運賃は上等一円十二銭五厘、中等七十五銭・下等三十七銭五厘。庶民には高額だったが、それでも想像を超えた速度に目をみはった。「あたかも人間に羽翼を付して空天を翔るに似たり」と新聞には記されている。「陸蒸気《おかじょうき》」は一躍時代の流行語となり、「恋の重荷を車に乗せて、胸で火を焚く陸蒸気」「陸に蒸気の出来たるせいか、主は妾《わたし》をステンション」などという俗曲がもてはやされた。

日本の鉄道技術は、急速に進歩した。東海道本線の開通は明治二十二年（一八八九）、国産機関車の第一号が生まれたのは明治二十六年（一八九三）。その後、先進国に学ぶものなしという段階となり、お雇い外国人への依存度は急速に低下、その記憶も薄れていった。

――いまモレル夫妻は、ダイヤックやイングランドら初期の鉄道技師たちとともに、横浜山手の外国人墓地一八地区に静かに眠っている。かつてはモレルの妻が日本人（大隈重信夫人の小間使キノ）という伝説が生まれ、名所案内の人力車夫によって流布されていた。墓の一隅にあった梅の木が初春ともなれば紅白の花をつけたことも、「連理の梅」として涙を誘った（南條範夫『旋風時代　大隈重信と伊藤博文』一九九五）。墓は一時荒れていたが、昭和九年（一九三四）本牧在の名主の末裔で鉄道ファンの中山沖右衛門が私費を投じ、現在見られるような乗車券をかたどった墓石に改修した。第二次大戦後は「鉄道建設の父」として、桜木町駅構内にレリーフ碑が建てられ、墓所は鉄道記念物に指定された。

十九世紀ロンドンの下町に生まれ、エンジニアの道を目指したことから、図らずも極東の日本において短い人生を終える結果となったが、同時に日本の近代化に大きく貢献し、伝説まじりの「鉄道建設の父」と仰がれるようになる歴史の不思議な展開を、地下のモレルはどのように感じているだろうか。

七

# 幕末書生の夢結んだ開化飛脚網

## 前島密◎郵便事業

●——最初の駅逓寮
［蘇武緑郎他編『明治文化版画大鑑』］

## 苦闘果てしない青少年時代

ＪＲ逗子駅から車で約三十分、三浦半島の西部に芦名（横須賀市）という町がある。付近は海水浴場やヨットクラブが目につく湘南リゾート地帯だが、その一角に浄楽寺という鎌倉時代創建の古寺が静かなたたずまいを見せている。運慶作の阿弥陀三尊像を擁することの寺は、もう一つ、日本の郵便事業を創始した前島密《ひそか》（一八三五〜一九一九）の墳墓があることでも知られている。

国道沿いの家々の塀から、ほのかな梅の香りが漂う春の一日、同寺を訪れてみた。案内の標識に従って本堂の裏手にまわると、小高い丘に百基以上の墓石がひな段状に重なっている。ゆったりとした階段をのぼると、その最も奥まったところに前島夫妻の眠る墓所があった。高さ二・五メートルほどのモニュメントを、スロープ状の支柱で安定させた独創的な設計で、碑の上部には高さ三十センチほどの前島密の銅像が据えられている。いかめしい衣冠束帯姿は、碑のアールヌーボー風デザインとはいささか不似合いのようだが、新旧混交時代に生きた人にふさわしいともいえる（墓碑の形態も、衣冠束帯姿に似ている）。

墓の裏手もびっしり墓石が林立し、谷間の住宅地には赤い屋根と菜の花の黄色と、付近の大楠山の緑色が目にしみるような対比をなしている。明治四十四年（一九一一）、七十六歳の前島はこの閑静な境内に隠宅如々山荘《じょじょさんそう》を設け、庭造りを楽しんだり、自伝『鴻爪痕《こうそうこん》』の執筆に励んだりしていたが、六年後に妻を失ったためすっかり気落ちし、翌大正八年（一九一九）四月二十七日、後を追うように逝去した。行年八十四。

——前島密は新潟県出身だが（生家跡には前島記念館がある）、最晩年には郷里に帰ることがなかった。一つには静養のために寒冷地を避けたのであろう。天保六年一月七日（陽暦二月四日）越後国頸城郡《くびきぐん》津有村《つありむら》下池部（現、上越市下池部）の豪農上野家に生まれた。幼名房五郎。生後八カ月にして父を亡くしたため、母ていの手一つで育てられ、八歳で叔父相沢文仲の養子となった。文仲は医者であったが、房五郎母子の窮状を見て手を差し伸べたのである。

この叔父のもとで、調剤の手伝いなどをしながら高田藩儒竹島穀山の塾に通い、文人などに親しむようになった。あるとき「夕鴉しょんぼりとまる冬木立」という句をよんで賞讃され、家に帰って話したところ、母親は容をあらためて房五郎に意見をした。

「世には幼くして文を解し、書をよくする者もいるが、多くは成長後に凡人となって、笑い者になる。おまえが今日したことも、それと同じではないか。うぬぼれ心から、将来を誤ってはなりませぬ」

母親は高田藩士伊藤源之丞の妹で、藩主榊原家の奥向きに仕えた人であるから、相当な見識を備えていたらしい。幼少時代の房五郎に大きな影響を与えている。

その後、十歳で高田の儒者のもとに通ったが、心満たされることがなく、ついに江戸へ出ることに決心した。それには先立つものが必要だが、養父の文仲がいい顔をしない。伊藤源之丞の子文徳を預かっていた関係で、不公平になるのを恐れたのか、やむなく房五郎は既成事実をつくってしまおうと、大胆にも無断で江戸へ出てしまった。母親からはわずかばかりの餞別しか与えられなかったが、「精神一到なにごとか成らざらん」との励ましを得た。

だが、十二歳の少年にすぎないので、江戸へ出ても何の才覚も浮かばず、同郷人を訪ね

●——前島密の墓所と墓標上の銅像

歩いてようやく添田玄齋という医家の食客となるにとどまった。その間に郷里では文仲が急死し、跡を襲った文徳が、相続に反対した房五郎の母親を幽閉するという事件が起こった。この問題の解決に、房五郎は裁判を起こし、表面上は勝訴したものの、経済的には何ら得るところがなく、苦闘は果てしなく続くように思われた。

## 痛感した郵便の必要性

嘉永六年（一八五三）ペリーが来航したとき、彼は筆耕（出版物の筆写）で食いつないでいた。とくに洋書は需要が高く、プロイセンの兵法書『三兵答古知幾《タクチキ》』は後の郵政事業構築の上で非常に役立った。三兵すなわち歩兵、騎兵、砲兵という異なる機能の三部門を統括する指南書が、郵政の三事業の一体化を図る上での参考書となったというのである。

しかし、当面はペリー来航である。このとき彼は、幕府が浦賀に黒船の応接使（井戸石見守弘道）を派遣するにあたって、若年の小者を採用すると聞きこみ、早速、口入屋に周旋を依頼した。口入屋は「奴《やっこ》の姿に着替えて、文句をいわずに勤めるならば紹介する」というので、普段は士分として両刀をたばさんでいた房五郎は、ためらうことなく「奴」として応接使に従い、浦賀の接見の場に臨んだ。

黒船やペリー提督を目のあたりにしたことから、彼は海防に強い危機感を抱いた。ぜひとも幕府に建議すべきだが、それにはまず九州、四国、関西各地の港湾を視察して、詳しく実情を把握する必要がある。自分には旅費すら満足に用意できないが、いざとなったら野宿も辞さない。

このような決意のもと、江戸を出発したのが安政元年（一八五四）、彼が二十歳のときであるが、それから約十年間の疾風怒濤の時代は、急速に世に現れるまでの序幕ともいえるものだった。英学を学び、薩摩藩の開成学校教授に採用されたのをきっかけに巻退蔵の名で国事に奔走、大久保利通や西郷隆盛らとも知り合い、間もなく幕府要路に内外の状況を知らしめて革新の断行を促すべしという結論に達した段階で、一人の旗本から「それには幕臣の列に連なるほかない」と忠告された。たまたま譜代の幕臣で京都見廻組にあった前島錠次郎が死亡し、後継者がないということから、乞われて養子に入り、来輔と名乗った。

まるで「倍々ゲーム」を見るような出世街道だが、このような経緯を知れば、維新後いち早く東京遷都を明治政府に建議し、幕臣の身でありながら民部省、大蔵省に勤務したことも驚くにあたらない。

郵便事業を建議（公式立案）しようと考えたのは、回想録『郵便創業談』によれば、明治三年（一八七〇）五月、大蔵省に駅逓権正《えきていごんのかみ》（租税権正兼任）として出仕して四日目のことだったという。その日の廻議書に、当時東京―京都間をはじめとする書状の運搬費、つまり飛脚屋に支払っていた賃金が一カ月あたり千五百両であると記されていたのである。今日の物価になおせば九千万円程度であるが、彼は「この程度なら大した支出でもないので、郵便創設の建議がしやすい」と考えた。

それまでにも能率的な郵便制度の必要性は痛感していた。各藩は本国から江戸の藩邸までの間に月一回以上の藩用飛脚便を設けていたが、他藩への通信はまず江戸へ送り、そこから使者を出して他藩へ届けるため、長岡から会津まで届けるのに二十日もかかってしまう。

社交上の不便もある。彼が鹿児島にいたとき、兄の訃報に接して一時帰国したところ、直ちに鹿児島に戻れない事情が生じた。彼はその旨を数通の陳情書にしたため、特別の手数料を払って江戸の鹿児島藩邸経由で鹿児島に送ったが、いかなる理由か一通も先方に届かなかったので、鹿児島の人々が非常に立腹し、彼は不義者であるとか、幕府の探偵だろう、斬り殺してしまえなどと息巻いていたことを後で知った。

そのころ彼は母親から「そんなに方々浪遊して歩くならば、寺送状を持ち歩くように」といわれた。寺送状とは行き倒れになった場合、その地の法によって取りはからってもらいたいという書状である。むかしの人はそれだけの覚悟をして旅立ったのであるが、これというのも常に家信の便を持たず、遠隔地の朋友とも消息を知らせる道がないからだった。

## 「郵便」という語がきまるまで

福沢諭吉の有名な『西洋事情』（慶応二年［一八六六］頃刊）には、外国の郵便制度について紹介した個所がある。

「西洋諸国にて飛脚の権は全く政府に属し、商人に飛脚屋なるものなし、故に外国へ文通する者は勿論、国内にても私に書翰を送るを得ず、必ず政府の飛脚印を用ゆ。其法政府にて飛脚印と名る印刷を作り、定価を以て之を売る。印刷の大きさは大抵七八分許《ばかり》其価に従て色を分てり」――郵便切手を飛脚印と訳しているところがおもしろい。

早くから郵便制度に関心をもっていた前島は、具体的に西洋の郵便組織についての知識

◉——大礼服姿の前島密［前島彌『鴻爪痕』］

があったわけではないので、機会あるごとに外国人に質問、そこから得た情報をもとに少しずつ構想を立てていった。とりわけ長崎において、ウィリアムスというアメリカ人宣教師から「通信制度は人体に喩えれば血管のような重要なもので、わが連邦もこの制度あるがゆえに政治経済をはじめ百般の制度、事物が繁栄するところとなった」という話とともに郵便切手を見せられた際には、「胸中の種子に一段の温度を加えた」という。発芽まであと一歩という段階となったわけだが、前述のように駅逓権正《えきていごんのせい》に任命されたことから、郵便制度の実現が挙げて彼の双肩にかかってきたのである。

まず、官営にするか、民営にするかという問題があったが、全国の府県に郵便取扱人（郵便局長）を置いて、通信伝達を掌らせるためには、政府の威力が必要で、けっして商人にできることではないと考え、官営にきめた。後にある人から、各国も官営であると『西洋事情』に記されていると聞き、自分が読んだ際には見落としていたことに気づいた。

官営にすることで、あまり創設費が嵩み過ぎても承認が得にくいと懸念していたところ、前述のようにたまたま目にした廻議書の中に、当時官庁が東京―京都間の文書のやりとりに飛脚屋に支払っている代金が月額千五百両であることを知り、思わず「わがこと成れり！」と叫んで周囲の者を驚かせた。江戸時代の一両は、労賃に関する限り現在のおよそ六万円に相当するから、千五百両というのは相当な額だが、彼が郵便制度創設にかかると予想していた金額は、これよりもずっと低かったのである。

そこで彼は「月額一千五百両を費やせば、毎日一定の時刻に東京と京都間をさらに大阪まで延長し、この区間に各一便を仕立てることができる。同時に一般の通信も取り扱うことにすれば、送達料を取り立てることができるから、支出した一千五百両は他の線路を拡張するための基金にまわすことができる」という趣旨の立案書をつくり、会議にかけたところ、同席の渋沢栄一から賞讃を受けた。

制度をはじめてつくる場合、意外なことに手間どるものだ。各国の運営規則書などを見てもわからないことが多かった。最初に彼が悩んだのは、新事業の名称であった。「飛脚便」では野卑であるし、「駅逓便」では語呂がよくないということから、漢学者が使っていた「郵便」という用語を思いついた。「郵」は飛脚が公用文書の中継を行う宿駅の意味である。この字を用いることに反対する声もあったが、「仮令《たとい》郵便という名称は最初慣れないうちは不便であっても、所謂『必要は直に人の習慣を為す』ものであるから、一旦の不便はともかく、永遠の利を計るに如かずだと思って、此趣意を主張して竟《つい》に多数の賛成を得たので、郵便という事に極めて、建議案を提出した」（『郵便創業談』）

しかし、明治五年（一八七二）一月東京―長崎間に郵便開設当時にあって、一般になじみの薄い概念であったのは確かだ。「或る田舎の人で、今日でいえば紳士とでもいう程の

●――初期の郵便箱と郵便行李［金森徳次郎監修「日本世相百年史」］

●――最初の切手「龍紋切手」

●――初期の郵便葉書と切手販売鑑札［金森徳次郎監修「日本世相百年史」］

●——駅逓寮と郵便馬車［『画報風俗史』］

者であるが、東京見物に出て来て、明治五年始めて東京市中の辻々に、注函を建てたのを見ると、白字で郵便と書いてあり、又其信書の差入口の蓋に差入口と書いてある。其紳士は之を見て郵の字の扁が垂という字である故、『タレベン』と読んで、郵便函を雪隠と間違えたのだが、其れにしても其差入口が余り小さいばかりか、又甚だ高すぎるので、普通の日本人の用には適しないと、つぶやいたとの事で、本寮中の笑柄となった」（同）

「切手」も前島の創案だが、その現物は前述のように長崎の宣教師に見せてもらったものの、肝心の使用法がわからなかった。たまたま渋沢栄一がフランスの切手を一枚所持していて、書状の表に貼付することを教えてくれた。しかし、今度は使用済切手の再使用を防ぐ方法がわからず、消印ということが洋書にも出ていないので、当初は非常に薄く弱い紙質の用紙に印刷することしか思い浮かばなかった。

開設当時の書状は切手一銭を貼付させたが、その手数を嫌って小銭を結びつけて投函された手紙もあった。宛書きに「東京にて、をば様、まつより」とだけ記されたものもあったという（宮武外骨『明治奇聞』）。当時の俗謡にも「思いありたけちひろのふみも、もらしちゃとゞかぬところがき」とある。

このように混乱はあったが、ほぼ大過ないシステムを立てることができたのは、ひとえに前島の功績だった。後に記すところでは、若年のころから全国を歩いてきたおかげで、都市の遠近や人口の多寡、貿易の繁閑、山川舟車の動き、諸経費にいたるまでがはっきり脳裏に浮かぶようになっていたので、郵便制度の構築に際しても、どこに局を置くか、線路を設けるかというようなことが、掌を指すようにわかったといい、「事物の効果は予期の外に見る」という古諺を引いて誇っている。

## ボロ庁舎だった駅逓寮

しかし、前島の真の功績は、旧時代に等閑視されていた通信事業を国家の枢要な事業として見直したことにある。その例として彼が挙げているのは、横浜などに外国人の郵便局ができたのを見ても、大方は日本の飛脚屋ぐらいにしか見ず、その役人をも飛脚屋の番頭か手代程度にしか思わなかったという事実がある。ましてや外国人同士が公文書ほか信書のやりとりを協定のないまま扱うことが一種の治外法権で、国権の侵害にもつながりかねないという点は、当時だれも気づかなかった。

外国人も当初は日本の郵便制度をバカにして、集配のさい開けた郵便箱がクモの巣だらけというような、誇張したマンガが英字新聞に出たこともある。このままでは外国と対等の郵便交換条約を結ぶことはできない。彼は明治三年（一八七〇）の六月から二カ月間、イギリス派遣を命じられたのを幸い、かの国の制度をつぶさに観察した。じつは派遣の任務は当時政府を悩ませていた鉄道公債問題の解決と（85頁「モレル」参照）、日本紙幣の印刷交渉のためであったが、主要関心が郵便にあったのはいうまでもない。ところが、現地に公使や領事が駐在していない時代とあって、最初のうちはイギリス郵便施設の見学を申しこんでも、「此未開人が」といわんばかりの応対ぶりで、期待したほどの収穫は得られなかった。やむなく郵便為替や貯金について研究しようと、自ら差出人や受取人となり、システムを理解しようと努めたが、どうも細かな部分がわからない。

そのうちに日本にも支店のあった英国東洋銀行（オリエンタル・バンク）の頭取の紹介で、ようやく役人に会うことができ、取扱規則や手続用紙なども貰うことができた。

さて任務を果たして帰国した彼は、官制改革の直後とて、駅逓頭《えきていのかみ》には別人が就任し、仕事に対する展望も備えていないので、政府に駅逓頭にしてほしいと請願した。通常ならば譴責されるところだが、案に相違して願いは許された。

「此時の感激は胆に銘じて、今から思えば猶戦慄する位である」

それからの彼は、郵便交換条約の締結に向け、獅子奮迅の働きをした。当時横浜の居留地には、毎日外国人の郵便物を運ぶ馬車が東京との間を往復していたが、これを日本に任せてもらうのは信用を博さなければならない。彼は思いついて「駅逓年報」を英訳し、送付することとした。これは予想外に好評で、横浜や神戸の英字新聞は「日本政府の他の事業も、郵便同様に公示してもらいたい」という評を掲げたほどであった。現代でいえばPR誌の役割を果たしたのである。

さらに彼は横浜の外国郵便局を調査した際、日本人あての郵便物が放置されているのを発見、理由を糺したところ、「配達の方法がないので送り返している」という返事に不合理なものを感じていたので、手始めに外国郵便局にある私書箱の一つを駅逓寮で借り受け、日本人宛に来た郵便物を入れさせ、それを駅逓寮から配達するという案を出した。

ところが外国側は「委託されない郵便物を私書箱に投入する権利はない」と言い張るので、彼は「数年ならずして郵便交換条約が締結されるまで、暫定的に便法を構じようでは

◉——ビゴーの描いた「郵便配達人」
［清水勲『ジョルジュ・ビゴー画集』］

ないか」と説得した。相手は冷笑し、「交換条約は文明国同士が互いに同等の権利をもって結ぶべきものではないか」という。埒が明かなかったが、何とか了承させ、国際郵便物の取扱規則がきまった。

その後間もなくアメリカ公使デ・ロングの推薦で、オハイオ州出身のサミュエル・M・ブライアンという、同国郵政省に勤務していた人物が来日した。日本でも郵便制度が始まるという新聞報道を読み、駅逓寮で採用してもらいたいというのであった。会ってみると実務経験はありそうなので、雇用することにしたが、ブライアンのほうでは駅逓寮があまりにもボロ庁舎なので、最初は失望したという。

前島のほうでは、人を得て大いに喜び、この機会に郵便交換条約を締結してしまおうと、ブライアンをワシントン駐在日本公使（森有礼）の代理として派遣することにした。大胆きわまる発想だった。ブライアンは承諾したものの、前島に対しては正直に、日本の未整備な現状に気恥ずかしい思いがすると打ち明けた。前島は声を励ましていった。

「本然の権利に拠って当然の事を求めるのに、何の憚る所があるものか。事業の大小は国情に依るので、事務の整不整は米国と日本と創業の早い遅いで違うのである。それに此条約を結んだ所で、実行は今から二年の後にするから、其時に成れば事務の整頓するばかりでなく、郵便為替も始めれば、又米国でまだやって居ない郵便貯金も始めて、条約に対して少しも恥ずるところのない様にするから、安心してやるが好い」

アメリカに赴いたブライアンは、予想通り苦労したが、デ・ロング公使の支援を得て、なんとか条約締結に成功、意気揚々と日本に戻ってきた。前島はブライアンにいった。

「君が華盛頓《ワシントン》に行くとき、君は少しく憚る所があると言い、拙者は何も憚る所はないと言っ

●――サミュエル・ブライアン
［前島密『郵便創業談』］

●——横浜郵便局開局式［前島密『郵便創業談』］

た。併し今実際の所を白状すると、君の言葉は其時僕も無理ではないと思ったのだ。君が初めて本寮に来た時には、狭いきたない納屋の中で、而も寮頭たる自分は戸棚の内に座を構えて、極粗末な白木のテイブルを前に置いて君に面会したので、如何に日本の郵便が創業の時代であるからと言って、ああいう体裁では、諸事不整頓なのは一目して分る。それで米国政府に向って、対等同基の交換条約を結ぼうと言うのは、実に大胆過ぎる話で、君も是には辟易したろうと思ったのだ」

## 報酬よりも生き甲斐を

明治八年（一八七五）一月一日、アメリカとの郵便交換条約が実施された。外国郵便の始めであり、明治日本最大の懸案、政治上の不平等条約改正に先駆けた壮挙であった。

一月八日には竣工した横浜郵便局で外交郵便の開業式が行われ、各国公使や伊藤博文が祝辞の中で「これからはこの郵便の門から出入りする信書は、みな平和安泰の吉報、文明開新の好文章であろう」という意味のことを述べた。建物の上下にはたくさんの球灯がともされ、海軍軍楽隊の演奏が彩りを添えた。寒い日であったが、周辺はこの盛儀を一目見ようとする人々で混雑した。当時は百時質素ということが唱えられていたため、批難の声もあったが、前島としては郵便が国家の一大事業であることを知ってもらうために、あえて華美な演出を行ったのである。

前島はいわゆる明治十四年の政変（一八八一）に際し、総理大隈重信と袂を連ねて辞職した。退職時には駅逓総官で、四十六歳だった。郵便創業という大事業を果たした前島が得た俸給は、総計僅かに五千円でしかなかった。

「斯う言えば余り低価な労銀ではないかと言う人もあろうけれども、併し十年以上の長年月の間、政府が篤く信任して少しも干渉せず、斯業の成績を全く私一人に任されたのは、私に取っては幾百万にも換難い値であると思うのです」

前島が果たさなかった仕事に電信がある。当初は郵便と同じ「通信」事業であると考えて駅逓寮の所管とするよう建議したが、工部省のものとなってしまった。工部省の設置に反対の態度を表明した彼は、以後手を出せなくなったが、退官後になって通信事業は逓信省に統括された。

その後漸進を唱えて立憲改進党の結成に参加した。晩年は実業界に関係した。熱心な国語国字改良論者としても知られているが、官庁勤務時代の激務により、健康を害していたので、前述のように芦名に隠栖、大正八年四月二十七日死去した。新潟県上越市の生家跡に建てられた記念館には、遺品や郵便制度発足当時の資料が展示されている。

●──晩年の前島密
［前島密『郵便創業談』］

# 八

# 開化の巷に花開く庶民の発明

## 和泉要助

◎人力車

●——初期の箱型人力車
［『錦絵幕末明治の歴史』講談社］

## 宣教師にも浮かんだアイディア

横浜で写真師の草分けとして活躍した下岡蓮杖は（69頁参照）、新しい時代の動きに敏感で、写真のほかにも牛乳業や乗合馬車など、さまざまな事業に関心を抱いた。その蓮杖が、手がけようとしながら、果たせなかったものに人力車がある。

横浜は開港場だけに、早くから外国人による馬車の往来が目についた。江戸時代の日本にも、同じカテゴリーの乗物がないわけではなかったが、日常的なものではなかった。万延元年（一八六〇）、遣米使節に従ってサンフランシスコに着いた福沢諭吉が、ホテルの玄関で馬車を見ても何の用途にあてるのか、すぐにはわからなかったというエピソードは、鎖国的な環境下では頭脳が著しく制約されることを示している。

蓮杖も馬車を見て感銘を受けたのか、早速事業化を考え、すでに京浜間の乗合馬車の免許を得ていた紀州出身の由良守応《ゆらもりまさ》（一八二七～一八九四）と提携したのであるが、ちょうどそのころ、彼はイギリス人宣教師で日本初の和訳聖書を手がけたジョナサン・ゴーブルから、「この設計図のような車を製造し、あなたに事業化してもらえまいか」という相談を受けた。図には日本の荷車と西洋の馬車を折衷したようなものが描かれていたという。

ゴーブルは水兵出身、一八七三年にアメリカの北部バプテスト（浸礼派）教会より派遣された宣教師で、強い信念の人であった。この考案にしても、病妻を散歩に連れ出したいという動機から出ている。

しかし、蓮杖は開業初期の乗合馬車が神奈川宿や川崎宿で同業者の妨害にあい、対策に追われているうちにゴーブルの設計図を紛失してしまった。いくばくもなく、東京で同じ

●――宣教師ジョナサン・ゴーブル

ような車の製造が認可され、普及するにおよんで、ゴーブルからは蓮杖が無断で製造したものと誤解され、きびしい追及を受けて閉口したという。

蓮杖は設計図が転々として、他人の手に渡ったものと思いこんだ。それほど似ていたということになるのだが、日本固有の乗物である駕籠《かご》や荷車と、西洋の馬車を折衷するというアイディアは、多くの人々の脳裏に同時発生的に浮かんだものではないだろうか。

いずれにせよ、このとき東京で新しい車を開発し、免許を申請した三人の男たちがいた。名を和泉要助、鈴木徳次郎、高山幸助という。駕籠にかわる新しい交通手段を思いついた人々の中でも、最も開発力と実行力に富んでいたのはこの三人ということになる。

和泉要助は文政十二年（一八二九）十一月二十五日、筑前の遠賀川に沿った鞍手郡中泉村（現、福岡県直方市中泉）の長谷川家に生まれ、幼名を藤太郎といい、嘉永三年（一八五〇）福岡藩士出水《いずみ》家の養子となって要助と改めた。武士になった彼は、翌年藩主の江戸参府に随行して江戸に出たが、自らの意思か養家の事情か、安政三年（一八五六）には町人の身

●——和泉要助
［東京人編集部『江戸・東京を造った人々』ちくま学芸文庫］

分となって日本橋箔屋町（現、中央区日本橋三丁目辺）に居住、家主兼町役人におさまっていた。明治に入ってからは付近の西河岸町にあった三条実美《さねとみ》など堂上方の御用達松林亭という割烹を請け負っている。出水姓を和泉と改めたのはこのころであろう。

この要助がなぜ人力車を思いついたのかといえば、横浜表で外国人の馬車を見かけ、その軽快さ便利さを見て、馬力を人にかえて引かせたらと考えたというのであるが、彼が割烹のひいき筋三条実美と親しくなったことに動機を求める説もある。三条は七卿落ちの経歴もあって藩閥とはソリが合わず、彼等が得意げに乗る馬車にしても、自身はどこか乗り心地が悪そうだった。「ムチを当てられる馬が痛ましい」という表現で、屈折感を示した。旧藩を見限った要助はそんな三条と気脈が合い、民衆が民衆を乗せて走る人力車を構想したという（童門冬二「商業者群像」）。要助を幕末の多感な志士的存在とみている。

いずれにせよ、要助は手先が器用だったので、人の引く車という基本プランを実現すべく、寝食を忘れて努力したらしい。箱に車を付けて引くだけでは、軽快に走るものではない。まず車輪を二つ（双輪）とし、乗客が安定するように椅子式とし、足は踏み板の上に載せ、引き手には二本の梶棒を握らせるという試行錯誤の繰り返しだった。

この椅子式というのが成功のポイントだった。というのは、江戸時代までの日本人は座るといえば畳に正座するかあぐらをかくことになるから、常識にとらわれて畳つきの箱車を開発すれば、乗り降りに不便だし、動く車中では安定しないことになる。椅子式とすれば不便は解消するし、全体に小型で済む。これは明治のごく初期にあっては、日本人離れしたアイディアといってよい。前述のゴーブルが自分の独創を日本人に盗まれたと思い込んだのは、この椅子式であったからではないだろうか。もともとゴーブルは西洋人ゆえに、畳の上に座るという駕籠や牛車式のアイディアとは無縁だったからだ。

## 「人車」から「人力車」へ

さて、独自の工夫から新しい車を発明した和泉要助は、これを世にひろめるには官のお墨付きを得なければと気がつき、割烹の仕事で馴染みとなった福島蔵人という役人に相談したところ、太政官に出願し、実地試験を受けるようアドバイスされたという。翌年完成した車を割烹時代の仕入先の八百屋鈴木徳次郎に依頼し、東京中を乗り回すデモンスト

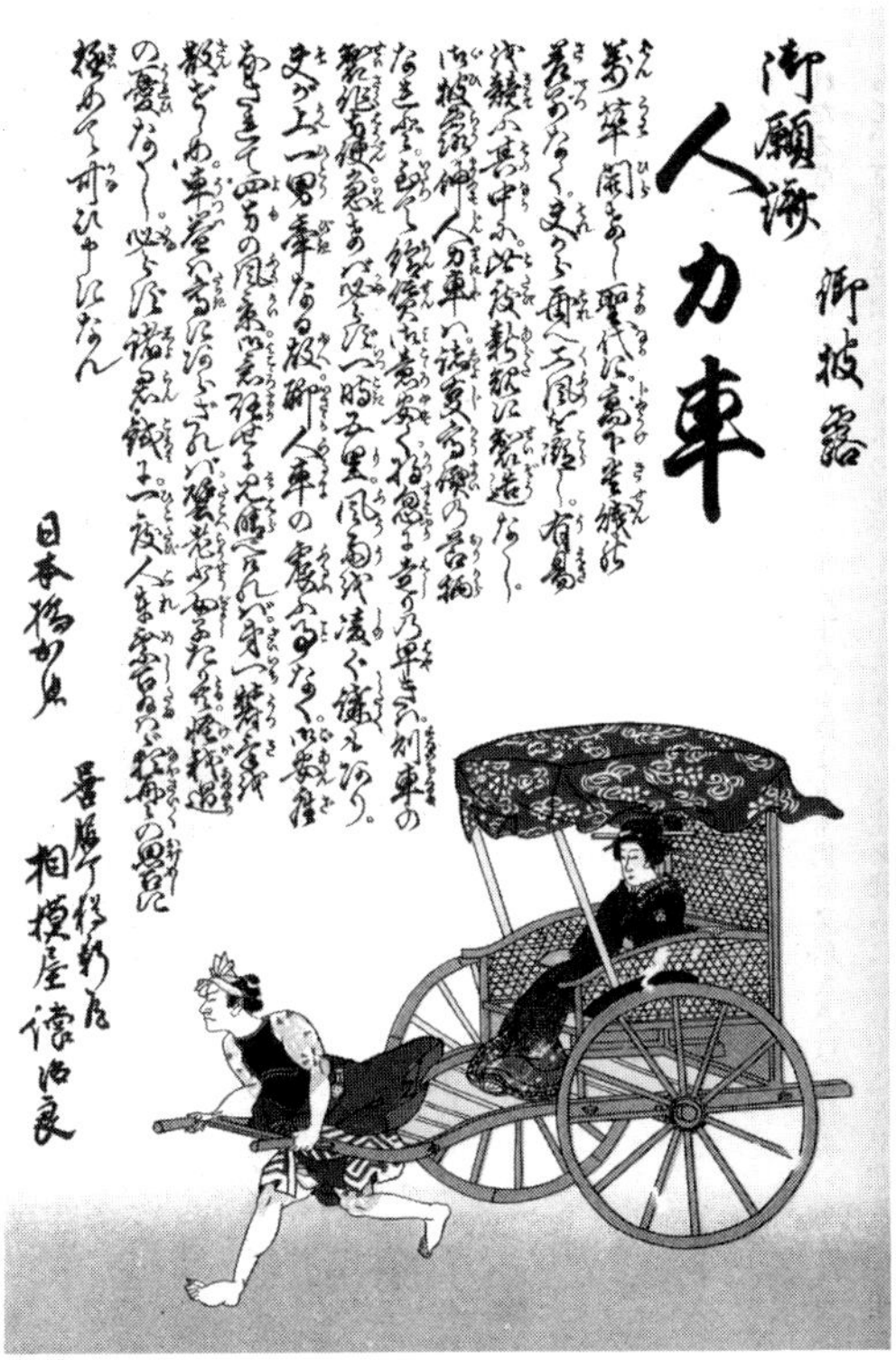


●鈴木伝次郎の人力車引札
［明治五年ごろ、藤沢衛彦『明治風俗史講座』雄山閣］

レーションを行ったところ、市中の評判となった。このことが東京市庁に聞こえ、要助は取り調べを受けたが、結局管轄は市庁ということで願書の再提出となった。だんだんやかましい話になってきたので、要助は自分一人よりも鈴木徳次郎と同じ箔屋町の借地人で車大工高山幸助の三名連署で書類を提出した。

明治三年（一八七〇）三月十七日付の書類の文面には「引き続き諸色高価の折から、私どもの渡世向き珠のほか手透き（ヒマ）とあいなり、日々営業出来かね、難渋至極は必至に仕り候あいだ、銘々工夫仕り自力にて補理（おぎなう）牽すべき人車を家業と仕り度くご座候」とあり、その寸法を長さ五尺五寸（約一メートル六七センチ）、幅二尺余（約七〇センチ）としている。車輪は木製で、後に鉄輪を巻いた。注意すべきは、発明者たちは当初「人車」と呼んでいたことである。

彼らが官許を得るためにビクビクしていた理由は、いうまでもなく旧幕時代は道路や橋梁保護、あるいは駅逓などに所属する馬方などの生活保障のため、車が街道筋を自由に往来することが御法度だったからだ。しかし、明治に入ってからの一時期は、産業新興と能率重視の観点から、多少は規制が緩和されたので、要助らの申請も五日後に許可書がおるという信じられないスピードだった。その文面には往来の迷惑にならないよう、人に怪我をさせないよう、料金はなるべく廉くするようにとあるほか、「高貴の方ならびに巡邏兵隊等え途中行きあい候節は下車致し、または脇道へ除けべく申し候、とかく不敬の儀これ無きよう心がけ申すべく候こと」という注文がつけられていた。開化の能率性よりも、身分制度下の秩序が優先されるという現実があったのである。

人力車営業は東京に限ることはない。要助らは明治三年十一月、横浜市中の営業を出願、翌年正月からは川崎―藤沢間の営業を開始した。一方、取締当局は要助らを総行事（同業取締役）に任命することを思いついた。つまり、新規参入者は三人のハンコがなければ開業できないようにしたのである。若干の手数料も支払われることになったので、三人はこの機会に相互に契約書をかわした。その文中にはじめて「人力車」ということばが出てくる。

## 真の発明者はだれ？

以後、参入申込者はうなぎのぼりに増加するのであるが、ここでふれておく必要があるのは、以上の発明の経緯に異論があるということだ。和泉要助が発明者であるとするのは、二十六年後の明治二十九年（一八九六）に人力車の発明者を顕彰しようという動きが生じ

駕籠から人力車へ
「風俗画報」一九八九年八月号

●――人力車の列
［明治三十三年、「風俗画報」一九〇〇年一月号］

たさい、当時六十七歳の要助が提供した資料や回想談をもとにしている。これは雑誌「風俗画報」の主筆野口勝一によって長文の記事となった。そこまではよかったのだが、さらに十七年後の大正二年（一九一三）になってから、内容的に食い違いのある鈴木徳次郎自筆の「人力車発明日記」「人力車規定帳」が、書物研究家の林若樹（一八七五〜一九三八）によって、雑誌「日本及日本人」臨時増刊号「明治大正半百年記念号」に紹介されたのである。

日記は十行罫紙九枚に書かれたメモで、発明から届け出、総行事になるまでの大筋は一致しているが、発明者と製作者が和泉要助ではなく、鈴木徳次郎が構想して高山幸助に試作させ、出願のさいに他の二人からも一口乗せてくれと頼まれたという点が大きく異なっている。内容は次の通りである。

慶応三年（一八六七）五月二十一日、友人とともに川崎大師に参詣に出かけ、道中大いに気散じをしたが、帰途六郷川辺で雨に降られ、駕籠を雇ったところ酒手をねだられた（前半道中の描写は冗長だが、小旅行の楽しさを強調して、すぐ後の不快な体験と対比させているのだろう）。駕籠が品川にさしかかったとき、高く荷を積んだ大八車を見かけ、考えがひらめいた。すなわち駕籠は二人一組だから金銭を強要したり、弱い者に狼藉を働いたりする。もしこれを車にかえれば引き手も一人ですむし、悪事もしなくなるだろう。第一賃銭が手軽に済む、と考えたという。この件を割烹松林亭の仕事を通じて親しかった和泉要助に相談した。明治二年（一八六九）二月十六日と、日付も明記されている。当座は忙しいこともあり、諸車取締の役人福島蔵人に相談したのが五月十七日になってからだった（妻の妹婿に斡旋依頼）。どうやら脈がありそうなので、年来親しかった車大工高山幸助に製作を依頼、三輪、四輪と試作を重ねて二輪車に落ち着いた。できあがったものを日本橋通四丁目の文魁堂の傍らに置いたところ、見物人がひきも切らず、往来に支障が出たため、戸長から咎めを受けた。出願は三人連名で行ったが、車の宣伝の場所がなく、要助や徳次郎は咎めを恐れて引け腰となっている。やむなく自分が家族や親類の者を乗せて走り回った結果、ようやく評判となった。その後も品川辺の駕籠かきの妨害にあった際、あるいは日本橋高札下の車置き場で失火を生じた際など、何かというと自分がトラブル処理役とならざるをえなかった。

――以上が鈴木徳次郎の日記の大要である。林若樹はこの日記を評して「一読したならば、発明人は和泉和助ではなく、鈴木徳次郎であることに一点疑いを入れる余地もない」とし、その傍証として「人力車規定帳」に収録された新規加入者との契約書式中、鈴木徳次郎の名の上に「工夫人」の記載があることに注目している。

しかし、今日の目から見れば、両者は感情の行き違いのせいか、自己中心になっているように思える。人力車の研究書では最も行き届いた齋藤俊彦『人力車』でも「おそらく、和泉か鈴木のどちらかの発案に、『ああ、そのことは私も以前から考えていたことだ』と他の一人も賛成して、二人で実用化の問題を研究し、試作の段階で高山幸助を加えて完成させ、出願の運びとした。出願などの役所の交渉には主として和泉が当った、ということ以上に話は進まないと思われる」と判定しているが、公平な見解といえよう。

## ヨコハマめぐりも人力車で

要は開発グループが一枚岩ではなくなったらしいのだが、当時の社会経済的な環境から、人が車を引くというアイディアは同時多発的だったということを考えるべきであろう。先のゴーブル宣教師の場合もそうだが、明治初期にあって自分こそ人力車の発明者だと思いこんでいた人物は、ほかにも多かったことが知られている。和泉グループは開発にしても申請にしても宣伝にしても、他に一歩先んじていたということであろう。

もう一つ、グループ間に行き違いが生じた理由として考えられるのは、東京府が三人を取締役に任命しておきながら、三年後の明治六年（一八七三）になって廃止し、従来の手数料として金三百円を下賜したきり、お払い箱にしようとしたことだ。驚いた三人が大蔵省に嘆願書を出したところ、今後の陳情はいっさい受理しないことを条件に一時金二千円を支払うよう、東京府に命じた。同じころ専売特許条例が実施されたので、三人は当然出願したが、既知の発明品という理由で不許可となってしまった。三人のあいだに利害の相違が生じたのは、このような金銭的な事情が原因と考えるのが自然ではないだろうか。いわば東京府の便宜的な取締政策に翻弄されたのである。

東京府が三人をお払い箱にした背景には、人力車の普及が予想以上に急速だったという事情がある。新時代の都市環境下では、人力車は事実上唯一無二の交通手段だった。時速八〜十キロだから、駕籠の二倍も速い。東京大阪間のような遠距離には、出来たばかりの陸蒸気を利用するとして、汽車を一歩降りれば、まさか江戸時代の駕籠でもあるまい。

交通経済史の研究家は、江戸時代後期の辻駕籠はおよそ四、五千台であったと推定している（板倉聖宣「日本史再発見理系の目」）。意外に少ないのは前述の幕府による規制のためであるが、身分思想もからんでいた。庶民が〝高貴〟な人と同じ乗物を使用することは、絶対にまかりならんというわけだ。一時綱吉の時代に「極老の者、病人、女、小児」だけ駕籠に乗ることが許されたが、それは生類憐れみの令によるものだった。御一新となって、このような抑圧が原則的に自由となったので、最初は気恥ずかしさで頬かむりをして乗っていた庶民も、一度便利と知れば争うように飛びついたのである。

役所としては、管轄を民間から官に移行させることで、多額の人力車税も入ってくると計算したのである。東京と呼応するように神奈川県でも明治五年（一八七二）、人力車取締規則を設けて車税を徴収し、横浜を中心として東は川崎（六郷川）、西は平塚（馬入川）までを六区に分かち、各一名ずつの行事を置き、毎年公選を実施させた。これが後に横浜腕車組合となった。吉田橋と大江橋詰には有料の人力車休憩所が設けられた。事実、初期には数十人に過ぎなかった東京の人力車夫は、明治十九年（一八八六）には十万人をはる

●——後押し付の人力車の箱根越え［明治十九年］

かにこえる人数となっていた。これらの車夫たちは、駕籠かきから移行した例ばかりでなく、没落士族や地方からの流入者などの低所得者層が多かった。

車夫といっても客待ちの辻車夫と金持ちのお抱え車夫とがあり、お抱えになれば食費は主人持ちで月給五円ないし七、八円という好待遇だったが、大多数の辻車夫は親方に雇われて元手を借り、必要な制服などを整えるしかなかった。制服とは法被に股引、雨天のカッパで、晴雨にかかわらず饅頭笠あるいは古帽子をかぶる。夜間は「御免人力」と記された張提灯を掲げる必要がある。車の損料は十銭、衣服ほかの借り賃は八銭、草鞋や夜間のロウソク代も必要なので、しめて二十銭程度だった。かくて準備万端整うや辻々に立ち、「旦那、ご都合まで参りましょう」「奥様、お供になりませんか」などと声をかける。賃料は役所の定めによると一里八銭だったが、悪路には「道が悪いから増してやって」とか「もう一銭」といった交渉になる。

このような車夫風俗は、外国人の目にどう映じたか。明治十七年以後六回にわたり来日した人文地理学者のエリザ・R・シドモア（一八五六〜一九二八）は、横浜港から「米国人発案の大型二輪乳母車」に乗ったと記している。「最初の引っ張りが特に難しい動作で、一度発進すれば車はひとりでに走ることが分かります。梶棒の中の人間の歩調と背丈は、乗り心地のよさを決定します。背の高い車夫は梶棒を非常に高く握り、心地悪い角度に傾け、低い人は最高の走り手となります」。彼女は神奈川県下では鎌倉や箱根、横浜市内では山手、関内、チャイニーズ・タウンなどを、人力車のおかげでくまなく取材している。

外国人と人力車といえば、明治二十四年（一八九一）に来日したロシア皇太子ニコライ一行が滋賀県大津市を人力車で移動中、警備の巡査津田三蔵にサーベルで傷つけられると

●――横浜港で客待ちをする人力車
［横浜開港資料館所蔵］

いう事件（大津事件）があった。当時わが国はロシアの南下政策に戦々恐々とする〝弱小国〟であったから、文字通り日本中が震撼、明治天皇自ら皇太子に謝罪するため現地入りするという異例の展開となった。このとき現場で犯人を取りおさえたのが一行の人力車をひいていた向畑治三郎と北賀市市太郎という二人の車夫で、勇敢にもサーベルの下をかいくぐって犯人を取り押さえたというので、政府から勲章と三十六円の年金と二千円の一時金をもらった。のちに市太郎は郡会議員となり、治三郎は賭博罪で勲章と年金を剥奪され、放蕩に身を持ち崩した（尾佐竹猛『明治秘史疑獄難獄』）。

## 忘れられた創始者たち

人力車の最盛期の明治三十年（一八九七）前後、全国の人力車数は二十一万台を突破し、東南アジアやアフリカへは八千七百台あまり

「東京高輪往来車尽」

も輸出されていた。その輸出車両の半ば近くを生産していたのが銀座生まれの秋葉大助（一八四三〜一八九四）である。

大助は天保十四年、江戸の南紺屋町にある武具馬具屋（製造販売）に生まれた。先祖は車大工職だったらしいが、長じて大工請負業下総屋助三郎の養子となった。戊辰戦争勃発時にはいちはやく横浜で武器を仕入れ、東北の戦場で売りまくり、利益を博したという。明治に入ると東京―川崎間の乗合馬車を開業している。

そのころ養父の知己で飛脚人足の請負「飛久」（田井久次）から、日本橋で見たという人力車の話を聞き、合わせて試作品の提案も受けた。飛久が見たというのは板車の四隅に柱を立て、天井に布を張ったもので、四、五人の相乗りだった。これを一頭立て馬車の構造にしたらどうかというのが、飛久の提案だった。ちなみに初期の人力車の構造はじつに多様で、車輪も三輪、四輪、牽き手も二人、三人というバリエーションがあった。目立たせるための模様（意匠）も獅子に牡丹、竹に虎、近江八景、三保の松原などがあって、明治四年（一八七一）齋藤月岑《げっしん》（『武江年表』の著者）が神田から虎ノ門外へ歩く数時間の途上、観察しただけでも二百数十種もあったという。「天下奇を好む俗人等乗るになんありける」。好奇心こそは人力車普及の原動力だった。

もう一つは応用力である。基本形があれば、それを無限に改良し、需要を拡大していくのが日本人の特性といえる。和泉要助らと異なり、大助は銀座四丁目（現在の「和光」所在地）の本店と大阪高麗橋に支店を設け、製造、営業両面にわたって積極性を発揮した。単なる台車にすぎなかった初期の形態に車体の漆塗り、蹴込み（客の足を乗せる個所）や幌の設置、車軸にバネを装備するなどの工夫により、私たちが現在も観光地などで目にするような、独自の機能美を備えた人力車へと近づけた。第一回内国勧業博覧会（明治十年［一八七七］）に出品した人力車は鳳紋賞を獲得したほか、相次いで有功三等賞を受賞している。

その後をついだ二代秋葉大助は横浜英和学校を卒業後、東京商業学校に学び、二十歳で秋葉家の養子となった。明治三十六年（一九〇三）の内国勧業博覧会に出品した人力車四輌は一等賞の栄誉を得ている。父子二代の努力によって、明治大正期には「人力車の秋葉商店」といえば飛ぶ鳥を落とす勢い。広く海外にも知られたが、日本国内では路面電車と自動車に勝てず、社運次第に衰え、二代目大助は戦時中に六十七歳で他界した。

秋葉父子は人力車隆盛期の立役者であるが、これに反して創始者の三人は急速に忘れられ、前述の明治二十九年、野口勝一による回想記事が執筆された当時、七十歳に近い和泉要助以外は物故者となっていた。この記事が掲載されたのは旧佐竹藩士の小林義久治という人が、人力車発明者およびその遺族が恵まれない暮らしぶりなのを知って、知り合いの野口に諮ったことによる。野口が元代議士だったこともあり、新聞にも働きかけた結果、帝国議会での年金授与の審議にまでこぎつけた。しかし、人力車の発明には異説もあったところから審議には思ったより時間がかかり、四年後の明治三十三年（一九〇〇）になって、要助らに賞金二百円ずつが下賜された。その半年後、要助は七十一歳の生涯を閉じた。

要助の墓所は谷中五丁目の長明寺にあるが、境内には高さ百八十センチの「人力車発明記念碑」がある。建碑についての経緯は不明で、碑文もすでに摩耗しているが、要助ゆかりの中村徳実（研里）の撰になる。また、港区青山の善光寺には野口勝一らによる同名の記念碑があるが、こちらは戦災により上部が欠損し、現在は寺院の庭の隅にひっそりと佇んでいるのみ。秋葉大助の墓所は谷中一丁目の本光寺にあり、子孫による顕彰の墓誌が添えられている。住職によると秋葉家はかつて裕福な檀家であったという。春の一日、墓前の傍らには仏手柑らしき色鮮やかな黄玉がたわわに実り、懐かしい時代の香りを伝えているように思われた。

# 九

東京日日新聞

●——「東京日日新聞」創刊号
『新聞事始め』

# 右手にペン、左手に帳簿
## 岸田吟香
### ◎新聞記者・起業家

## 遊郭に潜伏した志士

文明開化の先駆けの多くは、幕末維新の際に政治経済の主導力となった地方よりも、どちらかといえば目立たない地域から出た人が多い。郵便事業の前島密は越後の出身、人力車の和泉要助は筑前の人である。この章で述べようとする岸田吟香（一八三三〜一九〇五）も、美作《みまさか》（岡山県）の出身である。

吟香は天保四年四月八日、久米郡垪和《はが》村の岸田家に五男三女の長子として生まれ、幼名を銀次といった。ここは現在の久米郡美咲町栃原で、JR津山線の小原駅から約十キロの、当時は山村だった。岸田家の祖先は摂津の出身だが、江戸以前の天正年間にこの地に移り、農業の傍ら酒造業をも兼ね、父親の代には、素封家といえる存在だった。

吟香は子どものころから利発で身体が大きく、寺子屋では神童ぶりを発揮し、やや長じては史書に親しむようになった。このころは諸国とも凶作に苦しみ、都市部では大規模な打ちこわしが頻発、酒造の石高も制限され、生家の経済もけっして楽ではなかったが、そのような環境で青雲の志を抱くようになった吟香は、まず津山藩の儒者昌谷精渓《さかやせいけい》に学び、嘉永二年（一八四九）十六歳で江戸に出ることを決意した。

そのころ江戸に出るには、まず徒歩で（あるいは吉井川の船を用いて）瀬戸内海方面へと南下するほかはなかったが、途中、御津郡加茂川町（現、加賀郡吉備中央町）の古刹で落書寺の異名があった円城寺に立ち寄り、士気高揚と前途の無事を祈願し、寺院の壁に「深山大沢必出龍蛇、垪和住人」と落書きした。「山深い地にこそ天に昇る龍のごとき人物が出る」という抱負を示したもので、現在も大切に保存されている。

●——岸田吟香

さて、いよいよ江戸に出てからの吟香は精渓の紹介で林図書頭《ずしょのかみ》の塾に入り、たちまち頭角を現し、師に代わって水戸および秋田邸へも出講するようになった。藤田東湖《とうこ》や大橋訥庵《とうあん》らと交わりを結ぶが、安政の大地震で東湖を失い、自らも健康を害して郷里に戻った。再び江戸に出て下谷の儒者藤森弘庵の門に入ったところ、図らずも弘庵が梁川星巌や梅田雲浜《うんぴん》らと攘夷論を唱え、安政大獄に連座したため、吟香も一味と疑われ、幕吏の追及を受けることとなった。

捕縛されれば命があぶない。一時上州伊香保へ逃れたが、そこも危険となって三河挙母《ころも》藩に移り、儒官に昇任するが、ほどなく脱藩、上州を経て江戸に入り、深川妓楼の箱屋など、狭斜の巷で糊口をしのいだ。一説に妓楼の主人として吉原に居住することになったともいうが、信じがたい。気ままに暮らすという意味で「ままよのぎん」と名乗り、仲間内で「銀公」と呼ばれたことから「吟香」を号としたという説や、陸游の詩「吟到梅花句亦香」からとったという説にいたるまで、定説がないところも吟香らしい。いずれにせよ、

●──円城寺といまも残る吟香の落書き

●──岸田吟香の生家［岡山県垪和］

受難期のエピソードをそのまま号にしてしまうところに、彼の洒脱な性格としたたかな根性とが窺えよう。

　このような回り道をしているうちに、安政の大獄を主導した井伊大老が暗殺され、幕吏の追及が緩んだのを見て、吟香は横浜に活動の舞台を移した。江戸よりも自分にふさわしい新天地に思えたのだろう。

## 運命的なヘボンとの出会い

　ことわざに「風が吹けば桶屋がもうかる」という。思いがけない偶然の連鎖が、吟香に飛躍のチャンスを与えることになる。当時は関東地方のどこでも、とくに新開地は眼病が多かった。舗装がされていないため、春先の強風などで土埃や馬糞が舞い上がるためである。空気のよい山村出身の吟香もこれには弱く、風眼という症状特有の痛みに一カ月余も苦しめられ、津山の蘭学者箕作秋坪《みつくりしゅうへい》に相談したところ、横浜で名医という評判の宣教医ヘボン（一八一五〜一九一一）を紹介された。ためらう理由はなく、通院すること一週間、きれいに治ってしまった。

　ヘボンが来日、横浜に居住して医療や教育活動を始めたのは井伊大老暗殺の前年、安政六年（一八五九）で、ちょうどそのころから和英辞書の編纂を始め、和漢の学に通じた助手を求めていたので、吟香を一目見るなり有用な人物であることを見抜き、「治療代はいらない。そのかわり助手になってもらえないか」と持ちかけた。もとより吟香にとっては渡りに舟、すぐさま採用となった。

さて、ヘボンは吟香を雇入れたはいいが、住み込みの助手としては英語力が問題となってもおかしくはない。吟香としては横浜の空気にふれ、ヘボンに会ったときから日本の将来のためには泰西の文物を積極的に導入するほかないことを悟っていたので、このさい本格的に英語を学ぼうと決意した。ここでもお誂え向きに願ってもない教師がいた。ジョゼフ彦蔵（一八三七〜九七）である。播磨国（兵庫県）出身の彦蔵は嘉永三年（一八五〇）に遠州灘で遭難し、漂流五十余日後にアメリカ船に救助されて渡米、教育と洗礼を受け、アメリカ領事の通弁として帰国したのは偶然にもヘボン来日と同じ安政六年だった。

住み込みの吟香は、毎日午前八時より午後十時までヘボンの医館（診察場）に詰めて、押しかける患者の通訳をしたり、看護の手伝いをした。ヘボンが歌舞伎の名優沢村田之助の脱疽治療のため、右脚切断の手術をした際にも助手をつとめたという（165頁参照）。そのうちに医学の意義について大いに悟るところがあり、後年の回想にも「予は素より医者に非ざれども、是が為に病を医するの大意、及び養生の法を悟る事を得たるは実に千万金にも換えられぬ賜にして、予が生来の多病を脱却して健康を今日に保つこと得る者は実にヘボン先生の恩たること多し」などと記している。

ところで、吟香は彦蔵について英語の勉強に励むうちに、同門の本間潜蔵という人物からアメリカには新聞という便利なものがあると聞き、英語以上に興味をひかれた。遠州（静岡県）掛川出身の本間が、なぜ新聞を知っていたのかといえば、おそらく開港後四年目の文久三年（一八六三）に居留地で刊行された英字新聞を見ていたと思われる。いずれにせよ本間の話を聞いた瞬間、吟香の血は騒いだ。一つ彦蔵も誘って新聞の邦訳版を出せないものかと考えたのである。

ジョゼフ彦蔵
［横浜開港資料館所蔵］

善は急げと、早速、彦蔵が英字紙から記事を選んで下訳をつくり、吟香と本間が仮名まじり文に直し、版下は吟香が自ら作成、体裁は半紙数枚を綴じた木版の小冊子とし、名を「海外新聞」として早々と刊行にこぎつけた。内容は海外事情を国別に記したほか、諸藩の動向、商品相場や広告まで加えたものだった。ときに元治元年（一八六四）三月一日、本邦初の民間新聞誕生の瞬間である。これより二年ほど前の文久二年（一八六二）に幕府がオランダ語の新聞を翻訳した「官版バタビヤ新聞」があるが、内容はマカオやバタビヤ（現在のジャカルタ）などの雑誌を翻訳した冊子にすぎなかった。ちなみに文献によっては「新聞」という言葉は明治時代に英語の news に相当する訳語として作られたとあるが、年代的には明らかな誤りである。

それはともかく、当時の人々は新聞には全く無関心だったので、百部内外の部数がなかなか捌けない。値段が一部銀五分という非常に高価な点も障碍となった（江戸時代の一分は現在の貨幣価値で一万五千円）。吟香らは焦り、居留地を中心に法被姿でセールスを行ったが、やはり売れない。当初月三、四回という今日の週刊誌なみの刊行頻度がだんだん延びて、結局約二年後に二十六号を出してあえなく休刊となった。

## 官界からの誘いを一蹴

もっとも、吟香としては新聞のことばかりに関わっている暇はなかった。ヘボンの和英辞書の手伝いである。新聞休刊の年、慶応二年（一八六六）四月にヘボンの原稿は編纂期間七年を費やして完成したが、当時の日本には活版印刷所がないため、彼はヘボンに伴われて上海に赴かなければならなかった。そのころ上海には宣教師が聖書印刷用に設立した美華書館、墨海書館という二つの活版所があった。

ところが現地へ行ってみると、日本のかな活字の用意がないことを知った。やむなく吟香が細筆でかなの版下を書き、ツゲ材に彫らせた字母をもとに活字を鋳造した。後年「わが邦のかな字をもって鉛製活字となせるは、けだしこれが嚆矢であろう」(「新聞実歴談」)と誇ったが、厳密にはそれより数年前の万延元年(一八六〇)に長崎の通詞本木昌造が『蕃語小引』の印刷に鉛製のかな活字を使用している。

中国語に堪能だった吟香は上海滞在中の出来事を現地人との交流を含めて日記に記しているが、辞書の書名は吟香の命名で、扉の版下も自分が書いたこと、当初『和英詞林集成』だった書名を『和英語林集成』としたこと、協力謝礼として五十ドルもらったことなどが

●――本人が描いた上海の岸田吟香
[筑摩書房『現代日本思想大系』]

記されている。百ドルは一分銀二百九十八枚という相場だったので、大金である。辞書は千二百部を印刷、横浜の居留地で発売された。書名に「和英」とあるが、第二部に英和の部があり、見出し語として和英二万七百語、英和が一万語という充実ぶりで大いに売れた。いわゆるヘボン式ローマ字は、この辞書の第三版から採用されている。

吟香が師のヘボンと帰国したのは慶応三年（一八六七）四月である。すでに天下の形勢は一変し、ヘボンとの契約も満了した彼は、身の振り方を考えなければならなかった。友人の中には、軍務につくのが出世の近道だなどという者もあったが、「バカをいえ。おれの志は官界の栄達ではなく、済生利民の事業を興し、民間の発展を促すことにある」として動じなかった。木戸孝允や寺島宗則らと交友関係を生じたのもこのころであろう。木戸などは吟香をある県の役人に推薦しようとしたところ、「おれはたとえ貧しくとも、ちっぽけな扶持米のために膝を屈するのはイヤじゃ」と、一言のもとに退けられてしまった。

しかし、このころ吟香には一つの目算があった。ヘボンから餞別がわりにもらった一通の便せんに「ヘボン目薬」の処方箋が記されていたのである。例の卓効のある目薬の製造販売を認めるというのであるから、吟香としては大感激で、早速翌日から原料を集めにかかった。硫酸亜鉛が主成分であることはわかったが、もう一つの何でもない成分が入手できなかった。蒸留水である。当時は製造機がないので、雨水を貯めるしかない。雨が降り出すと夜中でも家中総出で外へ飛び出し、屋根に降る雨水をかめに流し込んだ。

苦心の末、ようやく濃紫色の製品が完成すると、商品名を「精錡水」と名付けた。これは硫酸亜鉛の英語名 Zink Sulfate の前半が中国語で精錡ということに因んだもので、吟香ならではの発想である。発売は慶応三年。眼病の多い当時とてよく売れた。当初は無骨な瓶入りで、「毛のやわらかなる新しき筆か或ハ鳥の羽にて朝、ひる、晩と一日に三度づつ目の内に黙《たら》す」というもの。間もなくガラス棒を添付するようになったが、本邦初の点眼薬で、「奏効神のごとき新薬」として評判となった。

しかし、吟香が目薬に本腰を入れるのは約十年後で、それまでに事業家としての過程があった。まず蒸気船による通運会社の運営である。鉄道が未発達で、人力車も普及していない当時、江戸―横浜間の交通は難題であった。横浜開港とともに通運業者が争って参入した所以である、早くも慶応二年には江戸日本橋小網町の松坂屋弥兵衛が弁天町の鹿島屋亀吉と共同でアメリカから小型蒸気船を一万五千ドルで買い入れ、アメリカ人ヴァン・リードの運営による乗合汽船の営業を始めている。しかし、さすがに一万五千ドルは高額すぎ

●――「精錡水」の引札（上）とビン

て引き合わず、すぐに投げ出したのを政府が引き取り、江戸、横浜双方から差配人を募った。これを知った吟香が横浜側から応募、首尾よく指定を受けたのである。ヘボンから得た五十ドルが役立った。

船名は稲川丸といい、船の形式は外車式といって船腹に大きな水かき用の車がついたもので、航行中は揺れが激しく騒音を発するため、船中での会話には大声を出さなければならなかった。横浜の発着所は本町一丁目（現在の横浜第二地方合同庁舎、旧横浜生糸検査場付近）に、江戸は永代橋に設けられ、一人あたりの運賃は日本人が一分二朱、外国人が一両二分、中国人が三分ときめられた。

## 事業家から新聞記者へ

吟香の海運会社は合資会社の組織を持ち、帳簿システムも西洋式を採用した近代的なものであったが、もとより彼は一汽船会社の差配におさまるような人物ではない。事業が順調になると、しばらく遠ざかっていた新聞事業への興味が再燃してきた。

知己のサンドウィッチ島（現在のハワイ州）の領事ウェンリードと図って、慶応四年（明治元年・一八六八）四月十一日、「横浜新報もしほ草」を創刊した。もしほ（お）草とは製塩のために用いる海草で、これを御簾に乗せた上に塩水を注いで煮詰め、水分を蒸発させる。つまり、煮詰めたエッセンスの意味で、今日のダイジェストにあたる。創刊のことばに、新聞の意義として「門を不出して諸方の物価を知り、人の知識をまし、心志をたのしましめ、又は商賈の便利を得るなど、其益ある事甚だおほきがためなり」と謳っている点、ニュースを平易な文章で紹介した「海外新聞」とねらいが共通している。B6判より少し大きく、本文は日本紙で、表紙の題号の左方に「九十三番ウェンリード」と印刷されているのは、言論弾圧を回避するため、治外法権に守られている外国人の名を借りたのである。ローマ字のK.S.ASOMは『古事記』にも出てくる摂津の岸田朝臣を祖先と推定していたところから出たのだろう。

外国人の陰にかくれる必要性は、一度岡山藩に不利な記事を載せたところ、藩兵が印刷所に踏み込んできた経験があるからだが、ころんでもタダでは起きない彼のこと、逆にこの機会を利用してやろうと、ウェンリードの名で「蓋《けだ》し方今日本の形勢は門前に内を窺う盗賊のある家の如し、家内一致して用心せざればかの賊直に其虚に乗ぜんとす。然るに家内自ら混乱せば、あによくその家を守るを得や」などと、堂々たる体制批判を展開した。

まことに意欲だけは十分だったが、そのころにはライバル紙が続々と出現し、とくに慶応四年二月創刊の「中外新聞」は主筆柳河春三（洋学者）の盛名もあって急速に部数を伸ばしていて、さすがの吟香も歯が立たず、ついに「もしほ草」は明治三年（一八七〇）三月、四十二号で休刊のやむなきに至った。

そのほか製氷業に関心を抱いて氷室商会を興したり、新潟の石油埋蔵を知って採掘機を購入したりという具合に、文明開化期の事業欲にとらわれて奔走したが、いずれも大成しなかった。当初の蒸気船の差配も、他社の船が蒸気機関の爆発事故を起こし、百四十三人の死傷者を出したのをきっかけに、身を引いた。

このように挫折続きの吟香が、活路を求めた分野はやはり新聞だった。今度は、「もしほ草」のような冊子体の新聞を少部数創刊するのではなく、近代的な組織を意図した新聞

（日報社）に記者として加わることであった。明治五年（一八七二）二月二十一日創刊の「東京日日新聞」である。これは条野伝平、西田伝助、落合幾次郎（浮世絵師、落合芳幾）らによって創刊された東京最初の日刊紙だった。現在の「毎日新聞」の前身である。当初は浅草茅町（現在の浅草橋駅近辺）の条野宅から刊行、「千部も売れれば活計の助けになるだろう」と思っていたところ、意外に好評なので銀座に進出、付録につけた芳幾の錦絵が東京土産として話題を呼んだということもあり、たちまち二千部に達した（数年後に銀座二丁目に移転したが、立派な建物だったので、お上りさんから神社と間違えられた）。

吟香が乞われて入社したのもこのころで、主筆として縦横の快筆をふるい、紙面を盛り上げた。さらなる部数拡大を意図して翌年迎え入れられた福地源一郎（一八四一〜一九〇六）は旧幕臣の出身で、政府批判の新聞を発行して本邦初の言論弾圧を受けたジャーナリストであったが、吟香は敬意を表して主筆の座を譲り、自身は一介の社会記者の道を選んだとされる。実は世情に通じた吟香にとって、社会記者のほうが適職であったということだが、その後間もなく起こった台湾出兵の際には、積極的に従軍記者として台湾（当時琉球）に赴き、戦況のほかに現地民俗をも取材するという力の入れようだった。

この紛争は、当時日本と清国との間で帰属があいまいだった琉球問題がこじれたもので、日本としては未経験の外交的試練であり、同時に士族の不満を外に逸らすという目的も伏在していたのだが、吟香にとっては日本初の対外戦争ということに興味があったのだろう。公式に記者参加を断られると、コネを通じて黙許を得るという挙に出ている。滞在期間は二カ月であったが、その戦局報道は生色に富み、自ら描いた挿絵も好評で、新聞の部数は倍増した。吟香の画才は後に広告にも役立ち、子どもの一人に遺伝することになる。

## 広告マンとしても一流

従軍記者の経験は、いよいよ中国への関心を深めることとなるが、記者生活そのものは長続きせず、明治十年（一八七七）に東京日日新聞をやめてしまった。理由は定かではないが、前述の福地源一郎が社説欄を創設してからは市井の雑報中心だった紙面が一新され、政府の言論統制もきびしくなったことが原因かもしれない。それに、元来扶持米を嫌う吟香にとって、新聞社勤めがだんだん苦痛になってきたのは間違いない。

新聞社を退職すると同時に、吟香はその付近（京橋区銀座二丁目一番地）に楽善堂《らくぜんどう》薬舗を開き、例の精錡水のほか補養丸、穏通丸、鎮溜飲などを「楽善堂三薬」として販売、新聞広告には「精錡水は美国の大医平文先生より直伝の秘法にして、日本国十唯我一家の外は決して二とあるまじき妙薬なれば苟《いやしく》も世上の眼病を救わんが為に発売する所なり」と謳った。このために意表をつく錦絵広告を考案するなど、現代の広告手法を先取りしている。

明治八年（一八七五）には新聞広告界初の連載広告も出している。これは「先日の岸田先生の目についての講演は実に親切だったので、まだ知らない読者のために新聞に掲載して下さいまし」という架空読者の投書にこたえる演出を行うなど、新聞の公共性を利用した広告だった。

ちなみに彼の師ヘボンは、明治二十五年（一八九二）帰国に際して、長らくコックとして働いた牧野灸七にも点眼水の調合法を伝授している。この処方をもとにした「平文の目薬」は三年後に横浜南吉田町の里見松泉堂から販売され、大正四年（一九一五）に新薬を加えて改良したが、あまり有名にはならなかった。吟香の処方と同一であるか否かは不明

岸田劉生が描いた楽善堂薬舗
『岸田劉生全集』

だが、精錡水が彼の卓抜な広告宣伝技術によって普及したことはたしかである。

　吟香はまた清涼飲料「黎檸《レモン》水」をも開発し、業界初の見開き二ページ大の広告を打った。「黎檸水は清涼甘美にして、第一渇を止め暑を消し、三夏の炎に当りては、一日も欠くべからざるの飲料なり。もしこれを氷水に点して一喫すれば、いかなる山海の珍味も及ぶべきものなきが如し。午睡はじめて覚むるのとき、盛夏すでに終るの処、あるいは涼を柳外に納れ、床を竹陰に移すのころに至りては、必ずこの飲料にあらざれば何をもってか炎暑の毒を解することを得ん」。この清涼飲料の語源を吟香に求める説もある。

　精錡水の販売は店頭ばかりでなく、代理店方式をも併用したが、手数料の回収率が悪く、未収金が数千円に達した。これを見て「いっそ精錡水の権利を三万円で売ってくれ」という者もあり、知り合いの学者からも「その三万円で公債を買ったら、利子だけでも精錡

上海楽善堂

水の純益に優るのではないか」と忠告されたが、吟香は笑って取り合わなかった。

二年後吟香は上海に赴き、河南路に楽善堂薬舗の支店を設け、広告の手段として月份牌《げっぷんはい》（カレンダー・ポスター）を開発、短期のうちに人気を獲得した。漢籍に詳しく、書に秀でていた吟香は、八十キロを超える巨躯とあいまって、士大夫からも慕われた。いきおい通商交易や私財を投じた人材育成にも力を尽すようになり、日清貿易研究所、東亜同文会などの設立に関与した。日清戦争のさいは通訳として従軍した。

国内では中村敬宇、津田仙らと訓盲院を設立した。後の東京盲亞学校（現、筑波大学附属視覚特別支援学校）である。晩年は楽善堂二階の書斎に閉じこもり、畢生の事業として中国の地誌の執筆に励んだが完成にいたらず、明治三十八年（一九〇五）六月七日腹部の疾患により没した。享年七十二である。

## 創成期の事業家として名を残す

吟香は三十六歳という晩婚で、十四人の子どもをもうけたが、そのうち四男が近代日本有数の洋画家となった。岸田劉生（一八九一〜一九二九）である。劉生は銀座の楽善堂で生まれたが、六十歳に近い父吟香は上海に出かけて不在だった。十四歳のときに父親に死別し、父親に絵心のあることは知らないであろう（絵に対する関心は乳母から得ている）。吟香の感化は一見乏しいようだが、西洋文化への関心と挑戦、後半生の中国への関心などは無意識のうちに影響を蒙っていると思われる（東球樹『岸田劉生とその周辺』）。

父子ともに一種の天才肌で、性格的には豪放磊落な点も似ている。吟香と劉生の最大の相違点は、吟香が広く文明史的な関心を拡げたのに対し、劉生は画業という一点を深めたということであろう。これは性格的な相違もあるが、開化期と近代爛熟期という背景の違いが大きいように思われる。事業家として吟香は創成期の人であり、発展型の人であった。守勢の人ではなかった。今日のいわゆる起業家で、先端的なものをかぎつける嗅覚はすぐれていたが、一たび手に入れたものを熟成させることは不得手だった。

吟香が開化の先達として結果的に名をのこしているのは、一に新聞、二に広告、三に辞書で、日中文化への貢献がそれに次ぐことになろうが、分野別ではとらえきれない開化期特有の全方位的な感覚こそが、吟香の本質とはいえないだろうか。

そのような彼にとって、晩年は必ずしも満足すべきものではなかったろう。明治の政治経済体制はすでに固まったレールの上を走りはじめ、彼のような野放図な在野の才能が疾駆する条件は失われていた。加えて家庭的な不幸にも襲われた。後継者として期待をかけ、銀次郎と名づけた長男が三十歳で病没したのをはじめ、十四人の子どものうち十三人までが早世してしまったのである。楽善堂の二階にあっても、身近に病んだわが子がいるという状態は、いかに豪放な人といえども心晴れないものがあったに相違ない。

それはともかく、吟香の遺風を慕う人々はいまなお後を絶たない。いま岡山県美咲町の岸田吟香記念館には、楽善堂に掲げられていた木製の看板をはじめ多くの遺品が保存され、生地の栃原には記念碑が建てられ、付近の原田には多忙な従軍記者時代の常食だったという「たまごかけごはん」を出す食堂もある。日本人が鶏卵を食するようになったのは江戸時代だが、生卵を飯にかけて食べた最初の人物こそ、わが岸田吟香だったのである。これも忘れてはならない吟香の〝功績〟といえよう。

岸田劉生

# 十

●——丸善書肆「市民グラフヨコハマ」第六〇号

# 西洋文物の粋を導入した異才 早矢仕有的

## ◎貿易商社

●――上野の彰義隊の戦いを描いた錦絵
『錦絵幕末明治の歴史』

## 天保老人から明治新世代へ

慶応四年（一八六八）五月十五日、大雨の江戸市中は、上野の山で戦がはじまるというので、息をひそめていた。芝新銭座（現、港区浜松町一丁目辺）の慶応義塾では、創立者の福沢諭吉（一八三五〜一九〇一）が洋書を片手に授業を行っていたが、折から八、九キロ離れた上野の方角からは、殷々たる砲声が響いてきた。すでに幕軍は無血で江戸城を明けわたしていたが、寛永寺に立てこもって最後の抵抗を試みる旗本集団の彰義隊が、いま大村益次郎指揮する官軍に囲まれ、総攻撃を受けているのだ。

授業中の塾生は思わず中腰になりながら、師の顔色をうかがった。しかし、福沢諭吉はウェーランドの『経済学』を片手に、眉の毛一つ動かさず、授業を進めている。激しくなる雨の音にまじって、アームストロング砲の遠雷のような音は、しばしのあいだ鳴りやまなかったが、福沢諭吉の英語の音読は、それを圧するように朗々と響きわたった。多くの塾生が戸惑いながらも、新しい時代の到来をひしひしと感じたのは、じつにこの瞬間であった。

鎖国攘夷の嵐が吹き荒れた旧時代にかわって、文明開化の風が吹き始めた。幕末維新史の名場面といえば勝海舟と西郷隆盛の江戸城会見に尽きるが、この芝新銭座砲声下の英語授業こそ、文化史的には日本の近世と近代とを分ける大きな節目であった。そして、この授業の聴講生のなかに、まもなく福沢と手を組んで開化の進展に力をつくすことになる人物がいた。名を早矢仕有的《はやしゆうてき》（一八三七〜一九〇一）という。

## 山村から風雲の江戸へ

有的は、天保八年八月九日美濃国武儀郡《むぎぐん》笹賀村（現、岐阜県山県市笹賀）の苗字帯刀を許された庄屋の家に生まれた。先祖の一人が弓術に長《た》けた武士で、主君からハヤ・ヤ・ツカマツルの意味で早矢仕という姓をもらったという。生地は戦国時代に要害の地で、少し離れた岩村城は武田信玄と織田信長の争いに巻き込まれた際、信長の伯母に当たる女性が城主となり、悲痛な最期を遂げたことで知られる。

有的は父親の柳長が有的の生まれる前に死んだので、生後すぐに母方の祖父早矢仕才兵衛に引き取られた。もっとも母親は早矢仕家の養子だったので、祖父とは血縁関係はない。このような事情はあったものの、有的は祖父から非常に可愛がられ、自身も利発だったため、長じて医師を志し、大垣や名古屋で学んだ結果、嘉永七年（一八五四）十八歳で業を

●──文久二年の福沢諭吉
『福沢諭吉全集』

●——早矢仕有的［丸善(株)所蔵］

終えて帰郷、実家で開業した。当時はめずらしかった「吹き込みほうそう」という疱瘡予防術を名古屋で学んでいたので、これを村人に施し、病気の蔓延を防いだが、反対する村人については母親から説得してもらうなど、非常に苦労したという。

青年医師として村人からの信奉と期待を担った有的ではあったが、何といってもそのころはすでに幕末風雲の時代である。かてて加えて江戸には松本良順、伊東玄朴、緒方洪庵、坪井信道らの蘭法名医が綺羅星のごとく参集していることは、片田舎にも伝わっていた。そのような話題が、近くの中洞村の庄屋高折善六との話にも出たのであろう。善六から、「あなたは田舎医者として終わるのはいかにも惜しい。江戸に出て医学の蘊奥《うんのう》をきわめてはどうか」などといわれると、かねてからあった中央進出の思いが、いよいよ募ってきた。名古屋で知った同輩の鬼頭祥斎に後事を託し、江戸に上ったのは安政六年（一八五九）である。ペリー来航後、六年ほどの歳月が過ぎていた。

江戸に出るに際して、善六は金十両を餞別として贈り、前途を祝した。また先輩知己への紹介状を書いて与えようとしたが、有的は「ご厚志まことにありがたいが、この紹介状のおかげで、自分が本当の自分以上に扱われるかもしれませぬ。あいなるべくは自分一個の力で生活を開拓しようと存じます」と、紹介状は場合によっては握りつぶされても構わないような文面にしてもらった。

しかし、江戸へやってきた有的は、現実に医師として活計を立てることが容易でないことを知った。やむなく当初は両国薬研堀《やげんぼり》や林大学頭《だいがくのかみ》の屋敷がある林町などの医師宅を転々としながら、按摩の内職に従わざるをえなかった、しかし、あるとき木綿問屋の隠居の病を癒したのが縁で金銭的な援助を受け、万延元年（一八六〇）浜町河岸の橘町に医院を開業することができた。二十三歳のときである。

有的はさらに坪井信道について蘭法医学を修めたが、その人物にすっかり心酔してしまい、信道もまた有的を厚遇した。文久三年（一八六三）、有的が深川伊勢崎町の旗本諏訪新吉郎の妹なおと結婚したのは、信道の媒酌によるものである。岩村藩主のお抱え医師となったのも、このころである。このように江戸に出てわずか四年、安定した地位を築くことができたところに、有的のすぐれた才能や人間性を見ることができよう。

## 開化の横浜で医院開業

しかし、この結婚の年はペリー来航後十年目にあたり、世はオランダ語から英語への転換期にあった。有的もいずれは横浜に進出したいと思うようになり、故郷において後事を託していた鬼頭祥斎を呼び寄せ、開港地横浜に送り出したのも、将来への布石であったろう。不幸にして祥斎は間もなく病死してしまったので、この計画は頓挫しかけたが、ある患者の治療を名医ヘボンに頼むため、自ら横浜に赴く機会がやってきた。

開港いらい十年目の横浜は、山手居留地には洋館が整然と並び、関内にはズラリと商店が軒を並べていた。なにもかも珍しく、刺激的だった。山下町の診療所を訪ねあて、実際にヘボンその人に会い、たちまちその人柄にうたれた有的は、英学への思いがいよいよ募るばかりだった。ついでに横浜の貿易会社などを見学して感じたのは、世の中はすでにオランダ語の時代ではないという確信だった。有的はもう我慢できなくなった。思い切って繁盛している薬研堀の医局の看板を下ろす決心をし、患者を同学の桑田衡平に託し、自宅も本所番場に移すと、英語辞書を購入して坪井信道の弟にあたる谷信敬の門に入ってしまった。このように目前の利益を度外視し、時代の目指す方向へと一直線に進むところが有的の身上といえよう。

谷の塾で三年ほど英語を学んだが、塾が閉鎖となったので、そのころ洋行帰りの評判が高かった福沢諭吉に注目、慶応三年（一八六七）設立の慶応義塾に入塾した。

福沢諭吉は安政六年（一八五九）横浜に遊学のさい蘭学の無力を痛感、英学に転向した。翌年の遣米使節では艦長の従僕として咸臨丸に乗船、さらに翌年の文久元年（一八六一）には幕府遣欧使節団に加わり、六カ国（仏英蘭独露葡）を歴訪、慶応二年（一八六六）には両度の洋行経験をもとに『西洋事情初編』を刊行、欧米諸国の歴史・制度の事情通として知られていた。

有的が会ったのはその一年ぐらい後だが、世間での福沢評価にバラつきがあるので、直接面会して確かめた上、入塾をきめたという。

冒頭に述べたように、有的が福沢の義塾創立時代の授業を聴講したのは、さらにその一

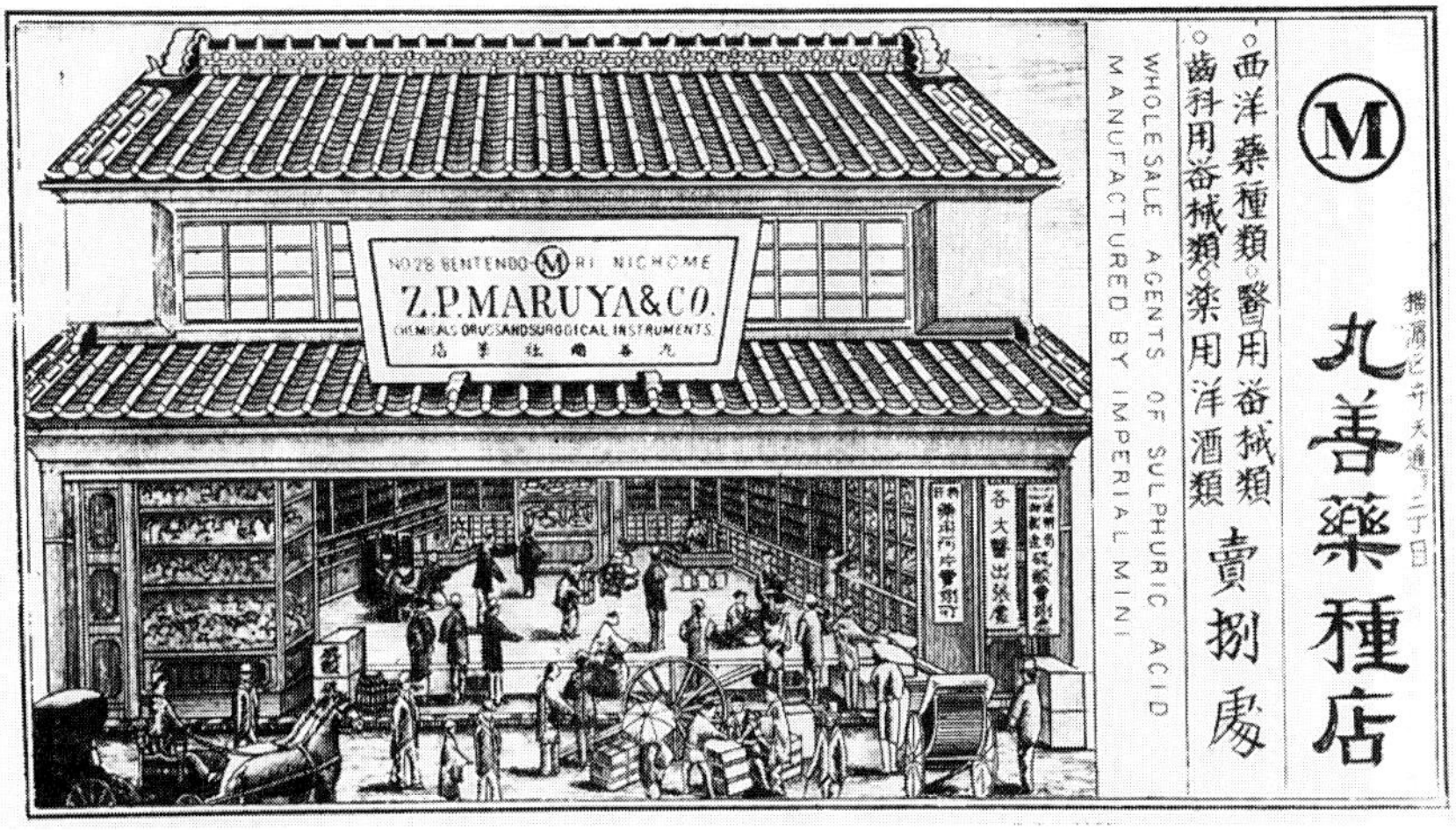


●——丸善薬種店
「市民グラフヨコハマ」第六〇号

年後である。このときのテキストが和書ではなく、前述のように洋書、それも英語の書物であったことは、当時としてはまことに画期的なことだった。ちなみに同じ教室で授業を聴講していた塾生のなかには、阿部泰藏（作家水上滝太郎の父）や小泉信吉（後の経済学者小泉信三の父）もいた。

英書が大量に入った最初は、前述の幕府遣米使節に随従した福沢諭吉が現地で購入したもので、彼は勝手に大量の書物を買い込んだ廉で、帰国後三カ月の謹慎処分を受けるが、洋書は外国奉行所、箱館奉行所、蕃書調所、軍艦操練所などに配布された。さらに慶応三年の遣米使節に随行したさいには、辞書や教科書を二千八百種も購入し、別便で日本に送った。このさい、『ウェブスター辞典』の簡約版を購入したことはよく知られている。

日本のキリスト教禁圧政策により、幕末から明治初期にかけての洋書輸入は、長崎や横浜での検査を受けないと販売許可が下りなかった。長崎で輸入された洋書は江戸に回送された。横浜は江戸に近いため、開国後は徐々に輸入量が増え、居留地内の外国人数名によって販売された。その中に加わった早矢仕有的が新浜町に書店「丸屋」を開いたのは、明治二年（一八六九）である。

そもそも医師である早矢仕有的が商社を設立し、その一部門として洋書を扱うような本屋を開業するという発想は、いったいどこから得たのであろうか。これについては直接の資料はないが、まず福沢諭吉のアイディアであることは間違いない。有的にとって諭吉は師と仰ぐ存在とはいえ、年齢差は二歳しかないし、自身はすでに職業的には確立している。両者の師弟関係は特殊なもので、有的は諭吉の相談相手であったとしてもおかしくはない。おそらく諭吉から、洋書のほか西洋文物の輸入業務を行う商社設立を依頼されたのだろう。

ところで、有的が書店を出した新浜町というのは、太田屋新田という埋立地の一角に出現した新開地で、現在の中区尾上町三〜四丁目付近と推定される。当時横浜の商店の案内書『横浜往来』には「気も相生に高砂や、尾なみもしげく住吉と、常磐の松の尾上町」とあるが、急速に進行する市街地特有の瑞祥地名で、実際は人通りの多い繁華街だった。

## 我が子の遺体を解剖

有的はこの場所で、書店ばかりでなく診療所も経営した。そして二階を医学志望の書生などに貸した。その中にはヘボンの助手をつとめる岸田吟香もいた（133頁参照）。

これよりさき、有的は新政府から文部省十等出仕の資格を与えられ、横浜姿見町（現、中区羽衣町および末広町）に新設の黴毒病院の院長に任命された。彼が横浜に出てきた当時、木村摂津守の縁者が経営する真砂町（現、中区真砂町）の質屋に間借りしたのは、病院へ通勤するのに便利だったからだ。同時に自宅で診療も行った。

黴毒病院とは娼妓の検疫施設で、駐留イギリス軍の強い要望（実際にはイギリス人医師ニュートンの建議）に基づき、新政府によって設けられたものである。国内の検黴は二年後に小菅千住（現、東京都足立区千住）に設けられたのが最初である。当初は娼妓の間でも相当な抵抗があり、「黴毒検査などといって、実は陰中から真珠をとるのだ。真珠をとられると長生きしない」といった妄説が流布されたことも知られている（宮武外骨『明治奇聞』）。一般に医療にまつわる迷信や流言は、今日では想像できないほどのレベルであったから、有的の労苦も想像に難くない。

有的の居所には、紀州出身の松山棟庵（一八三九〜一九一九）ら優秀な医学生が、伝手を頼ってきた。松山は後に日本の病院制度の改革に尽力した医学史上の人であるが、有的の盛名を慕って住み込みを希望してきたのである。このような医学生志望者が何人も出て来たので、ほどなく新しい居所も手狭となり、有的は前述のように新浜町に間口九尺ほどの一戸建の家を借りて移転したのである。

この新浜町の書店には書籍（和書、漢籍）を並べた。開業の資金は自己資金のほかに前述の桑田衡平から二十両を借用し、商品は福沢の紹介によって芝三島町（俗称神明前、現、芝大門一丁目辺）の書肆岡田屋嘉七方を訪れ、福沢の著書などの委託販売を交渉した。岡田屋は『西洋事情』の発売元である。このほか名古屋で知り合った洋学者柳河春三の経営する中外堂、有的の患家先である横山町の和泉屋などからも必要なものを仕入れた。

正式な開業日は明治二年（一八六九）一月一日となっているが、実際は前年の明治元年

（一八六八）十一月十日であるという。屋号は丸屋だが、これは「世界を相手にする」という意味である。店主は架空の「善八」という名義としたが、これは故郷を出る際に世話になった高折善六にちなむ。有的としては、「善八」という名を後継者のわが子につけようとしたが、そのまま忘れて別の名をつけてしまった。そのうちに戸籍法が施行（一八七二）されて改名ができにくくなり、困惑した有的は「善八」の失踪届を出して法的手続を整えたという笑話がある。いずれにせよ、いくばくもなく「丸屋善八」を略した通称「丸善」が一般に知られるようになる。

新浜町の丸屋は大いに繁盛したので、一年を経ずして相生町に移った。建物は元女郎屋であったが、内部改装費の節約のため、東京柳町の風呂屋で古材を買い入れ、舟で横浜へ送った。店は三つに区切って書店、薬店および診療所としたが、注目すべきは診療所で出した処方箋を薬店で受け付け、調剤するという、日本最初の医薬分業を実施したことだ。

ここでも患者が殺到した。二階には新浜町の場合と同じように、有的の盛名を慕ってくる書生の下宿とした。有的が死んだわが子の一人を解剖し、アルコール漬けにして医術に供したというのは医学史上名高いエピソードだが、おそらくこの頃のことであろう。

丸屋という商店の初期に診療所が併設されていたこと自体、よく考えてみれば異様かもしれないが、開港地はどこでも医療施設が不足し、患者が門前市をなす状態だったので、当然のことといえる。横浜には戊辰戦争の際に軍陣病院が設けられ、住民の診療も行っていたが、それが東京に移ったあとは大病院らしいものはなくなり、住民の不便は耐え難いものがあった。これを知った有的は、明治四年（一八七一）、顕官を説いて横浜仮病院を設立させた。これが後に横浜共立病院となり、ついで十全病院となった（現在は横浜市立大学医学部付属病院となっている)。

## 日本の株式会社第一号

以上の営業形態をもつ丸屋の発足にあたり、有的は『丸屋商社之記』という創立趣意書を記した。無署名だが、有的の文章に福沢が手を入れたものと推測されている。これに『丸屋商社々則』(定款)と『丸屋商社死亡請合規則』(社員の生命保険)とを一まとめにして、日本最初の欧米流会社経営の基礎とした。今日私たちが企業といっているものの理念は、

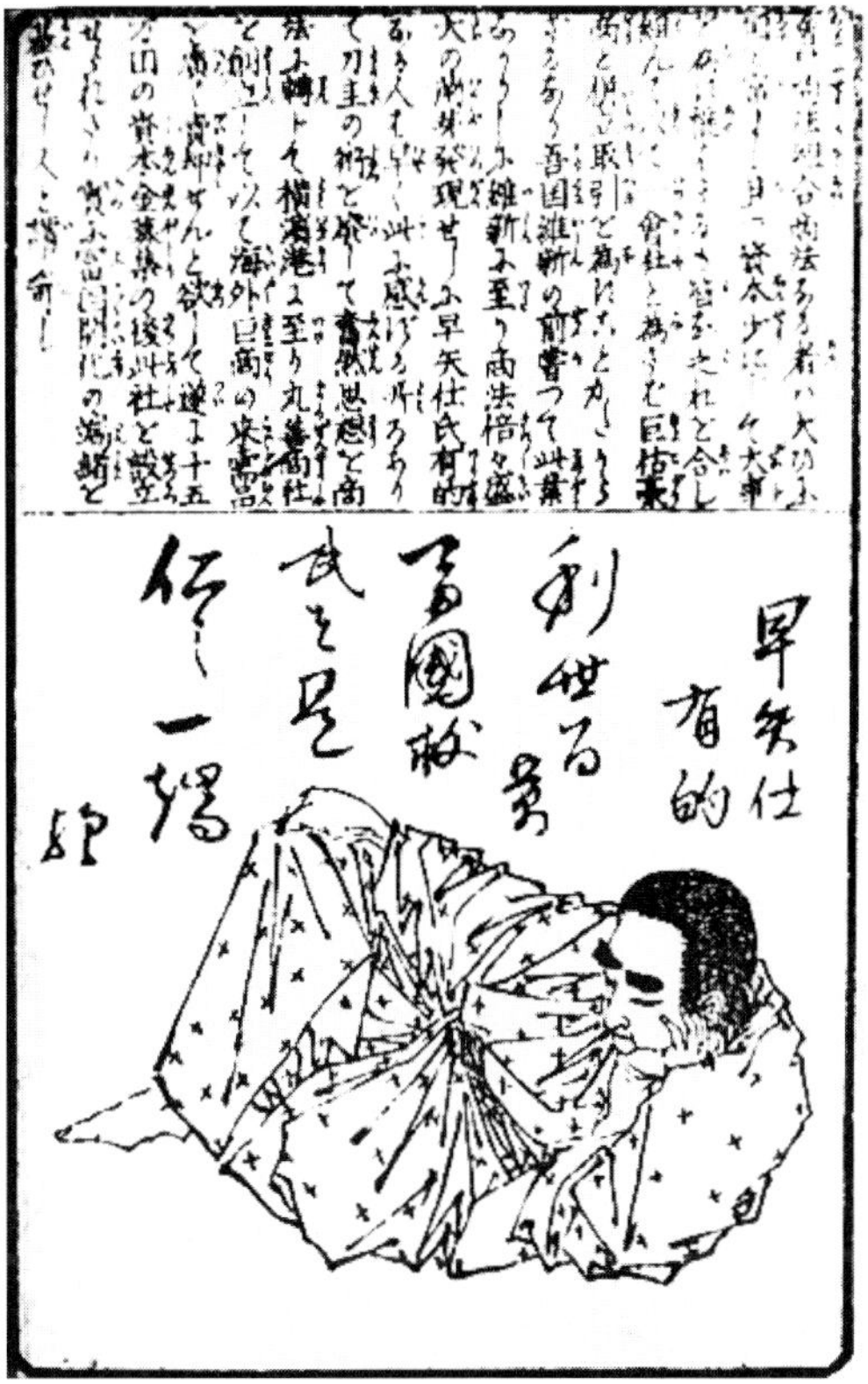


◉──早矢仕有的
『愛国民権演説百家選』

じつに早矢仕有的によって形づくられたのである。

『丸屋商社之記』が今日の一般企業における設立趣意書とは大いに異なることは、事業の理念を明らかにし、その時代における意義を追求したことである。

「およそ事を為すには、先ず自ら其の身分の地位を考えざるべからず。今我輩の地位を考えるに、官に在りて政を為すの責あるに非ず、また奴隷と為りて他人に仕えるの務あるに非ず。不羈自由、我が欲する所を為すべき日本人なり。すでに日本人の名あればまた其の日本人たる身分を考え、日本全国の繁盛を謀り、同国人の幸福を助け成さざるべからず」(原文は漢字と片仮名で記されている)

黎明期にあって、日本の水準を超えた企業活動を目指す人々は、まず国家的な自覚から入っていったのである。続く個所で、有的と福沢は新しい企業の目的を明確にしていくのであるが、大意はつぎのようになる。

昨今わが国も文明開化の域に進み、外国との交際の道も開けたのだから、「武の国」や「義の国」というような独りよがりの自己陶酔にふけるばかりでなく、列国と肩を並べるためにも貿易と商業を振興し、物質的幸福の基礎を固めることこそ急務である。とはいえ無経験の上に商業の先例にあたるものがないので、ここに同志のうち英書を解する者や薬品の知識を持ち合わせている者の存在するのを幸い、この種の商品を扱うこととし、商業実習学校のつもりで貿易の体験を積もうとする。偶然の一致ではあるが、これが当今の教育事業や済生事業などにおける洋書、薬品、医療器械等の不足を補うことにもなるので、さしあたり上記の商品売買を専業とする。ただし、これらの経営を独裁に委せ放しにしておくならば、判断の誤りに基づく危険も多いので、合議による経営とする。具体的には業務に従事せざる出資者（元金社中）と労力および資金の一部を提供する社員（働社中）との二集団より成る組織とし、丸善の商号を冠した。

「元金社中」とは株主、「働社中」とは実際に働く社員である。入社時に一口百円の資本金を徴募し、出資高に応じて定率配当および利益配当金を支払った。福沢も三千数百両を出資している。このほか社長以下役職者の職務権限や旅費支給なども明記されている。

それはともかく、『丸屋商社之記』は創業の趣旨ばかりでなく、結びとして社員に訓戒を垂れているのが特徴といえる。

『フランキリン』（フランクリン）の遺文に『富を得る道の容易なことは、市へ行く平らな道のようなものだ。そのコツはただ二言、働くことと倹約することに要約できる』とある。今日という今日のうちに働くべし。明日の故障は予測できないものだ。『汝もし人の家来となりてその主人より怠け者とて叱られなば、これに赤面せざるや。さればいま汝は人の家来にあらずして、自身の主人なり。みずからその怠けるを咎めて、みずからこれに赤面せざるべからず』」（大意）

有名な福沢のことばに「天は人の上に人をつくらず、人の下に人をつくらず」というのがある。封建制度が瓦解してまだ数年、長い身分制度の重圧のもと、労働の目的は自分自身のためであるとする思想に、人々は到達できずにいた。このときにあたって、福沢諭吉と早矢仕有的が企業設立の大目的として掲げたのは、個人が自らの責任に置いて働くという、独立自尊の観念だったのである。砲声下の英書講読に継ぐ株式会社第一号の創立宣言こそ、端的に日本の夜明けをつげる具体的な実践であった。

早矢仕ライスに名をとどめて

有的はこのほか明治四年（一八七一）、丸屋内に「細流会社」（貯蓄銀行）を設けた。また同年相生町に私立小学校を開いた。翌年には丸屋薬店の二階で英語研究会を発足させたり、両替店を開いたりした。すでに東京日本橋通三丁目に丸屋支店を設けていたが、そこに裁縫店を開いて女子の職業教育をはじめた。西郷隆盛、木戸孝允、大久保利通らが丸善で洋服をつくらせたという話が伝わっているが、この洋裁店に用命したものであろう。

横浜太田町に丸屋指物店を設けて、西洋家具の製造販売を行ったり、明治八年（一八七五）には居所を東京に移し、事実上の本店になっていた東京支店を正式な本店とした。東京日本橋檜物町（現、八重洲一丁目東）には交銀私局という小規模な私立銀行を置いたが、この場所に「自力社会」という民間相談所を開いたのは明治九年（一八七六）である。公訴によらず、民間で解決するための組織で、福沢の発案によるものだった。

有的の企業人としての姿勢を示したのが、明治十一年（一八七八）に起こった横浜瓦斯《ガス》局訴訟事件である。内容は込み入っているが、一口にいえば明治初期に高島嘉右衛門により横浜に創設されたガス会社が、経営難のため県の公的施設となっていたところ、市当局が嘉右衛門に対し多額の創業者功労金を、代議員の議決を経ないまま支払ったため、有的が代表となって集団訴訟を起こし、一審では敗れたが、有力者の仲介で解決したという事件である。正義感の強い有的としては、黙過し得ない出来事だったからで、必要な経費のすべてを自費でまかなったが、丸屋の社員たちは「なぜ、そのような訴訟に関わるのか」と制止したという。この訴訟は民権運動の勃興期だっただけに、大いに注目されたし、有的の人望を高めた出来事でもあった。ちなみに本事件の解決前に、有的は横浜区から県会議員に立候補し、当選している。

このように順風満帆の有的であったが、明治十七年（一八八四）に丸屋銀行が破綻してからは、前途にかげりが生じた。原因は当時の緊縮財政に加え、内部組織の不備などによるものだが、有的は責任を一身に引き受け、それまで関係していた一切の事業から手を引いた。負債二十万円の返済完了までには、十年以上の歳月を要し、福沢諭吉とは意思の疎

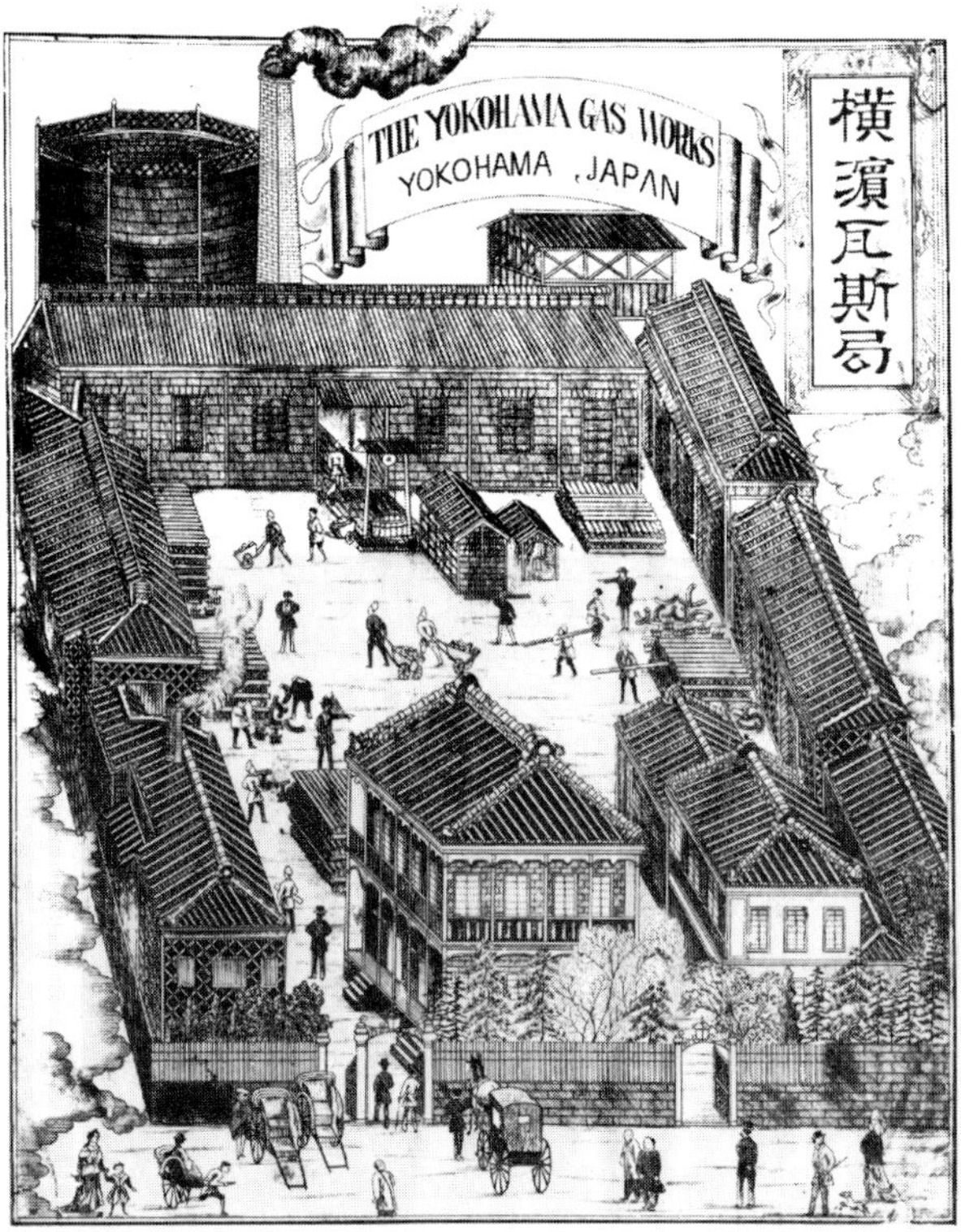


●——横浜瓦斯局全景
［「市民グラフヨコハマ」第六〇号］

通を欠き、袂を分かつ結果となった。

引退後の有的は上野の住居で金鉱の調査研究に日を送ったという。

明治三十四年（一九〇一）一月、福沢諭吉が没し、早矢仕有的も金鉱調査のため赴いた愛知県津具において病を発し、二月十八日に生涯を閉じた。六十四歳である。

早矢仕有的を語る場合、逸することができないのはハヤシライスの元祖という説である。幕末、交友仲間である洋学者たちが訪れると、有的は台所にある野菜類や肉類を一緒くたに鍋の中に入れ、自己流の珍料理として供した。洋学者たちはそれをハヤシのライスと称したというが、有的の子孫によると、明治初期いらい神田佐久間町の三河屋という洋食屋のメニューにハッシュ・ビーフなるものがあり、それがいつの間にかハヤシライスと訛ったのだという。真偽はともかく、いま丸善は自社ブランドの特製「早矢仕ライス」をカフェの人気メニューとし、缶詰としても販売している。

●──明治末期の日本橋通［左が丸善赤煉瓦ビル］

# 十一

# 布教こそわが使命、滞日三十三年

## ヘボン◎施療医術・和英辞典

●——「ヘボンよ、永遠に」ヘボンの死を悼んだビゴーの絵

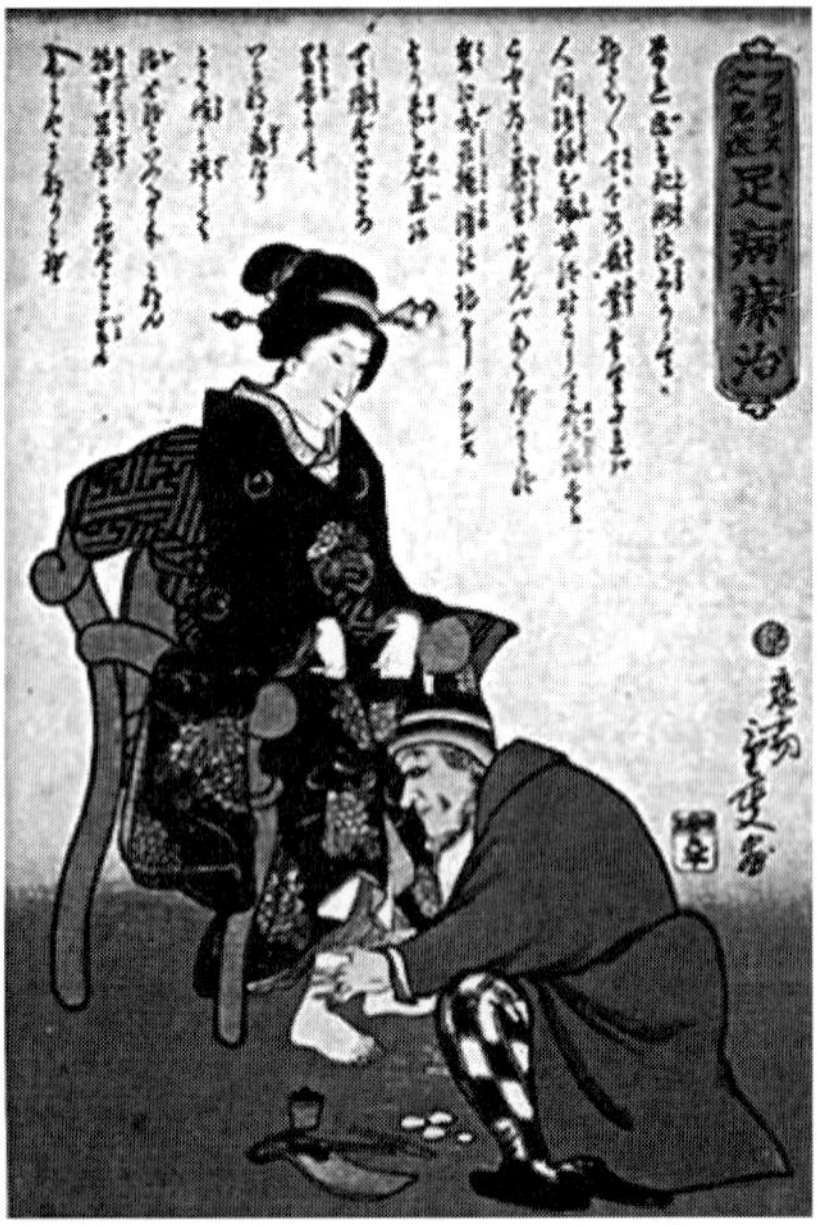

◉——沢村田之助手術之図

## 片脚切断の大手術

慶応三年（一八六七）九月十五日の早朝、弁天通の港すし大勘という料理屋と旅籠を兼ねた店から出た一丁の駕籠《かご》が、外国人居留地の方角へと向かった。

ゆっくりした速度で、駕籠かきも掛け声を控えている。従者の心配そうな表情を見ると、どうやら病人らしい。

やがて、駕籠は谷戸橋ぎわにある大屋根の洋館に着いた。入口の「平文」という看板を見ただけで、そのころ名医として大評判のヘボン博士の診療所と知れた。駕籠から抱え降ろされたのはまだ若い男だったが、もし傍らに人がいて、その極度の苦痛と疲労で歪んだ顔を見たとしても、当代の人気女形沢村田之助だとは夢にも思わなかったにちがいない。

田之助が右脚の異常に気がついたのは、その二週間ほど前のことである。舞台で足指を傷つけた際、細菌に感染したのだろうか。立っていることもできないほどの激痛で、江戸の名医松本良順に診てもらったが、一向に回復しないばかりか、腿から下が黒ずんできた。

「これは大変だ。脱疽ですよ。早く足を切らないと——」

良順はいい澱んだ。田之助の役者生命を気遣うよりも、大手術を行うだけの用意がなかったのである。

「切らずに済ますことは、できないでしょうか？」

「いや、もう手遅れでしょう。とにかく一刻も早く切らんと、生命そのものが危ない」

良順は考え込んでいたが、ふと思いついたようにいった。

「そうだ、いま横浜にアメリカのヘボンという異人の医師がおって、これが腕の切断から直腸炎、そこひの手術まで、およそ何でもなおすというので、大変な評判になっておる。脚の手術まで手がけるかどうか知らんが、とにかく紹介状を書くから、至急問い合わせてみるがよい」

問い合わせるといっても、そのころは定期的な飛脚便がない。仕方なく付き人の半十郎という者に命じて横浜へと急がせた。一日がかりでヘボンの診療所にたどり着き、身振り手振りをまじえて来意を告げると、幸いヘボンはかなり日本語に熟達していたので、すぐに事態をのみこんだ。「明日にでも、ここへ連れてきなさい——」

半十郎はその足で帰途につき、途中ぶっ倒れそうになるのを耐えながら、辛うじて江戸薬研堀《やげんぼり》にたどりついたのが夜明け前。それからがまた大変で、駕籠に乗せた田之助を早駕籠に近い速度で東海道をひた走り、夜に入ってから横浜の弁天通にたどり着くと、かねて

●——ヘボン

ひいきの港すし大勘に泊まりこんだ。

一方、ヘボンはといえば、手術当日も五時起床の三十分散歩、八時から診療という判で捺したような日課を変えることはなかったが、ただ助手に命じた準備は、いつもより念入りだった。前述のように田之助が到着すると、他の外来患者を待たせて手術場に導き入れ、仰臥した田之助にまず少量の「コロロホルム」を嗅がせた。

「烟草二服ばかりの間に手術は終わり、跡始末も済む。田之助の弁天通りに帰りしは十時前にて、少しも痛みを感ぜず、三十日に猿若町一丁目の自宅に帰れり。これ邦人コロロホルム（麻薬）を嗅ぎて外科手術を受けし始めなるべし」（石井研堂『明治事物起原』）。

麻酔は華岡青洲（一七六〇〜一八三五）のほうが早いが、同じ麻薬でもマンダラゲ（通称チョウセンアサガオ）だった。

烟草二服ばかりの間に終わったとか、少しも痛みを感じなかったというのは誇張にしても、大手術を難なく成功させたヘボンの腕前に、人々はあらためて感嘆の声を発した。翌年、ヘボンが取り寄せたアメリカ製の義足を装着することで、田之助が座位とはいえ以前と変わりなく舞台をつとめたことも話題となった。その十一年後、三十三歳で病死したが、後世の語りぐさとなった晩年の名演技は、ヘボンの医術を抜きに語ることはできない。

## 海外布教への情熱

ジェームス・カーチス・ヘボンは一八一五年三月十三日、ペンシルバニア州ミルトンの敬虔な名門キリスト教信徒の両親のもとに生まれた。ヘボンという姓は、ヘップバーン

(Hepburn)と表記するほうが正確だが、当時の日本人には「ヘボン」と聞こえたらしい。

十九世紀前半のアメリカ宗教界は、海外伝道事業が盛んで、ヘボンの母親も教会に拠って熱心に活動を行った。ヘボンはその影響下でプリンストン大学に学んだ。学科では語学的な才能のほか、化学を好み、他の学生と同様に古典を軽視する気持ちがあったが、あるとき総長のアシュベル・グリーン（一七六二〜一八四八）から「古典なくしてはいかなる研究の根本にも達し得られるものではない。古典に精通し、よくそれを活用し得るだけの知識なくしては、どの方面にも秀でることができない」と諭され、以来ホーマーの研究に

◉——金婚式のヘボン夫妻
［高谷道男『ドクトル・ヘボン』］

入り、ラテン語、ギリシャ語から始まって、ヘブル語にまで通じるようになったという。

そのうちに医学に強い関心を持ち始めた彼は、ペンシルバニア大学医学部に入学、自分の天職を「医術をもって神に仕えること」と位置づけ、海外伝道を考えるようになったが、ここでわが子を地元の牧師か弁護士にしたかった父親から、手強い反対を受けた。この困難な場面でヘボン青年を後押ししたのは、意外にも婚約者のクララ・リートであった。ノース・カロライナ州の同じく名門出身の彼女は、やはり海外布教に情熱を感じていたので、ヘボン青年とすっかり意気投合したのである。

しかし、当時海外に赴くことは容易ではなく、船便の都合をはじめいろいろな支障から夫婦が海外に向け出発したのは、五年後の一八四一年三月だった。日本の年号では天保十二年、いわゆる天保改革のはじまった年である。

ところが乗船したのが小さな捕鯨船だったので、身重のクララは船酔いで半死半生となり、とうとう最初の子どもを流産してしまった。船医がいないため、夫のヘボンが介護にあたった。宣教医は伝道地が後進国だったので、専門に拘泥していては勤まらなかった。当時の医療は、病に苦しんでいる人を救う「救急医療」もしくは「施療」という概念でとらえるべきで、現在の専門分化した医療とは異なる。

このような苦労のあげく、ヘボン夫妻は到着地のシンガポールや厦門などで布教活動を行ったものの、とかく夫人の健康がすぐれなかったため、やむなく一時帰国をせざるをえず、不本意にもニューヨークで開業して約十年間を費した。しかし、腕のよい医師として、ある程度の蓄財を行ったことは、以後の布教活動に役立ったといえる。

## 開国直後の日本に上陸

日本が開国したとの朗報に接したヘボン夫妻が、すぐさま北米長老教会ミッション本部の許可を得て日本に旅立ったのは、一八五九年（安政六）四月二十四日のことであった。航海中も日本語文法を習得するという熱心さであった。そのさい非常に役立ったのは、かねて手に入れておいた新約聖書の和訳（『約翰福音之伝』）だったのだが、これはプロシア人の宣教師ギュツラフが一八三五年、マカオで出会った日本人漂流者相手に、片言の会話をかわしながら綴った最初の邦訳聖書である。現在から見れば不完全だが、当時はほかに拠るべき資料がなかった。

彼としては中国滞在中に漢文を学んだため、日本語も大丈夫と楽観していたのであるが、本書を読んで中国語とはだいぶちがうことに気がついたという。十月十八日（旧暦安政六年九月二十三日）に日本の開港地神奈川に到着したとき、ヘボンが直ちに覚えた日本語は、「アブナイ」「コラ」「シカタガナイ」の三語だった。

上陸後、ヘボンは早速アメリカ領事ドールを訪問、外国人宿舎として成仏寺（現、横浜市神奈川区神奈川本町）という鎌倉時代創建の浄土宗の寺を紹介された。ヘボンは同行のS・R・ブラウンという宣教師（聖書や賛美歌の訳者として知られる）とともに、とりあえず身を落ち着けた。キリスト教徒を寺院に泊めるのは、考えて見ればおかしな話だが、当時の日本にはほかに適当な建物がなかった。ヘボンはだだっ広い本堂や庫裡をスライディング・スクリーン（襖）で仕切り、住みやすくした。

食物には不自由しなかったが、開国直後の日本がまだキリスト教禁制だったため（解禁

●――ヘボン居住の成仏寺
［高谷道男『ドクトル・ヘボン』］

は十四年後の明治六年である)、ヘボンは幕府の役人による洋書の検閲や、キリスト降臨の絵に向けられる住民の猜疑の目に悩まされた。夫人が暴漢に襲われ、棍棒でなぐられるという事態も発生した。夫人はこのために一時帰国を余儀なくされ、後遺症に終生悩まされたが、日本との交流に妨げを生じることのないよう、当局に通報することはおろか、親しい者にも黙して語ることがなかったという。

## 殺到する患者たち

長いあいだ鎖国体制のもとにあった日本人は、外国人に対する理解が欠如し、ただ警戒したり、恐れるばかりだったのもやむをえない。居留地の役人が外国人宿舎に住み込みの雇人を募集しても、一人も応募者がなかった。やむなく幕府は法外な賃金を約束しなければならなかった。そのほか明らかにスパイと思われるような人物もやってきたが、そのような者も含め、すぐにヘボンの温厚で誠実な人柄にうたれ、献身的に勤めを果たすようになった。本国の教会組織が海外布教の宣教師として、まず人格者を送り出したというのはよく知られた話だが、ヘボンはその随一だった。

雇人といえば、ヘボンは日本語の教師を探していた。彼の最大の目的である宣教のためには、どうしても日本語辞書が必要だった。このためにわざわざ江戸に出向いてハリス公使に会い、教師の周旋を依頼したところ、幸い矢野隆山(元隆)という鍼灸医を紹介してもらうことができた。この人物は後にヘボンと同じ宣教師で親友のジェームス・バラの日本語教師にもなったが、結核となり、病床でバラから洗礼を受け、鎖国後の日本人としては最初のキリスト教徒となった。

それはともかく、神奈川でヘボンの名声が広まるのには、さほど時間がかからなかった。最初のうち敬遠していた庶民も、ヘボンが戸部の漁師の眼病を目薬一滴で治したという噂を聞いて、遠路をいとわず押しかけるようになった。施療は付近の宗興寺を借りて行われた。文久元年（一八六一）九月八日付の書簡に、つぎのような総括が見られる。

「最初患者はわずかでしたがまもなく非常に増加し、その後三カ月間は一日平均百人の患者を診察しました。ほとんど助手がいなかったので満足な記録をつけることができませんでしたから、人数だけ申し上げますが、計三千五百人の患者に処方箋をかきました。それは毎回ちがった患者の延人員ではなかったのです。他の手術以外に瘢痕性内反の手術三十回、翼状片の手術三回、眼球を摘出したのが一回、脳水腫の手術五回、背中のおでき切開一回、白内障の治療十三回、痔瘻の手術六回、直腸炎一回、チフスの治療三回行いました。そのうち一回だけ白内障の手術はうまくいかず、他はみな上出来でした」（『ヘボン書簡集』）

当時までの日本の医術は漢方が中心で、ほかに西洋医術は長崎経由で蘭法が存在しており、麻酔外科医として有名な華岡青洲は、漢方と蘭法を折衷した存在だった。漢方独自の効用は大きなものがあったが、科学の一種である医学は、人間の生命を救うという性格からも不断の進歩を求めてやまない上に、幕末における都市化の進行や生活環境の複雑化によって罹病率も高くなり、医療の高度化が強く求められていた。

とくに眼科や麻酔を併用する外科手術のように解剖学的な知識を要する分野は、鎖国の間に世界の大勢から大きく遅れていた。オランダ医師のシーボルトやポンペも日本に多くの貢献を行っているが、ヘボンの場合はとくに眼科や外科に秀でていたので、名医として

●明治になってから横浜で撮られた日本古来の治療風景『日本の写真史』

の評判が上がった。さらに庶民にとっては、治療代が無料であったことが大きいといえる。ヘボンはどんな難病でも一文も報酬を受けなかった。多くはニューヨーク滞在中に蓄積した私財をもってまかない、ごく一部をミッションからの援助に頼り、生計はすべてミッションからの俸給によってまかなったというのには、何人たりとも頭を下げざるを得まい。

しかし、ここに病人の救済より、目前の地位保全だけが目的の者もいた。幕府の役人である。彼らは外国人が日本人庶民に接触するのを恐れ、わずか五カ月で情け容赦もなく施療所の閉鎖を命じたのである。

「施療が阻止されたことは、わたしにとっても、ことに貧しい人々には深い悲しみでありました。幕府が患者を来させないようにしたので、ほとんど一人も来なくなってしまいました。それで事実上施療所は閉鎖となったわけです。これはわたしを強盗や暗殺者から護るという口実のもとに、政府の許可書をもたないものがここに来ることを許さなかったからです」と、ヘボンは記している。

## ヘボン塾にやってきた若者たち

いきなり施療所を閉鎖したとはいえ、翌年のコロリ（コレラ）大流行で、役人はヘボンに防疫の智恵を借りざるをえなかった。ちょうどそのころ、幕府は西洋の医術をはじめ先進的な知識を伝授してもらいたいと、村田蔵六（大村益次郎）ほか九名の委託生を送り込んできたので、やはり引き受けざるをえなかった。

これがヘボン家塾のはじめといえようが、小さな寺では授業にも不便だし、生麦事件のあとは東海道筋も物騒になってきたので、思い切って横浜に出ることに決心した。ヘボンは居留地三十九番に約六百坪（二千平方メートル）の土地を購入、文久二年（一八六二）十二月二十八日、とりあえず建坪約百三十平方メートルの居館と施療所、礼拝堂、学生塾、馬小屋などを建てて移転した。ここは現在の横浜市中区山下町は谷戸橋際の横浜合同庁舎（山下町三十二番地）にあたり、目印の大屋根によってヘボン施療所のある場所ということは、間もなく新開地で医師の少ない居留地中に知れわたるようになった。ここでも一日平均三十五人の患者があった。

「患者は諸国からやって来ましたが、何等の監視もわたしにはつかず、何等政府の反対もなく、また患者の多くは役人であったし、それも横浜の前に奉行であったものから、普通の警吏にいたるまで、あらゆる階級のものでありました」

　これより前、ヘボンのもとで学んでいた九名の幕府委託生は、引き続き居館で学びはじめたが、政情不安のため休学した。幕府はこの年、ヘボンの勧告と要請により運上所内に横浜英学所を創設しているのだが、ヘボンの居館にはその後も新しい入塾希望者が引きも切らなかった。そのなかには後に外務大臣となった林董《ただす》（一八五〇〜一九一三）や大蔵大臣となった高橋是清（一八五四〜一九三六）もいた。

　林は当時十三歳であったが、ヘボン夫人から親しくアルファベットの手ほどきを受け、たまたまヘボンの使用人が消毒用のアルコールを飲んで人事不省に陥ったとき、ヘボンが親身に看護し、一言も叱らなかったのを見て、その人格性と感化力に深く感動した。高橋は一時医者を志したこともあったようだが、ヘボンが塾生のために行ったネコの眼球の解剖を見て恐ろしくなり、断念したという。

◉——ヘボンの塾で学んだ高橋是清［右］と林董

冒頭に述べた沢村田之助の片足切断手術もこのころで、田之助が予後には松葉杖しかないと考えていたところ、ヘボンは「義足というものがあるから、本国から取り寄せよう」と提案し、役者としての生命を延ばした。義足を装着して舞台に立ったのは明治元年（一八六八）で、錦絵にも描かれて日本中に喧伝された（ただし、田之助はその後、もう一方の足を失い、晩年は精神に異常を来し、三十三歳で病死した）。

しかし、明治の日本人一般が最もヘボンを身近に感じたのは、目薬「精錡水《せいきすい》」の効力によるものであろう。ヘボンは早くから硫酸亜鉛を主成分とするこの目薬を使用していたが、元治元年（一八六四）四月、患者として訪れた岸田吟香（一八三三〜一九〇五）がその卓効におどろき、ヘボンの助手となり、後年精錡水と名付けて販売してから、全国津々浦々に普及することとなったのである（136頁参照）。

美作国《みまさか》（岡山県）出身の吟香は、幕末の混乱期に江戸へ出るが、眼疾治療が縁となってヘボンの助手となる。医療も手伝ったようだが、ヘボンとしてはちょうど日本語に関する教養のある助手を求めていたので、喜んで採用したのだった。それは前述の和英辞書編纂のためであった。

## 八年で完成した和英辞書

ヘボンの最大の目標は、この和英辞書の完成にあった。「この国の宣教事業のために、現在わたしのなし得る最善の仕事だと思っております。……この辞書の完成の暁には日本人ならびに外国人にとっても最大の恩恵となるでしょう」と、自負を語っている。

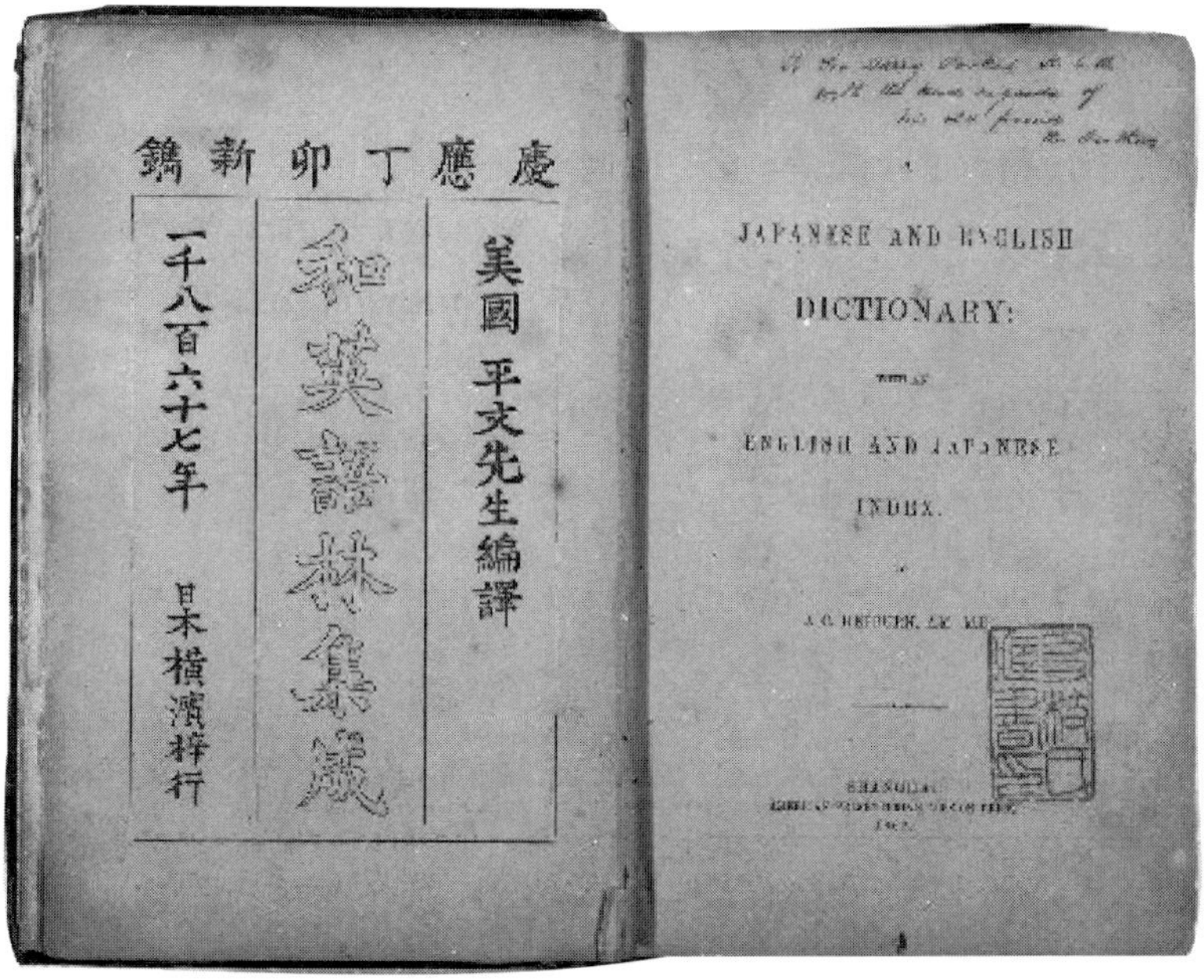


●——ヘボンが八年の歳月をかけて完成させた『和英語林集成』

●――明治後期の旧ヘボン居館

ヘボンがこの辞書の編纂にあてた期間は約八年である。初版の収録語数は二万七百七十二語であった（巻末に英和語彙一万三千十語がついている）。いくらヘボンが語学の天才だったとしても、これは相当なスピードである。熱意と集中力の産物というべきだろう。彼によれば「孜々（しし）として」励んだことが、短期間の完成に結びついたといってよかろう。ただし、印刷は日本では不可能なので、ヘボンは吟香を伴って上海に赴き、ウィリアム・ガンブルが主任技師をつとめる美華書院に依頼し、約七カ月を費やして完成した。まず日本語の活字を鋳造することから始め、五人の植字工に組版させたが、最初は慣れないので二日間で八ページしか進まなかった。完成に近い段階で、吟香が『和英語林集成』という書名を考案し、扉の文字も書いた。第一版の奥付には「慶応丁卯新鐫、一千八百六十七年、日本横浜梓行」と記されている。

出版費用は印刷費が約一万ドル、英国製の用紙代が二千ドルであった。最初はミッションからの援助を期待していたが、伝道に直接関係がないという理由で断られた。救いの神は横浜のウォルシュというアメリカ商人（商社経営）で、一切の費用を立て替え、もし収支をつぐなえない場合でも、損失を負担してもよいという。それを借りて印刷部数を二千部とし、一冊十八両で販売したが、たちまち売り切れた（幕末の貨幣価値は、一両がアメリカドルにしてほぼ一ドルとみなされていた）。

ヘボンの努力は実を結んだ。明治五年（一八七二）には改訂増補版を、さらに明治十九年には第三版を東京の丸善商社から刊行しているが、この版でヘボン式ローマ字が完成した。

今日の私たちから見ると、この辞書は当時通用の日本語が反映されている点で興味深い。第三版の「A」からひろってみると、つぎのような項目と記載がある（原文は英語）。

ABUJIGOKU アビヂゴク（阿鼻地獄、仏教の地獄で最下層にある第八地獄）
AGO アゴ（腮、下顎部、あごであしらう——あごで示す動作）
AIBAN アイバン（相番、警備員の相棒、相互に監視し合う）
ATEN アテン（阿諂、ヘツライに同じ）
ATOBE アトベ（後方、うしろのほう）
AYOBI アヨビ（脚絆、すねあて。キャハンに同じ）
AZEMOMEN アゼモメン（畔綿、ひだの付いたモスリンの一種）

ヘボンは、常に新しいことばの採集を怠ることがなかった。民権、哲学、物理学、簿記、統計といった新時代の用語を積極的にとりいれた第三版は、三万五千六百十八語にふくれあがっている、大槻文彦の日本語辞書『言海』（一八八六）より十九年も前に、日本語の網羅的集成を試みたという意義は大きなものがある。

その後ヘボンは当然の事業として新約聖書の翻訳に従い、助手（彰義隊の生き残りでヘボンから洗礼を受けた奥野昌嗣）の力を借りて完成、明治天皇にも一冊を献上することができたが、疲労が積み重なっていたので一時日本を離れ、スイスのチューリッヒで静養した。

再び日本に帰ってからは、山手二四五番に住み、旧約聖書の翻訳に励んだ。明治二十五年（一八九二）には明治学院の初代総理に選ばれ、また横浜指路教会の完成に尽力した。このときすでに七十五歳に達していたヘボンは、病身の夫人を伴って三十三年間住み慣れた第二の故郷日本をあとにしたのである。

晩年のヘボンのもとには、かつてのヘボン塾の生徒だった林董や高橋是清が訪れ、懐旧談に時を過ごした。日本政府からも勲三等旭日章を贈られたが、その後夫人に先立たれ、一九一一年（明治四十四）九月二十一日、アメリカニュージャージー州イースト・オレンジにて生涯を閉じた。九十六歳だった。

十二

# 暖簾を継いだ日本人の技術力

## 内海兵吉
## 打木彦太郎

◎製パン業

●——パンを焼く図［『西洋万物図』］

## パン焼きの祖は江川坦庵

パンの歴史は人類文化の初期、数千年前まで遡るが、米食を基本としていた日本人が最初にパンに接したのは、十六世紀半ばのポルトガル人との出会いからであろう。つまり、鉄砲といっしょにパンも伝来したのである。パンの語源も、ポルトガル語とされている。ただし、その後パンは日本には普及せず、鎖国下ではわずかに長崎のオランダ館に出入りする蘭学者や書生の間で、異国の食物として珍重されるにとどまった。このような状態が二百数十年も続いた後、日本人がいやおうなくパンを受け入れなければならない時がやってきた。いうまでもなく、嘉永六年（一八五三）のペリー来航である。

ただし、ペリーがパンを運んできたからではない。これより前、阿片戦争（一八四〇～四二）で清国を降したイギリスが、余勢を駆って日本に迫ることを怖れた幕府当局は、江川太郎左衛門（坦庵、一八〇一～五五）の進言をいれて沿岸防備体制を強化することになったが、江川はその際の兵糧として「麺麭《パン》」を思いついた。炊煙が立たない、備蓄がきくなどの理由であったことは想像に難くない。

江川は伊豆韮山の屋敷内にパン製造窯を設置し、一同期待のもとに兵糧パンの試作にあたった。作業を行ったのは、洋学者高島秋帆の従者作太郎で、すでにオランダ商館の賄い方として製造技術を身につけていたが、結果は上々で、一同は成功を喜び合ったという。

ときに一八四二年（天保十三）四月十二日。この日に日本のパン第一号が誕生したとして、いまでは四月十二日を「パンの記念日」と呼んでいる。韮山の江川邸には、歴史家徳富蘇峰の「パン祖江川太郎左衛門」という書幅が飾られている。

肝心の味はどうだったか。「結果は上々」と記したが、じつは「まあまあ」という程度だったのかもしれない。現在周辺の小学校ではこの日に給食として江川式のパンが出るが、堅すぎて残す生徒もいるという。初期の日本人による製パン技術は、ふっくらと焼きあげるための原料や技術が十分だったとは思えないため、乾パンに近いものであったらしい。

今日、量産品としてのパンはイーストを使用して製造され、個性的な風味を追求する製品に限って各メーカー独自のパン種を用いて焼くということになっているが、じつは日本では昭和初期にアメリカからイーストが輸入されるまでは、食パンはすべてビール醸造の際使用されるホップを使用して作られていた。

あらためて述べるまでもないが、自然界に存在するカビや細菌などの微生物の中から、最も製パンに適したものだけを選別し、工業的に純粋培養した単一種の酵母菌がイーストである。これをパン生地に混ぜると、生地中にある糖分を体の表面から栄養分として摂取

●——江川坦庵照影『国史大辞典』

◉——タウンゼント・ハリス

し、体内でアルコールと二酸化炭素に分解、炭酸ガスを発生する。この発酵作用によって、練り上げられた生地に無数の空気の孔が生じ、ふっくらと柔らかいパンになるのである。

顕微鏡の未発達な十九世紀にあって、当然イーストは発見されていなかったので、大気中や穀物、果実などに付着している天然酵母（主として乳酸）を培養し、製パンに利用していた。これがパン種といわれるものである。

日本ではこのような技術は知られていなかったので、見よう見まねで作ったパンは、餅やダンゴやセンベイの出来損ないのようになってしまうのだった。それでも有事の際とて諸藩は争って江川式兵糧パンを採用、長州では「備久餅」、薩摩では「蒸し餅」と名づけて増産したが、なかでも水戸藩が開発した「兵糧丸」なるものは、真ん中に孔のあいたドーナツ風のパンで、この孔に縄を通して腰にブラ下げるというアイディアが秀逸であった。

以上はあくまで兵糧であるから、当時来日していた欧米人にとって、パンを入手することは困難きわまりないことだった。日米修好通商条約を結ぶべく下田に滞在していた初代駐日総領事タウンゼント・ハリス（一八〇四〜七八）は、その日記の一八五七年（安政四）六月二十三日のくだりに「私の健康は悲しむべき状態にある。食欲がなくなっている」と記しているが、理由として二カ月以上も「粉、パン、バター、ラード、ベーコン、ハム、オリーヴ油を切らしている」ことを挙げ、「米と魚と、極めて貧弱な家禽」では身体がもたないと訴えている（『ハリス日本滞在記』）。

## 焼き団子のようなパンだった

さて、開港後の横浜には多くの外国人が滞在し、主食としてのパンを製造販売する業者も現れた。当時の新聞記事や広告によれば、文久元年（一八六一）ごろにはグッドマンというイギリス商人がパン屋を営んでいたほか、ほかにも二、三の外国人が短い期間ではあるが、店を開いている。

一方、日本人の動きをあげてみよう。さすがに横浜在住の商人は、こうしたビジネスチャンスを見過ごさなかった。その一人が当時本牧村から境町（現、日本大通）の御貸長屋（公設店舗兼住宅）に移り住んだという内海兵吉である。元来半農半漁の本牧地方は、丘一つ隔てて港があるという地形から、開港と同時に各地から商人や労働者が流入してきた。父親が江戸で菓子屋をしていたという兵吉は、新たな商機を求めて本牧村から開港地へと移転し、とりあえず手製のパンを販売しようと考えた。

「当座は麺麭焼窯の設備も何も有ません、只構わず焼藷窯《やきいもがま》のようなもので宜い加減に焼いたのです、パンだか焼饅頭だか何だか訳の分らない物が出来たのですが何しろ外国人の喰べるものがないので、そんな物でもよく売れました」(『横浜開港側面史』)。

このような点から、兵吉は明らかに日本人製パン業の元祖に数えられるべきだが、従来その経歴がほとんど知られていなかったところ、最近内海孝氏の行き届いた考証によって、かなり詳細な部分が明らかになった(「内海兵吉の横浜開港とパン製造業」『横浜開港と境域文化』二〇〇七)。

それによると内海兵吉は文政十年(一八二七)本牧の須藤金兵衛の長男として生まれ、内藤家の養子となったが、三十四歳のとき(すなわち文久元年)に関内に出た。ちょうどその時期に、アメリカから働き口を求めて来日したG・W・ロジャースという人物の回想によれば、前述の御貸長屋には外国人向けの日用品市場や飲食店(一膳飯屋)がひしめいており、その中の一軒が横浜で最初の製パン業者であった。製法をフランス船のコックから聞いたということだが、ロジャースはその船舶をドルドーニュ号ではなかったかと推測している(当時の蒸気旅客船で、一八八五年に難船事故を起こしたという記録が残っているが、その際は英国籍だった)。

ロジャースの回想によると、兵吉のパンは日本の小麦粉を原料とした焼き団子のようなものだったが、フランス人にどう呼べばよいのか尋ねたところ、フランス語ではパン(pain)であるという返事だったので、綴字をかえてpanとしたという。英国のブレッドでなく、フランスのパンという呼称が普及した一因といえよう。いずれにせよ、兵吉がドルドーニュ号のコックに教わったのはフランスパンだった。フランスパンは、外皮は堅いものだから、焼諸窯で団子状のものを焼いたのであろう。

●——居留地の本町商店街『横浜浮世絵』

## 軍需と船舶出入りで急成長

　このように兵吉はたまたまフランスパンを手本にしたのであったが、開港当初の横浜や江戸ではフランスパンが主流であった。これには当時の政情がからんでいる。品川東善寺のイギリス公使館焼打事件や生麦事件などにより、イギリス政府から最後通牒を突きつけられた幕府がフランスに接近したからだ。文化交流よりも軍事優先で、フランス式軍隊の創設、フランスの技術指導による横須賀製鉄所の建設などは、すべて兵士や技術者を必要とする。その結果として、フランスパンの需要が増大したのである。

　無論、兵吉はフランスパンだけに固執しなかったようだ。フランスにかわってイギリスが優勢になれば、いわゆるイギリスパンも手がけ、徐々に商いを大きくしていったと考えられる。その証拠には、彼は間もなく長屋を出て、相生町、北仲通（現、神奈川県庁舎付近）へと、条件のよい場所に移っていった。やがて時代も明治に入っていった。
研究熱心な兵吉はビスケットにも手を染めたが、兵糧用に適していると認められたのか、明治七年（一八七四）台湾出兵にあたり、海軍省から「ビスケット焼き」の注文を受けている。後述するように、日本人が西洋のレベルのビスケットを開発し得たのは、ようやく明治末期になってからなので、兵吉の焼いたものは乾パン類似のものであった可能性もある。

この焼き上げ作業のさい、何者かが兵吉の背後に忍び寄り、その丁髷を斬り捨ててしまったというエピソードもある。兵吉を妬む者の仕業だったろうか。そもそも散髪脱刀令が出たのが明治四年（一八七一）であるから、それから三年間も丁髷で通したということ自体、兵吉の一面を語っているようで興味深い。いずれにせよ、明治初期という時点において、兵吉のパンは公的にも認知されるほどになっていたことが窺われる。

兵吉が屋号を富田屋と定めたのも、中心地に進出したころであったろう。屋号がなければ何かと不便であろうが、富田屋とした理由は不明である。

明治十年（一八七七）八月、上野で開かれた第一回内国勧業博覧会においては、兵吉は菓子類の出品業者として名をつらね、「製法精良ニシテ常食ニ宜シ、殊ニ乾製ノ如キハ軍旅船舶ノ用ニ適ス」という理由で「花紋賞」に選ばれている。ちなみにこのとき、石鹸を出品した堤磯右衛門（53頁参照）と早矢仕有的（149頁参照）も、同じ花紋賞を受賞している。

博覧会の受賞は、兵吉にとっては半生への勲章のようなものに思えたのだろう。このあと長男の角蔵（一八六六〜一九二五）に家督を譲って引退、受賞から九年後の明治十九年

●——内海角蔵（右）と打木彦太郎『横浜成功名誉鑑』

（一八八六）に七十九歳で没した。

二代目の角蔵は、先代に勝るとも劣らない技術で富田屋の名を高めた。パンやビスケットの品質を認めた海軍省は、角蔵を横須賀基地に招請してパン焼きを指導させた。製パン業がこのように軍隊の御用達として基礎を築いたことは、おそらく日本だけではあるまいが、注目すべきことであろう。そのほか遠洋航海の船舶の需要なども含め、神奈川県下の製パン業者は非常に地の利を得ていたといえる。

## 仕込みの技術は秘伝

このように神奈川県が製パン業に有利な条件下にあるということは、参入業者が一、二にとどまらなかったことを想像させる。内海兵吉とほぼ同時期に本牧出身の野田兵吾や、三河出身の中川嘉兵衛（37頁参照）という人たちが現れたが、兵吉のように永続はしなかった。その差は平凡なようだが製パンという事業に寄せる熱意であろう。兵吉が根気よく試行錯誤を繰り返し、ようやく外国人から賞められるような製品を出荷できるようになるまでには、じつに二十年を要したという（『横浜成功名誉鑑』）。

しかし、ここにもう一人、兵吉同様の努力の結果、高品質パンの製造販売で名をなした打木彦太郎の名を逸することはできない。慶応二年（一八六六）中村八幡谷戸（現、南区八幡町）の大地主の家に生まれたが、文明開化の波に乗り遅れまいと、十四歳の時にイギリス人ロバート・クラークの経営する「ヨコハマベーカリー」に見習工として住み込んだ。横浜は開港当初はフランス勢で占められていたものの、間もなくイギリス人が優勢となっていた。

安政六年（一八五九）から明治元年（一八六八）までの九年間に横浜に渡来し、正式に居留手続をとった外国人は全部で二百九十八人。その内訳は以下の通りである。

| | |
|---|---|
| イギリス人 | 一九三人 |
| アメリカ人 | 五一人 |
| オランダ人 | 一九人 |
| フランス人 | 一六人 |
| その他 | 若干名 |

数字はあくまで居留者だけで、軍隊や船舶関係者は含まれていない。

これらの人々の需要を満たすため、山下町に四軒のパン屋が生まれた。いずれも外国人経営者で、ロバート・クラークのほか、食料品や雑貨を兼業とするレンクロフォード（アメリカ人）、下宿屋を兼業するデンティーヌ（イタリア人）、そしてパルメスという国籍不明の商人である。同じ町内には宣教医として評判の高かったヘボン（165頁参照）がいて、患者に食パンやミルクを与えたといわれているが、入手先は町内のパン屋で、おそらくはクラークの焼いたものであったろう。それにクラークは純粋にパン一筋の業者でもあった。

クラークの前半生や人となりが不明なのは残念だが、さきに記したグッドマンとは来日当時共同で商いをしていたようで、間もなく独立したという。本国からパン種を持参したという説もあるが、グッドマンから譲り受けたのだろう。

クラークのパンは同業者の中で好評だった。その理由はホップを用いたパン種がよかったということもある。ホップ種は元種、水種、中種、本ごねという四つの工程を経て生地

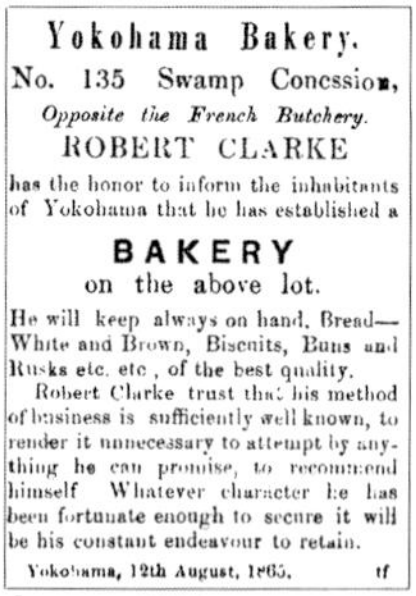


●—クラークの「ヨコハマベーカリー」の開業広告［一八六五年八月十二日、横浜開港資料館所蔵］

●—打木彦太郎広告［横浜開港資料館所蔵］

をつくり、パンへの仕込みを行う。この技術は秘伝とされ、居留地の外国人はなかなか日本人には教えなかった。

## 受け継いだ技術と信用

そもそもパンをつくる工程は、まず小麦粉とパン種を練って生地をつくり、ついで発酵、ガス抜き、焙炉（強く熱して乾燥する）を経て、仕上げたい形に分割し、それを球状に丸めながら切断面を内側に丸めこみ（丸目＝ラウンダーという）、外形を整え（整形）、型詰めし、第二発酵を行うという手間のかかるものである。今日ではすべてが機械化されているが、幕末から明治初期にかけては外国人技術者の経験とカンに頼っていた。

しかし、彦太郎は並の徒弟ではなかった。誠実で、雑役にも身を粉にして働く姿は、やがてクラークの心を強く動かし、十年目ぐらいからはその片腕となるまでの信用を博した。クラークにはおそらく事業を継ぐ係累がいなかったのだろう。明治二十一年（一八八八）イギリスへ帰国を決意した際、創業二十数年になるパン業界屈指のブランド「ヨコハマベーカリー」を弱冠二十四歳の打木彦太郎に譲渡したのであった。

後継者となった彦太郎は、クラーク時代の暖簾を維持しようと、非常な努力を払った。新しい店舗を山下町から堀を隔てた元町一丁目に設け、本命としてのクラーク直伝イギリスパンはもとより、フランスパン、ブラウンブレッド、グラハムブレッド、バターロールなどの品種も手がけるようになった。グローという、フランス軍隊仕様の一個あたり一・五キログラムもある大型パンも焼いた。

●——現在のウチキパン店［横浜元町］

●――大隈伯花壇室内食卓風景
「『風俗画報』」

そのころには同業者も増えてきて、なかには「横浜ベーカリー」などと紛らわしい屋号も現れ、周囲からも店名改称をすすめられたので、明治三十二年(一八九九)「ヨコハマベーカリー宇千喜商店」と改めた。元の名称を残したのは、やはり顧客の多くが居留地の外国人、外国の軍艦船舶、鎌倉、大磯及び東京方面の外国人やホテルなどであったからだ。そのころ東洋一の西洋料理店といわれた東京上野の精養軒なども、ヨコハマベーカリー宇千喜商店のパンを採用していた。日清日露の戦争の際には、陸軍の御用達となったが、とりわけ日露戦争では軍納の乾パンを一手に引き受けた。

彦太郎は大正四年(一九一五)、五十歳で没した。そのあとを継いだ養子の三郎は、横須賀軍需部へ納入したほか、関東一円に販路をひろげ、いよいよ家業を発展させ、第二次大戦中の昭和二十年(一九四五)五月大空襲で工場を焼失したが、戦後間もなく再建、戦後経済の浮沈をくぐり抜け、現在は創業地とほとんど同じ場所に大店舗を構えている。

経営も創業者彦太郎から数えれば四代目になるが、外国人向けのガイドブックの一つにも「最古のベーカリー。一九〇六年（明治三十九）の自社広告に、毎朝横浜在住の英米独仏の在住者に一万二千ポンド（約五・四トン）のパンを出荷するとあるが、その焼き上がりのよい美味なパンの伝統は、現在なお維持されている」と記されている。

なお、打木彦太郎が独立した際、徒弟として入った早川権太郎は、二年後に独立して勢国堂を興したが、修業不足を感じて渡米、サンフランシスコの専門学校で学んだ後帰国し、アメリカパンを発売、日露戦争後はロシアの捕虜のために煉瓦のように堅い黒パンを焼いたという挿話も付け加えておきたい。

## 日本人に受けた「あんぱん」

明治三十年代、早稲田大学の創立者大隈重信邸では、折にふれて豪華な花壇室内に内外人の客を招き、パーティーを催していたが、その食事の模様を描いた絵にはいうまでもなくパンが描かれている。このような人々の会合や催しなどに見る限り、パンは非常な勢いで日本人の間にも普及したかのように見えるが、全国レベルでは必ずしもそうではなかった。パンが主食の一種として、むしろ米食よりも親しまれるようになるのは第二次大戦後のことにすぎない。どちらかといえば西洋料理に縁遠い庶民は、米飯との折衷であるカレーライスやカツライスなど、いわゆる洋食文化を形成したといえよう。

第一、明治時代の日本人は、パンの内側だけを食べ、外側の堅い部分はのこすという習慣があった。クラークの製品が日本人の間にも評判がよかったのは、イギリス型のフワリとした山型パンであったことも一因である。

このような傾向を知って、菓子パンという分野からの普及を図る業者もあった。あんぱんの元祖として有名な木村安兵衛（一八八九～一九六二）である。常陸国河内郡田宮村（現、茨城県牛久市）の武士の家に生まれ、同川原代村（現、竜ヶ崎市）の木村家の婿養子となった後、江戸に出て番役などをつとめた。明治に入ってから勤務した東京府の授産所で、長崎でオランダ人のコックをつとめた梅吉という人物にパン製造技術を伝授され、明治二年（一八六九）文英堂という店を創業、火災で店舗を焼失したものの、ただちに京橋区尾張町（現、中央区銀座）に移転、屋号も木村屋と改めた。

その後、攻玉社（海軍兵学校への予備校）の御用達となったり、鉄道開通時には新橋駅に売店を出すなど、順調に発展したが、明治六年（一八七三）二月、銀座の大火で再び店舗を焼失した。この休業中に開発したのが、パン生地を米と麹で発酵させた酒種パンで、漉しあんをくるんだところが日本人の嗜好にピッタリ適ったと見え、一躍満都の人気を博した。

これを耳にした知り合いの山岡鉄舟（一八三六～八八）が「水戸の下屋敷の花見に、陛下に召し上がっていただこう」と提案、八重桜の塩漬けを中央に埋め込んだものを献上したところ、「引き続き納めるように」とのお達しがあった。安兵衛はこれを「桜あんぱん」として売り出し、元祖として現在にいたっている。

あんぱんが菓子パンというマーケットを開拓した功績は大きく、その後クリームパンが新宿中村屋から売り出され、メロンパンやチョコレートパンなどが続いた。外国産に比し

木村安兵衛

て見劣りのしていたビスケットも、明治末期には優良な製品を見るようになった。

しかし、食パンは庶民にとっては「腹もちがよくない」などの理由で需要が伸び悩み、明治三十年代には街頭での呼び売りまで行われた。チンドン屋のように肩から胸にかけた太鼓をたたきながら踊り、「メリキ（アメリカ）のパン屋、メリキのパン」などと叫ぶ。それはよいが、服装がシルクハットに燕尾服という奇想天外なものだったので、珍しがった老若男女がゾロゾロ後をついて歩いた。夏目漱石の日記には日露戦争のころ、外国人が

●――パン売りの図
「風俗画報」

牛乳配達のような車にパンを入れて、やはり「パン、パン」と連呼しながら本郷通りを流していたと記されている。これらパン売りは、肝心のパンよりも人気があったようだ。

全国レベルでパンの需要が高まったのは、やはり第二次大戦中と戦後の食糧難時代を経て、学校給食が開始されてからであろう。子どもの弁当や昼食にパンが入ることは、一日に一、二回のパン食が習慣づけられるということになる。大手企業が一挙にパン市場に参入してきた。中小企業に過ぎなかった従来の老舗は、苦しい戦いを強いられた。

かつて横浜製パン業の元祖で、長らくその一角を占めてきた内海兵吉創業の富田屋は、戦後は共同経営の加賀製パン有限会社となり、三代目の角蔵（二代目から襲名）が学校給食パンの製造を目的とした協同組合を設立するなど、事業振興に腕をふるったが、惜しくも五十五歳で他界し、以後は若い後継者とその母親の必死の努力にもかかわらず、昭和四十年（一九六五）、あえなく倒産に追い込まれてしまった。この年、日本の社会経済は急速な高度成長の歪みを反映し、中小企業の倒産が目立ったと新聞は報じている。

# 十三

# 文明の香りを運ぶシガレット

## 草山貞胤
## 岩谷松平

◎煙草の製造と販売

●——ビゴー画「鹿鳴館の喫煙女性」『ビゴーが見た世紀末日本』

## 富士山の噴火が生んだ秦野煙草

文明開化は、世の風俗や人々の生活習慣を大きく変えたが、煙草もその一つといえる。それまで刻み煙草を煙管《きせる》で吸っていたところを、欧米人の影響を受け、ハイカラ人士は争って海外のシガレット（紙巻煙草）に飛びついたため、需要は一気に伸び、国産化の動きも生じてきた。いきおい販売業者は激しいシェア争いを演じ、派手な広告合戦で明治の社会に波紋を投げかけ、マスメディア的な宣伝の先駆となった。

煙草の起源は紀元前、中央アメリカのインディオに始まるとされ、十五世紀末にはコロンブス一行により、ヨーロッパにもたらされ、次第に各国に普及した。日本には戦国時代、ポルトガル船により渡来、江戸初期には長崎周辺に栽培用の種子が伝わったらしい。当初は万能薬とされたが、間もなく西洋人をまねた喫煙の習慣がひろがった。当初日本人は西洋人が煙を吐き出す光景を見て、「腹の中で火を焚いている」と目をみはった。

煙草には中毒症状があるが、幕府によるたびたびの禁令もさっぱり効果がなかったので、やがて殖産を口実に「田畑の半分ぐらいまでなら」といった奨励策に変わっていった。江戸時代の栽培地として国分（鹿児島県）、水府《すいふ》（茨城県水戸市）、秦野（神奈川県秦野市）という三大産地のほか、野州（栃木県）、阿波（徳島県）、甲府（山梨県）などが有名だった。後年「薩摩煙草は天候で作り、秦野煙草は技術で作る。水府煙草は肥料で作り、野州煙草は丹精で作る」という歌ができたように、地域ごとに顕著な特色があった。

このうち秦野は江戸前期の寛文六年（一六六六）には、すでに地域の需要をみたす程度の煙草栽培が行われていたと見られる。やがて広く民間の需要にこたえる動きが生じ、平

●――草山貞胤『秦野市史』

沢村（現、秦野市平沢）御嶽神社の神官草山貞胤は、貞享四年（一六八七）ごろから医学修行のため長崎との間を数度往復する間に、煙草の種子を持ち帰って栽培を試みている。最も大きな出来事は宝永四年（一七〇七）、富士山大噴火による大量の降灰によって土質が変化したことである。稲作に不向きな痩せ地をどう転換すべきか。試行錯誤の結果、煙草なら大丈夫ということがわかり、本格的な栽培がはじまった。

## 寝食を忘れた品質改良

御嶽神社は平沢村の鎮守として慶長年間（一五九六〜一六一四）に創建され、代々神官の草山家によって維持されてきた。前述の貞風はその一人だが、幕末から明治にかけての

◉——幕末の煙草のし作業（上）と煙草刻み作業
［横浜開港資料館所蔵］

秦野煙草に躍進期をもたらしたのが、草山貞胤《くさやまさだたね》（一八二三〜一九〇五）である。文政六年、十三代和泉の子として生まれ、漢学と皇学を学んだ。神職のかたわら、煙草栽培のほか、養蚕や植樹などの勧業にも力をそそいだ。

貞胤の考えでは、煙草の本格的な地場産業化には生産性の向上と品質の安定性が不可欠だったが、農家ごとの栽培には秘密が多かったため統一的な品質が保たれにくく、世の信用を失うこともあった。秦野は三大名産地の一つ、いまでいえば全国ブランドだったが、製品にバラつきが多いようでは時代の要求に適さない。

貞胤は自ら鍬を取って研究改良に努め、結果をすべての生産者に公開した。一口に煙草栽培といっても、その方法は稲作よりも複雑で、苗床の改良から始まり、正条密植法、木枯らし法という乾燥技術など、それまでの常識にない工夫を生み出した。

苗床は、従来は地床と称して地面に直接苗を植える方法だったが、貞胤は神社境内に堆積する落葉をかき集め、苗床の底に敷きつめることで得た発酵熱を利用、苗を強化することを考えた。これを揚床あるいは揚伏といい、のちには堆肥に米糠や過リン酸などを混合するようになるが、その前提としての堆肥法を開発した貞胤の功績は大きなものがある。

正条密植法というのは、従来は一反歩について三千本程度の苗を植え付けていたが、それ以上の苗を密植することにより、倒伏を防ぎ、収穫量を増加し、品質を向上させるという一石三鳥ともいうべき技術である。一挙に密植へ移行するのはむずかしいというので、明治十年（一八七五）から四千五百本、十四年以降は五千五百本というように、段階的に実施させた。

木枯らし法というのは、収穫した葉を従来のように地面に並べるのではなく、稲の掛け

●——秦野の葉煙草栽培風景
［『秦野市史』］

干しにヒントを得て、風通しのよい台に干すことを考えた。村内に蔭干し場を設け、実験を繰り返した結果、耕地の狭い秦野でも、収穫量の上昇が実現した。

煙草栽培は典型的な労働集約型農業である。秦野の場合は、痩せ地に労力と多めの肥料を与え、家族総出で作業を行う。収穫期には人を雇う。とくに乾燥は天日干しが原則だったので、長雨や台風などの悪天候にあうと、葉はすぐに腐ってしまい、折角の苦心も水のあわとなる。後には乾燥場を設けて火力で乾燥する方法が採用されたが、火加減がむずかしく、作業中にはほとんど睡眠もとれなかった。乾燥後は一枚一枚のし上げたあと、束ねて出荷した。刻み煙草の製造作業も行われ、これも重労働だったが、貞胤の案による水力応用の刻み機械が開発され、それまでの生産量の十倍近い効率をあげられるようになった。

これらの改良は地元農家から高い評価を得たので、貞胤は明治四年（一八七一）以降、秦野地方のみならず愛甲郡、足柄郡から埼玉県や栃木県など関東各地、遠くは愛知県にまで出張して品質改善に努力し、その結果、明治九年（一八七六）には政府の殖産興業政策の一翼をになう存在として、勧業掛に任命されるまでになった。

生涯を煙草のために捧げた貞胤は、日常はきわめて簡素な生活で、酒もたしなまず、肝心の煙草も吸わなかった。とくに趣味もなく、あえていえば俳句好きで、如泉の号があった。七十歳を過ぎても、炎暑をものともせず各地を巡回、「暑き日や歩いて見れば歩かるゝ」と随行者を励ましたというのは、人柄を察するに足るエピソードといえる。後年は大蔵省の地方嘱託員として煙草の専売移行に努力し、明治三十八年（一九〇五）、八十二歳で没した。煙草栽培の労苦と喜びを記した「秦野煙草をよめる」という歌をのこしている。

●——秦野の南町通り
［平原健二氏所蔵］

雨をおほい風に櫛毛の　二葉より耕し植て広葉に作りおふして　虫をとりこやし土かひ　朝夕に心をこらし　日々日々に力を尽し　葉をかきて縄にあみつけ乾しあげし色香うるはし　嬉しくも作りにけりと　おもほえば労《はたら》きさへも　忘れ草かまどにあらで　立ち登る煙りゆたけく　秦野路や秦野の里と　名に高き秦野煙草は　国の富草
　家毎に立つる煙りのふとやかになるは煙の煙り草なり

## 薩摩から乗り込んだ煙草王

このように新時代の需要に適応した秦野煙草は、明治中期までの煙草民営時代に刻み煙草独自のブランドとして「麒麟印」（斎野物産）、「大黒印」（矢野茂市）、「軍旗煙草」（秦野合意商会）、「気球印」（石田松五郎）、「大砲」（秦野勲章煙草）、「君が代」（栗原商店）ほか多くの銘柄を生み出したが、所詮ローカルな存在にすぎなかった。

一方、西欧文化の影響を受けた紙巻煙草の製造販売は、新市場の支配権をねらう多くの販売業者によるはげしい競争が行われた。この分野で勝者となったのは、鹿児島出身の岩谷松平（一八四九～一九二〇）と京都出身の村井吉兵衛（一八六四～一九二六）という、草山貞胤とは完全に対照的な二人の商人だった。

岩谷松平は嘉永二年、薩摩国（鹿児島県）川内向田町に生まれた。父は郷士であったというが、八歳で母と死別、さらに文久三年（一八六三）に父を失ったため、弟吉兵衛とともに叔父の岩谷松兵衛に引き取られて酒造業に従事し、働きぶりを見込まれ、十八歳で入

●岩谷松平
『新聞集成明治編年史』

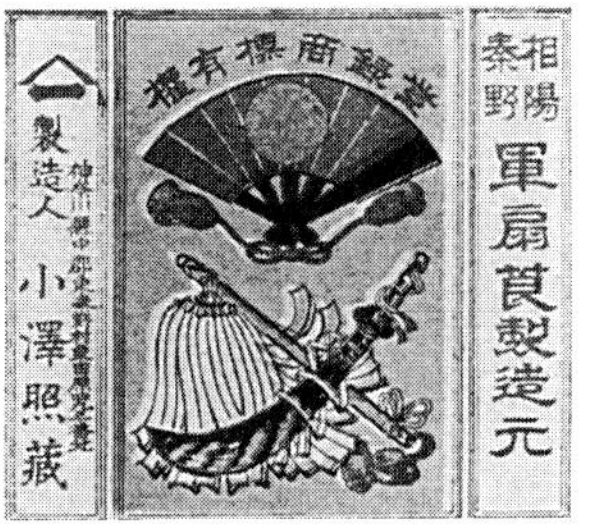

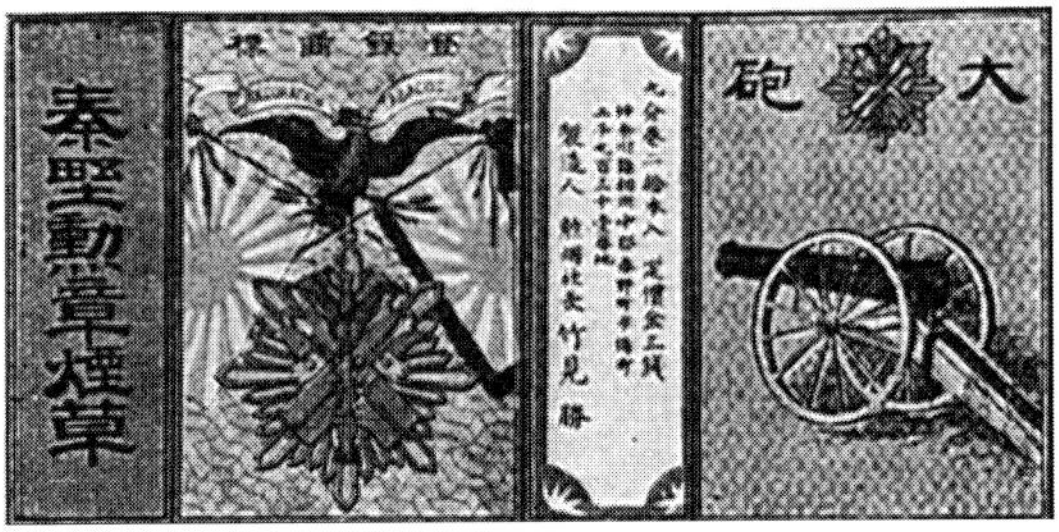

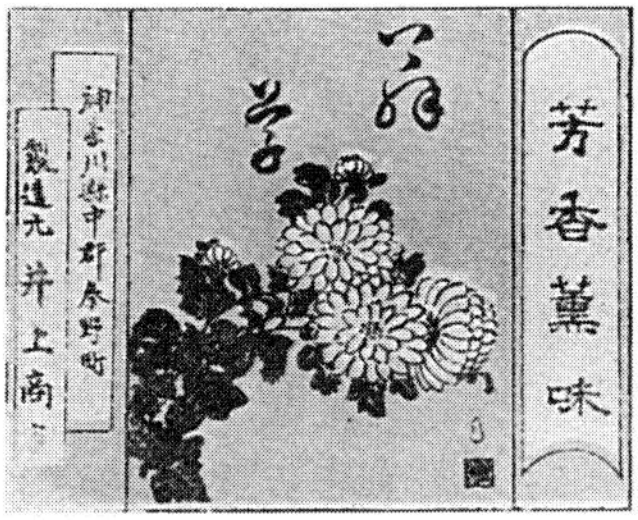


●——さまざまなブランドを生み出した秦野の刻み煙草『民営時代たばこの意匠』『明治大正図誌（関東）』

婿となった。

時は幕末である。たまたま薩摩藩の注文で、米や蝋燭を大坂に回漕、藩に巨利をもたらしたことから、藩士小松帯刀の知遇を得た。ただちに東京に出て支店を設けたが、そのうちに新政府の要人との人脈も出来たので、文明開化の中心地である銀座に打って出ようと、三丁目の一等煉瓦地（現在の銀座松屋周辺）を借り、「薩摩屋」という小さな看板を掲げ、季節はずれの呉服反物などを商うことからスタートした。

まず派手な新聞広告を出し、ガラス張の箱車を屈強の若い衆に引かせ、大声で売り歩かせたが、その姿が珍しがられ、予想以上の売り上げを見たので、間もなく薩摩物産の一手販売元となり、関連商品として薩摩絣、泡盛、鰹節、それに煙草なども扱う〝総合商社〟に急成長を遂げた。三年後には横浜の金融業者平沼専蔵とのつながりも出来た上、日本橋の老舗「にんべん」主人高津氏の援助も得られたので、思い切って大店舗を新築、新聞広告にも「岩谷商会」という屋号を掲げるにいたった。

煙草といっても、故郷の国分葉を仕入れて刻みとしたもので、流行のシガレット（紙巻）の製造販売にふみきったのは明治十七年（一八八四）である。ブランドは薩摩半島の南端、多羅山に住むといわれた天狗にヒントを得て「天狗煙草」とした。独特の臭味があったが、舶来の口付煙草が十本三、四銭のとき、半値の二十本三銭という値をつけたので、庶民には大いに歓迎された。ちなみにシガレット製造は彼が最初でなく、明治二年（一八八九）東京麹町の大田安五郎がはじめて製造している。

松平は煙草の発売にあたり、試作品を理髪店や銭湯など、庶民の社交場へ配り歩いて反響を確かめた。広告や引札のほか五メートル四方の写真灯などにより、天狗ブランドを売りこむことに専念した。最初に売り出された七種類の煙草は「金天狗」「銀天狗」「赤天狗」「黒天狗」「青天狗」「大天狗」「小天狗」など、奇抜なネーミングで、値段は「金天狗」の二十本五銭を最高とし、「小天狗」の五十本七銭という廉価版も用意した。

店舗は間口が三十間（五十四メートル）という巨大なもので、全体を真っ赤に塗装し、その軒を覆うように「勿驚《おどろくなかれ》税金たつた二百万円」と大書した横長の大看板を掲げ、中央には○の中に十字という薩摩藩の家紋（クツワ紋）の商標と、大天狗の看板とを並べた。この家紋盗用については旧薩摩藩から抗議を受けたが、松平は○と十との接点に目立たない隙間をもたせ、家紋とは同一ではないと突っ張り通した。

それはともかく、店に入ると向かって右側は薩摩絣や鰹節など物産の売場、真ん中は事務所、右端の煙草小売部には「世界煙草婦人販売店」の看板のもと、絣の着物を着た美人の売子が微笑みを浮かべながら客の気を引いていた。

敷地全体の奥行きはそこから三十間堀の河岸まであったというが、これは現在の区画でいえば銀座の本通りから築地方面へ二ブロック以上を占めるほどの途方もない広さで、敷地内には工場と倉庫、屋上には庭園が設けられていた。松平は建物の二階で事務をとり、総指揮をとっていたが、この二階には妻のほか、二十人といわれた愛人たちがいわゆる妻妾同居の生活を行っていた。まるで江戸城の大奥のようだったという。

## アメリカ帰りの強敵

松平が「愛国天狗」という商品を売り出したのは、紙巻煙草の市場を舶来の製品が席巻

●岩谷商会銀座本店
『開化写真鏡』

しはじめたからだが、他の業者も負けじと「菊世界」「ルーナ」「ピンク」「ホーク」「本広雲井」「羽衣」「白牡丹」など、思い思いのブランドで対抗した。なかには舶来品まがいの「ペンヘッド」「ツルオ」もあった。さらには「オハヨー」「ヨロシー」「ナルホド」「親玉」など、珍奇な銘柄も出現した。ある業者のごときは英国製の「パイレート」を模造して罰せられ、やけ半分に「カタキウチ」という銘柄を売り出して失笑を買った。

これら群小の業者とは別に、アメリカの商法を採用し、同国のトラスト（五社合同の独占的企業）と組んで岩谷に対抗したのが村井商会である。創業者村井吉兵衛は京都の煙草商の息子で、分家の叔父の養子となってから、煙草行商に精を出した。二十歳のころ病を得て入院、つれづれに院長の貸してくれた洋書を散見するうち、タバコ製造の記事を読んで大いに心を動かされ、以後研究に没頭すること四年あまり、明治二十四年（一八九一）に京都で「サンライス」という銘柄を発売するにいたった。

これは日本製品としては初の両切煙草で、細巻二十本入りパイプ五本付四銭という、「天狗」とあまり変わらぬ値段であった。ほかに刻みも発売したが、とくに「サンライス」はハイカラ人士に歓迎されたため、翌年東京に進出した。同名のニセ物が現われるほどの人気だったが、さらに品質改良をめざして明治二十六年（一八九三）に渡米、煙草栽培や製造工程について研究を行い、帰国後に資本金二十万円の村井兄弟商会を設立した。

村井の第二弾は香料入り十本三銭の「ヒーロー」で、これも大当たり。またたく間に清国、朝鮮、ハワイなどにも販路を拡張した。このほか同社の出した煙草は「ハニー・スモーク」「バージン」「トップ」「リーダー」「テレホン」「クラブ」「カイロ」「カメリア」などで、いずれも横文字のスマートなデザインと、ヴァージニア葉のうまさ、それに吉兵衛苦心の

●――村井吉兵衛
［『たばこ王村井吉兵衛』］

香料配合によって好評を博した。

岩谷松平がこのようなライバルを向うにまわし、「国益の親玉」という立場を固執せねばならなかったのは、一つは作戦だった。彼は天狗煙草が純日本産の葉を用い、しかも機械によらぬ「慈善職工」の手捲きであることを強調した。「慈善職工三万人」というのは、貧しい下請け職人を含めた掛け値であったが、自ら「人道株式会社社長」を名乗り、日清戦争のさい恩賜煙草を受注してからは「東洋煙草大王」に格上げした。

彼のアイディアのうち最も成功したものは、赤づくめの建物や衣服であった。店員の法

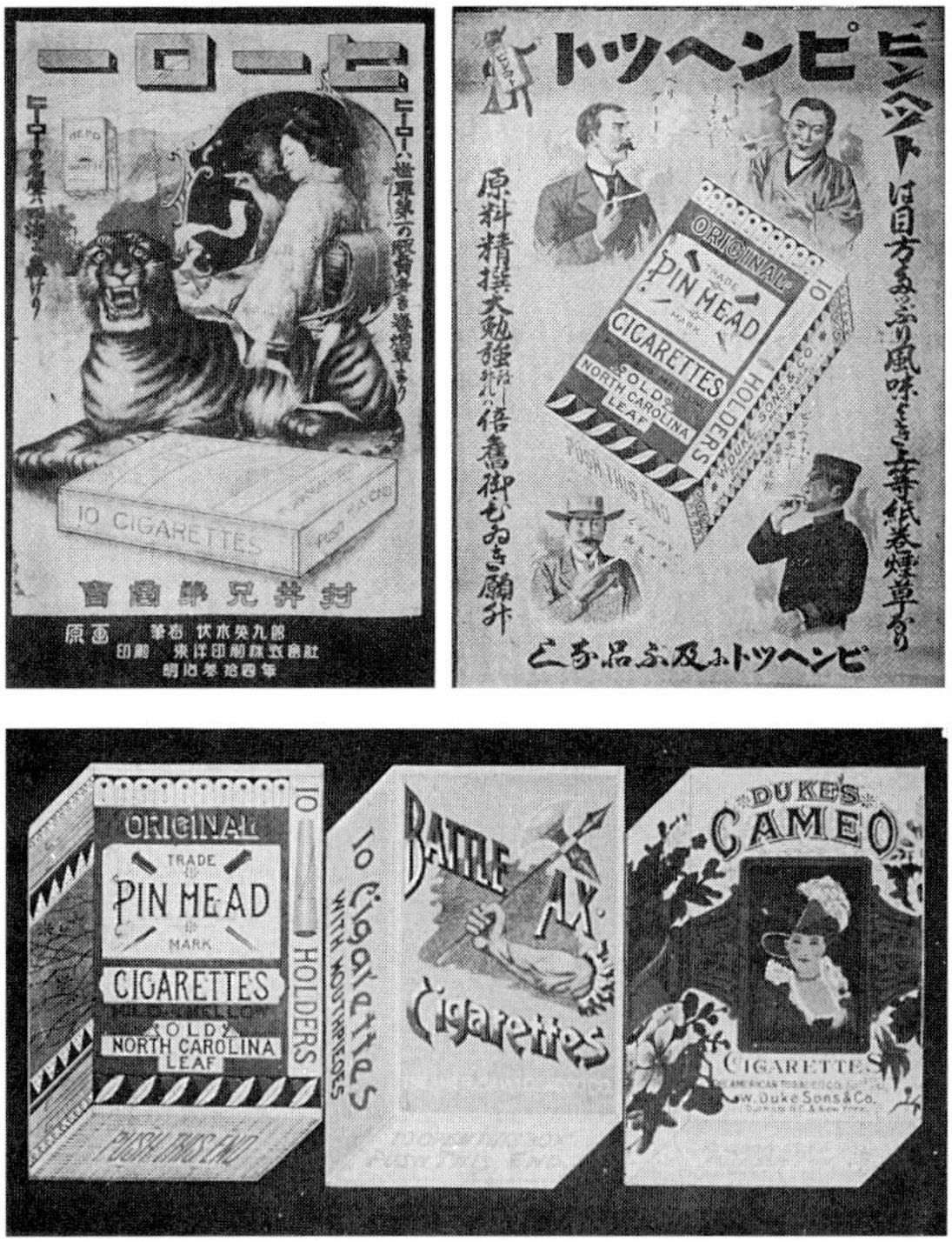


◉――村井兄弟商会の各種シガレットとその広告
『たばこ王村井吉兵衛』

●──村井兄弟商会の特約店
『たばこ王村井吉兵衛』

被も赤なら、慈善事業として行っていた散水車の大樽にいたるまで、真っ赤に塗装した。公私の訪問は赤のフロックコートに赤馬車といういでたち。現在のコーポレートカラーの発想だが、日清戦争の勝利を祝う宮中の宴に招かれたときにもこの姿で参列したため、明治天皇が側近に「あれは何者か」と訊ねたという。これを聞いて喜んだ松平は、以後広告に「商一位大薫位功爵国益大妙人、岩谷松平」と署名することにした。

戦争景気で高級煙草への需要が増加し、消費者の嗜好が両切へ移行しはじめると、村井商会の販路はいっそう拡大し、松平も楽観を許されなくなってきた。両者の宣伝合戦は激しさを加え、ついには泥試合に移行していく。

しかし、二年後に「未成年者喫煙禁止法」が制定されると、すでに国外に販路を拡げていた村井商会にとっては大した打撃はなかったが、国内市場一辺倒の岩谷商会には試練となった。さらに「二六新報」という新聞による松平攻撃がはじまると、売り上げは目に見えて下降線をたどりはじめた。

前述の通り、松平は赤塗りの城の二階に女性を住まわせていた。いくら男の甲斐性といっても、度を過ぎれば世人の顰蹙《ひんしゅく》を買う。たまたま松平が十三歳の松尾キクという女子を「保護」したことが、「二六新報」に察知された。この新聞は三井財閥攻撃や娼妓自由廃業などの扇情的キャンペーンによって支持され、都下随一の発行部数を誇っていたので、松平は一たまりもなかった。「松平もと人間羞恥のことを解せず、従って道義の上からこれを責むるは迂で、要は彼の重んずる利慾の点に於て苦痛を与うるにあり」といった攻撃記事が数十日間も続き、村井商会は記事の載った新聞を一千部も買いあげ、各方面に配布した。

大打撃を蒙った松平は、ついに全面降伏の白旗を掲げざるを得なかった。

## 繁栄は夢のごとく

松平が旧時代の伝統に生きた商人とすれば、村井はすでに資本主義確立期における実業家の範疇に属していた。それを最もよく示すものは、両人の抱いていた〝国益〟という観念の相違である。松平（およびこれに同調する商人）の主張の根幹は、海外の資本、技術の導入により国内製品や労働者の生活が圧迫されるというのであるが、村井はこのような考え方を「井蛙《せいあ》の管見」として一蹴した。「諸国排斥の回想を夢みて、深く開国主義の何者たるを解せず、表に孤忠を装うて内に笑刃の苦略をめぐらし」ているにすぎない。第一、東洋に進出するには「外資輸入の道によらざればその目的を達するにあたわず」、単にアメリカのトラストを敵視していたら、激しい競争の結果「国家の当然享有しうべき利益を滅却するに至りしやもまた知るべからず」というのである。

しかし、ここに指摘しておかねばならないのは、外資攻勢という点について、これら大手煙草製造業者と他分野の産業とは異なる立場にあったということだ。もともと煙草は嗜好品である。軍需の激増した日清戦争期、他の民間工業のなかには直接補助金等によって発展を見た例も多いが、煙草製造業にはそれがなく、わずかに戦後社会の好況により、間接的に恩恵を蒙ったにすぎなかった。

にもかかわらず、戦後経営の名のもとに軍備増強が叫ばれるや、酒税とならんで直ちに有力な財源と見込まれてしまったのは皮肉だった。松平が自らを「既往幾千万を国家に補助した」と称し、「国益の先兵」を自称したこととは別の意味で、政府もまた煙草業を国益の一つと見ていたのである。煙草専売への道はすでに用意されていた。

明治三十五年（一九〇二）専売法改訂の動きが、急速に高まった。これより前、三十二年来の葉煙草専売は密売などの不正により予期した成果をおさめていなかった。いっそ煙草製造も専売化したらという声が生じたのは自然のなり行きである。

業界の中央機関（中央烟草協会）は、この緊急事態に遭遇するや、絶対反対を決議、各方面に陳情を展開した。「自由産業のために長足の進歩をなし来れる煙草業を倒し、もつて一に財政填補の犠牲に供せんとすること不利の甚だしきものにして、民権自由の理想が発揮せられたる今日において、なお君主専制の遺制を模擬し、もつて個人の権利を左右し営業を奪取して、民生の安堵を失はしむるの途に出づること、明らかに不利不当の挙なりと云はざるべからず」という宣言文のもと、ライバル同士の岩谷と村井も、初めは呉越同舟の反対運動に従った。

しかし、松平は早々と業界を裏切ってしまった。きびしい曲り角にあったからである。前門に村井商会の資本攻勢、後門に政府の専売計画。月産二億四十万本、ほとんど無尽蔵ともいうべき〝闘争資金〟を持つ村井に対し、個人商店にしかすぎない松平は力を使い果たそうとしていた。「天狗煙草」の売れ行きは悪くはなかったが、葉煙草のストックを抱えて資金繰りは苦しく、銀行からは背を向けられていた。劣勢挽回のために残された手段はただ一つ、「国益」を謳う専売法に賛同することである。ライバルを打ち倒す積極的契機は、自己の営業権を国益のためにこそ放棄すること、それによって「国賊」の跳梁を拒むという論理だった。日露開戦は目前にせまっていた。

だが、松平の脳裏にあった国益と商業的利益とのめでたい一致は、政府の論理には含まれていなかった。明治三十七年（一九〇四）三月、専売法は衆議院を通過、岩谷商会はその営業権一切を国家に捧げた。都内十四カ所の工場、近県の捲上工場三十カ所、倉庫三石七十余棟は挙げてことごとく専売局の手に帰し、ストックの葉煙草一千余万円相当額は、額面八万円（時価五万円）の公債で奪い取られてしまった。これに反して村井吉兵衛は総額一千百二十万円を獲得、新たに銀行や製糸会社を興し、京都に四百三十余坪の別荘まで建てた。その名を「長楽館」という。

晩年の松平は冷蔵庫の販売や養豚事業に精を出したが、煙草大王のタイトルを奪われた彼には往年の神通力も失せ、わずかにのこった十人ほどの女性に身辺の面倒を見てもらうのがせいぜいであった。

## 余燼いまなお消えず

前述のように専売制への移行が秦野にも実施されると、農家は混乱に陥った。多くの農家は耕作ばかりでなく、製造や仲買を行うようになっていたが、今後は収穫したものを一切政府に引き渡さなければならない。しかも政府の買上げ価格は不当に低かった。基準となる品質鑑定（査定）に対する不満が爆発し、ついに秦野専売支局への集団抗議、騒擾事件にまで発展した。当時大蔵省から煙草審査員を任命されていた草山貞胤が、報告書の中で「秦野莨《たばこ》ハ現今全国専売支局ノ葉煙草賠償価格ニ於テ四等ノ位地ニアリ。然レドモ諸国品質及香味等一等ノ地位ニアル茨城県下ノ莨ニ劣ルコトナシ。サレバ現今ノ儘ニテハ大ニ秦野ノ不名誉ナリ」としていることからも、不満に根深いものがあったことが窺える。

全村あげての反対運動も、しかし、専売制強行の前にはあえなく潰え、製造・仲買業者は土地建物などの補償金を受け取り、過去二年間の収入の二割を転業資金として与えられ、すべては終わった。画一的な専売制は、一方では製品の規格化をもたらし、生産性を向上することにつながったが、そこには地方嘱託員の草山貞胤から専売局員への技術伝承という裏付けがあったことを忘れてはならない。たとえば専売局員の関作次郎は、貞胤の開発した正条密植法を改良し、生産性を飛躍的に高めることに成功している。

以後の八十数年、煙草栽培は地域を支えてきたが、その特産である秦野葉は生産性の点で他県の葉煙草（黄色種）に及ばず、昭和四十九年（一九七四）に打ち切られ、多くの農家は煙草栽培から離脱した。その後、黄色種栽培も他県の大量生産に太刀打ちできず、後継者難も重なり、ついに昭和五十九年（一九八四）伝統の煙草栽培はすべて廃止された。

いま昔日の秦野をしのぶよすがは、煙草葉を模した銘菓煙草煎餅と、毎年恒例の秦野たばこ祭のみであろうか。いや、昭和五十五年（一九八〇）に「かながわの一〇〇人」に選ばれた草山貞胤の名を忘れる人はあるまい。

# 十四

# 開化日本を描いたポンチ絵師ビゴー

## ◎風刺画家

●——富士山頂で疎外される外国人「『ジョルジュ・ビゴー画集』」

## あこがれの日本に上陸

明治十五年（一八八二）一月二十六日、横浜港に到着したフランス船籍のタナイス号から、数人の外国人が降り立った。アメリカの宣教師ヘボン、イギリス公使パークス、通訳官A・G・G・シーボルトらであったが、そのなかに小柄の、いかにもフランス人らしいズングリした体型の若者がまじっていることに、あまり注意を向ける者はなかった。

ジョルジュ・ビゴー、二十二歳と乗船名簿にあったが、この若者は四十六日間という長い船旅の疲れも見せず、興味深げに港を眺め、スケッチブックに手早く描きとったりしていたが、やがて案内人に促されて宿に向かった。本町通りを人力車で数分、太田町には今村屋（今村楼）という割烹店があった。明治初期には早くも新聞に名が出ているが、この明治十年代の半ばごろには地元の経済人の親睦会などにも頻繁に利用されていた。ビゴーが泊まった日は木曜日で、客が少なかったのか、ポツンと一人きりの大広間で、お銚子つきの小さな食膳を出されたとまどいが、一枚の彩色されたスケッチからも読みとれる。

ビゴーにとっては、見るもの聞くものすべてが新鮮で、刺激ならざるものはなかった。その日から十七年間、彼は愛する日本での永住を念頭に、絵画教師や風刺画家として過ごすことになる。ちょうど民権運動の末期から憲法発布、日清戦争を経て条約改正まで、近代日本の基礎が固まる時期にあたったが、欧化と伝統の間をゆれ動くチグハグさが目立ち、庶民の暮らしもまだ豊かではないという時代だった。

このような過渡期を背景に、彼の才能は母国フランスの新聞雑誌への精力的な寄稿、画集の出版という形で発揮されたが、日本人妻を迎えながら、最終的には永住の希望を放棄

●――ビゴー照影
『ビゴーが見た世紀末ニッポン』

せざるを得なくなった。帰国の数年前に出版された『ヨコハマ・バラード』という画集の表紙には、富士山の見える荒地を背景に、痩せた半裸体の著者とおぼしき人物が竪琴を奏でる傍ら、日本人妻らしい女性が飯を炊いているという、何やら物寂しい心境が投影されている。来日時の高揚した気分とはあまりにもかけ離れているではないか。

この十七年間に、ビゴーの身に何が起こったのだろうか。それを知ることは、とりも直さず明治前半期の日本の一面を知ることになるだろう。

## 幼時から画才を発揮

ジョルジュ・ビゴーは一八六〇年（万延元）パリのノワエー街に生まれた。父親オーギュストは小官吏で、母親デジレは名門出の画家であった。四歳のとき妹が生まれ、八歳で父

●——日本上陸初日の宿、今村屋の食事
「『ビゴーが見た世紀末ニッポン』」

◉——後年の画集『ヨコハマ・バラード』［『ジョルジュ・ビゴー画集』］

を亡くした。母親は画家としては高名ではなかったので、生活は豊かとはいえなかったが、ビゴーは幼時から絵を描くことを好み、暇さえあれば画用紙に向かっていた。彼の人なつこい、どこか憂いを感じさせる画風は、このころ形成されたと思われる。

十一歳のときパリ・コミューンの市街を駆け回り、迫真性に富んだスケッチをものしたが、それを見た母親は翌年、わが子を美術学校（エコール・デ・ボザール）に入れた。当時、この学校には肖像画家のカロリュス・デュランや、アカデミー派のレオン・ジェロームなどがいて、ビゴーに一定の影響を与えた。ちなみにデュランは歴史画や風景画の大家であり、日本人画家では山本芳翠や藤島武二も師事している。

四年後、ビゴーは家計を助けるために同校を中退、サロンに出品したり、新聞各紙に挿絵を寄稿するようになり、めきめき腕をあげ、作家エミール・ゾラの『ナナ』（一八七九）や作家・歴史家エドモン・ゴンクールの挿絵を描くようになる。ビゴーにとっては、これら作家との交渉は美術学校より人間形成に役立ったといえよう。精細な観察、対象の凝視、世俗的なるものへの批判精神などは、すべてゾラやゴンクールの影響といえる。「われらは、美しき虚偽よりも苛酷なる真理により大きな美の存すること、パリにおけるあらゆるサロンよりも、土臭き田園に、より豊かな詩の存することを信ずる」というゾラの印象派擁護宣言こそ、多感な青年画家ビゴーの出発点だった。

このようなビゴーが、なぜ日本に関心を抱いたのかといえば、日本の浮世絵版画の熱烈な賛美者であり、研究家であったゴンクールから、歌麿、広重、北斎などの作品を教えられたからである。一枚一枚と見入っているうちに、当時の西欧人にとってはまだ未知で神秘の国日本へのあこがれは募るばかりだった。ルイ・ゴンスの大著『日本美術』の挿絵を担当したこともあり、なんとか渡航の機会が得られないものかとパリの日本公使館にまで伝手を求め、ようやく在日フランス人でお雇い教師のプロスペル・フォルチュネ・フーク氏に身元引受人になってもらうことができた。

マルセイユからペイホー号という郵便船で出帆したのは一八八一年(明治十四)だった。当時日本とフランスの行程は四十日ほどだったが、途中、時化《しけ》に遭遇したり、香港からは別のタナイス号に乗り換えたりしたためもあり、結局四十六日間もかかって、ようやく横浜にたどりついたのであった。

## 浮世絵研究の挫折

ビゴーは来日時、浮世絵の技術習得を目的としていたが、それが銅版画のような一貫した個人創作ではなく、絵師、彫師、摺師の三者による分業の世界とは知らなかったようだ。これは無理だとわかるまでに、かなりの時間を空費してしまったが、さいわい身元引受人のフーク氏が陸軍大学や学習院の教授をつとめており、伊藤博文をはじめ政界上層部にも手づるがあったので、その紹介により当時陸軍卿の大山巌を紹介され、陸軍士官学校の画学講師という口にありつくことができた。任期はわずか六カ月だが、間もなく延長された。

初心とは異なるものの、ビゴーとしては当座の生計が立っただけでも幸せだった。さらに東京芝赤羽橋（現、港区内）付近にあったフーク氏の官舎に居候をしながら、翌年にかけて画集を数点刊行できたのも、お雇い外国人として高給を得ることができたからだろう。ただし、ビゴーの偉とすべき点は、この時期に知り合ったイギリスの画家チャールズ・ワーグマン（一八三二〜一八九一）と同様、いやそれ以上に旺盛な新聞雑誌への寄稿や自費出版を行ったことである。おかげで、現在の私たちには明治日本の世相風俗を知る生資料が残されることになった。

ワーグマンは元来スウェーデン系の人だが、パリで絵を学び、一八五七年（安政四）に「イラストレイテッド・ロンドン・ニューズ」の特派記者兼挿絵画家として広東に赴いた。四年後には長崎を訪れ、イギリス公使オールコック一行とともに江戸に入るが、イギリス公使館となっていた東禅寺で水戸藩浪士に襲われた。この時、彼は縁の下に避難しながら一部始終を記録、横浜から本国あてに発信している。

幕末日本の政情、世相を報じるためには風刺漫画という手段が有効と考えたのか、一八六二年（文久二）には居留の外国人向けに月刊雑誌「ジャパン・パンチ」を創刊した。いうまでもなく本国の風刺漫画誌「パンチ」を模したもので、その後二十二年間にわたって刊行を持続した。

ワーグマンにとってビゴーは後輩で、後継者だった。ビゴーの側からも先輩ワーグマン

●──ワーグマン創刊の「ジャパン・パンチ」［右］とビゴー創刊の「トバエ」［いずれも復刻版］

とまったく同様に、明治国家の陣痛期ともいうべき状況が目に入った。政界は財政破綻を機に内部対立が激化する一方、反政府勢力による国会開設運動、民権運動のうねりが一挙に高まるという状況で、維新後最大の紛争である西南戦争よりも一層深刻な体制上の危機を迎えていた。不平等条約を改正するため、諸外国に欧化ぶりを示そうと、明治十六年(一八八三)東京内幸町に鹿鳴館が建てられ、連日連夜着飾った紳士淑女による舞踏会が催されるという事態も、反政府派の嘲笑と不満を煽るだけだった。片や庶民層はまだまだ江戸時代の生活水準にあり、ビゴーの初期画集にも、半天姿で提灯を持ったソバ屋の出前や、法被姿の火消しや簑笠姿で遍路旅をする夫婦の姿などが、日本の日常として描かれる始末だった。

このような風景のなかに、大礼服姿でふんぞり返った役人や制服着用の郵便配達夫が混

●──「サルまね」と題された鹿鳴館の紳士淑女
[『ジョルジュ・ビゴー画集』]

在するという、きわめてチグハグな開化ぶりを、ゾラやゴンクールゆずりの精緻な自然主義的観察眼を備えたビゴーが見逃がすはずもなかった。彼がワーグマンの風刺誌をまねた「トバエ」を創刊したのは明治二十年（一八八七）で、ワーグマンがビゴーとの別離記念として「ジャパン・パンチ」の廃刊号を出した直後だった。ちょうど画家の個性を発揮した風刺誌が選手交代する格好となったのである（トバエは漫画の元祖とされる鳥羽僧正創始の鳥羽絵）。たとえば、「サルまね」という絵では、鹿鳴館に出入するような官吏とその夫人が鏡を覗くと、それぞれの顔がサルになっている。ホールでは外国人に媚びを売ったり、見えない場所では煙草をふかす女性たちの醜いしぐさが活写されている。

## 言論弾圧に抗して

それよりも強く彼の関心をひいたのは民権運動を封じようとする藩閥政府の言論弾圧だった。反政府的な演説は必ず「弁士中止」を命じられ、反政府的な新聞はビシビシ発行停止処分となり、発行者は片端から投獄された。印刷所を襲われた新聞社、お縄を受ける民権家、口に猿ぐつわをかまされた編集者など、いずれも印象的な図柄で、当然ながらビゴーの身についた西洋レベルの自由からは完全に背馳するものであった。

したがって、藩閥政府の顕官についても容赦はなかった。たとえば明治二十年の保安条例の施行では、保安条例の名のもとに五百七十名の民権論者が首都から追放されたが、ビゴーは条例の画策者山県有朋を書斎の主人公に据え、政策の実施にあたった警視総監三島通庸を忠義立てする女中に見立てた戯画を掲載している。強権国家プロシアを模範とする

●——民権議院設立への弾圧
［『ジョルジュ・ビゴー画集』］

伊藤博文に対しては、当時のプロシアの首相ビスマルク像にひざまずく戯画をもって風刺している。伊藤には女癖をめぐる話題が絶えないというので、芸者を膝まくらに酔いしれるカリカチュアも描いている。このような絵を描くには、フーク氏からの情報も役立ったに相違ないが、日本人の協力者もあったのではないかといわれている。

ビゴーは横浜居留地を名義上の本拠とし、実際は東京に移転して創作活動を続けた。前述の芝赤羽橋付近のフークの住まいから独立した彼は、自由に東京横浜の市街に出没し、取材を行った。治外法権下では外国人には手を出せないので、手を拱《こまね》くしかなかった。明治二十年になると、新聞につぎのような記事が現れる。

「先年我邦へ渡来し自今麹町五番町辺（現、港区内）に住居する仏国の画工ビゴーは我東京市中を徘徊せる紙屑拾いあるいは新内語りなどの諸商人を呼び入れ、日本人の最も賎しき状態を写してその本国へ送りやるとのことなるが、これ等は大に我国風に関し外人の軽侮を受ける一端ともなるべければ何とか御免を蒙り度きものなり」（「朝野新聞」一九八六・一二・一一）。

民間では在野派の新聞でもこの始末である。具合のわるいことに、五番町といえば山県有朋の別邸（控邸）があるところだから、当局としても無視できなくなったらしい。明治二十一年二月には外務大臣、内務大臣、それに神奈川県知事という三者間の文書で、ビゴーの「トバエ」発禁につき額を集めて相談したことが窺われる。

それによると、まず県知事から外務大臣あてに治安妨害に当たるのではないかという「上申」があり、それを内務大臣に諮ったところ、「中ニハ幾分カ誹毀ノ意を寓シタルガ如キ点モ之有リ候ヘ共、故ラニ険悪ノ意ヲ以テ治安ヲ妨害セントスルノ手段ニ出タルモノトモ認メ難ク、要スルニ異様奇態ノ絵画ヲ掲ゲ、購読者ノ歓笑ヲ買ハントスルニ外ナラザルモノト存候。尤モ将来ノ状況如何ニ依テハ、其時ニ及ビ処分方御協議致ス可キ義モ之有リ候ヘ共、今日ノ処ニテハ先ヅ此儘差置キ致ス可シト存ジ候」という、いかにも役所風の持って回ったような結論と相なった。要するに、外国と事を構えるのは面倒という本音が見えるようである。

## 日本人の風刺精神

日本の風刺漫画雑誌としてはすでに明治十年（一八七七）に創刊された「団団珍聞《まるまるちんぶん》」があった。その創刊のことば（演舌）の前半を引いてみよう。

●——日本びいきビゴーのサムライ姿
『ビゴーが見た世紀末ニッポン』

「東西々江戸の故風《むかし》は偖置《さておい》て今新らしき於東京絵《おどけえ》を入れて摺り出す新聞は彼の西洋のポンチてふ洒落た模やうに見真似せしものにはあらで我くにに滑稽つくす戯言《ざれごと》はかづかづあれど公けに梓に上すことはまづ忌み憚りてむつがゆき背中へとゞかぬ手の如とく自由にならぬは昔しの事今の文明の恩沢に官許を受けてあからさま打ち明て書く新玉の玉の光りは自つから闇の野蛮の肝玉を磨く為にと手短かに……」

民権運動に火がついた途端、明治八年（一八七五）に政府はいち早く讒謗《ざんぼう》律や新聞紙条例を施行、反政府的な言論をすべて厳罰に処していたので、この創刊のことばは確信犯的な闘争宣言であった。画作者の本多錦吉郎（一八五〇〜一九二一）は芸州藩（広島）の武士だったが、藩が洋兵化のために雇い入れたイギリス軍人ブラックから画才を認められ、絵画の意義について教えられるところがあった。維新後、工部省の測量見習いをしているときにもジョーンズというイギリス人から、やはり画家になるように勧められ、ついに絵筆で生活することを決心をした。明治七年（一八七四）にはイギリス帰りの洋画家国沢新九郎の経営する彰技堂という画塾に入門、めきめき頭角をあらわしたが、作風は武士らしい地味なものが多かった。

錦吉郎に転機を促したのは、間もなく芸州藩時代の英語の師である野村文夫と再会したことだった。その所持するイギリスの風刺雑誌「パンチ」を見せられ、さらに野村が「団団珍聞」を創刊するにおよんで、風刺画を積極的に手がけることになった。この野村文夫という人物も安政二年（一八五五）に緒方洪庵の適塾に入門して蘭学を学び、十年後に佐賀藩士とともに欧州に密航留学したという経歴をもつ。帰国後、藩の洋学教授を経て新政府に出仕するが、自由民権運動の高揚を目のあたりにするや、鬱勃とする気持ちを抑えきれず、ついに風刺雑誌の創刊を思いついて官を辞したという、きわめつきの変わり種である。

本多はこの野村と組み、明治後期までに無慮一千枚以上の風刺画を描くことによって、日本の風刺漫画の祖となった。初期の作品として有名なものは、明治十一年（一八七八）四月、酒癖の悪い黒田清隆（開拓使長官）が酔余に自分の妻を惨殺したという噂が立ち、政府がもみ消しに躍起となったときの、黒田が犀（妻）の亡霊に悩まされる図である。その背景にある屏風の文字の一字目を横に読むと「黒開拓長官」となるというので、たちまち発行停止を食らい、一字目を削除した改訂版を出した。

もう一つは明治十三年（一八八〇）七月、政府を象徴する人物が一本橋の上で立ち往生している図である。前方には願猛蛇（国会願望者）、後方には人身背猴（人心背向）が迫り、橋下には難獣経犀（難渋経済）ともう一匹の願猛蛇が待ち構えている。これを掲載した「団団珍聞」の署名編集人岩崎好正は禁獄一年の刑に処せられた。「団団珍聞」はその後も当局の干渉を跳ね返しながら長期間存続したが、明治四十年（一九〇七）七月二十七日発行の千六百五十四号で休刊、その後月刊誌として復刊したものの、翌年一月号で終刊となった。ちなみに本多錦吉郎は早くから執筆陣を辞している。一つには急逝した師の遺志によって画塾を継承、その運営に追われたという事情がある。

## 日本への定住をあきらめて

しかし、本多錦吉郎や野村文夫などの士族が、当時、絵画の力によって時世を風刺、批判する決心をしたということは、今日の私たちの想像を超える強い意志が必要だったこと

●——黒田清隆を諷した「犀（妻）の亡霊」『自由民権期の漫画』

も忘れてはならない。第一、当時のような固定した社会においては、絵師という職業はあまり社会的地位の高いものではなかった。本多はお雇いのイギリス軍人ブラックによって絵画の意義を教えられるまで、自分の画才を発揮することなど夢にも考えなかった。

風刺についても、日本には落書という独特の習慣があり、権力者への遠回しの批判効果は認識していたが、あくまで匿名のうっぷん晴らしに過ぎず、風刺画も「狂画」「おどけ絵」「ポンチ絵」などと呼ばれていたように、戯言以上のものではなかった。

それがイギリス社会で一定の伝統をもつ漫画雑誌を一見するや、直ちに民権運動の啓蒙手段と考えたことは、時代の水準を一歩抜くセンスだったといえる。ただし、旧幕時代の落書はお上の側では無責任な噂として、正面から取り合わないことを建前としていたが、明治になって一切の体制批判を許さない専制政府が成立してしまうと、たとえ匿名性の風刺にも厳しい検閲の網がかぶせられたという点で、旧幕時代より不自由となってしまった。本多や野村はそれを承知し、直接対決を辞さない覚悟で風刺雑誌をはじめたのである。「団団珍聞」が、政府批判の姿勢を終始緩めることがなかったのは当然で、後には小林清親(一八四七〜一九一五)も加わり、一層の充実を見た。ビゴーも二、三点寄稿しているが、これは陸軍士官学校で同じ講師に迎えられた本多と知り合ったためと思われる。

本多をはじめとする日本の風刺画家とビゴーとの違いは、ビゴーが政治風刺を超えて、欧化期の日本人の性格に迫ろうとしたことであろう。『日本人の生活』や『警官の多忙』といった画集には、大晦日の掛け取り、一族郎党や用心棒を従えふんぞって歩く代議士、身投げや首縊りの処理に追われる警官などの姿が描かれる。「ロンドングラフィック」紙寄稿の日清戦争の報道画は、出征時の妻子との別れから始まり、戦場での死体の確認、捕虜の表情、在留清国人が日本の子どもたちから嘲けられるのを見て見ないふりをする警官、といったテーマが選ばれ、写真などでは捉えきれない実相を伝えている。

日清戦争後の明治二十八年（一八九五）、ビゴーはハマという日本女性と結婚、一子をもうけた。来日後数年目に日本に帰化する決心をしたという彼だが、いざ結婚相手となると、それなりの苦労はあったと思われる。さらに生活の安定のため日本の画壇で地位を得ようと考えたのは自然で、このころ主導的地位を獲得しつつあった黒田清輝（一八六六〜一九二四）にも接触しているが、黒田が制作した日本初のヌード画『朝妝《ちょうしょう》』（一八九五）について、ワイセツ物を見るような態度の観衆を風刺し、黒田に対しても「素描することも彩色することもよくわかっていないし、動物園の背こぶの二つある反芻動物をみて、人体解剖を学んだにちがいない」などとコキおろしたため、激しい怒りを買ってしまった。

郷に入っては郷に従えという観念は、ビゴーには通じない。さらにこのころから条約改正の実現が濃厚となってきた。日本にとっては懸案の解決だったが、彼のような外国人にとっては治外法権の廃止となり、強権下の言論弾圧を回避することはむずかしくなる。

かくては日本との蜜月もここまでと決意、妻子ともども帰国しようとしたが、案に相違して妻から拒否されてしまった。当時の日本女性としては無理もないが、ビゴーの失望落胆ぶりは大変なものがあったようだ。このころから、彼の絵には日本社会の欠陥をあらわす、暗い情調のものが増える。料亭での役人の酔態、肥桶の異臭がみなぎる路上風景などはともかく、『女中の一日』などは社会の底辺にいる農村出身の女性たちが、牛馬のようにこき使われる実態を子細に描写する。日本人から食い物にされる外国人の悩みを表現した図柄も増える。たとえば車夫や港湾作業員から割増し料金を請求されたり、富士山頂で食事の仲間外れにされている外国人などは、これまでになかったテーマである。冒頭に記した『ヨコハマ・バラード』の憂鬱そうな表情が、その象徴といえよう。

## 失意のうちに日本を去る

ビゴーは明治三十二年（一八九九）、一人息子モリスを伴って日本を離れた。妻とは別れた。後に親族が語るところでは、ビゴーのほうが「離縁された」というのだが、真相は不明である。いずれにせよ、彼は三十九歳になっていたので、もう青年とはいえなかった。若き日の情熱をすべて日本に捧げつくしたのである。

しかし、十八年ぶりに故国に帰ったビゴーは、すぐに活動の場を見出した。当時のフランスは、風刺漫画雑誌の大ブームを迎えていたからである。日本でも、規模は小さいが、明治三十年代の後半から大正時代にかけて「東京パック」や「時事漫画」などの漫画誌が生まれ、北沢楽天や下川凹天などの人気漫画家を輩出したのと事情が似ている。その中で、ビゴーは当然ながら数少ない日本通の画家と思われていたので、初期においては注文があったのだろう。日本人がにこやかに「おめでとう」と挨拶をかわしている正月の光景、京都や上野のにぎやかな花見風景、臨検が監視している厳しい演説会の場面などを、繰り返し描いている。

間もなく妻帯したが、数年後、小児麻痺の娘の転地療養のためパリ郊外のピエーブル村に移り、エピナール版画という庶民向けの一枚刷り石版画などを手がけ、その地で生涯を閉じた。一九二七年（昭和二）、日本風の庭園を散歩中、心臓発作で倒れたという。享年

●──日本の子どもたち（エピナール版画）「『フランスの浮世絵師ビゴー』」

六十七。

日本では昭和初期から十年ごろにかけ、少しずつビゴー回顧の機運も生じてきたが、その実像が明らかになったのは、戦後の昭和四十五年（一九七〇）以降、清水勲氏による先駆的な業績が出現してからである。帰国後の版画作者としての経歴が明らかになったのも、つい近年のことである。晩年のビゴーの和風の居間には古ぼけた桐の箪笥や盾、横笛などが置かれ、外出には常に和服を着ていたので、村人からは「日本人《ヤポネ》」と呼ばれていたという。

# 十五

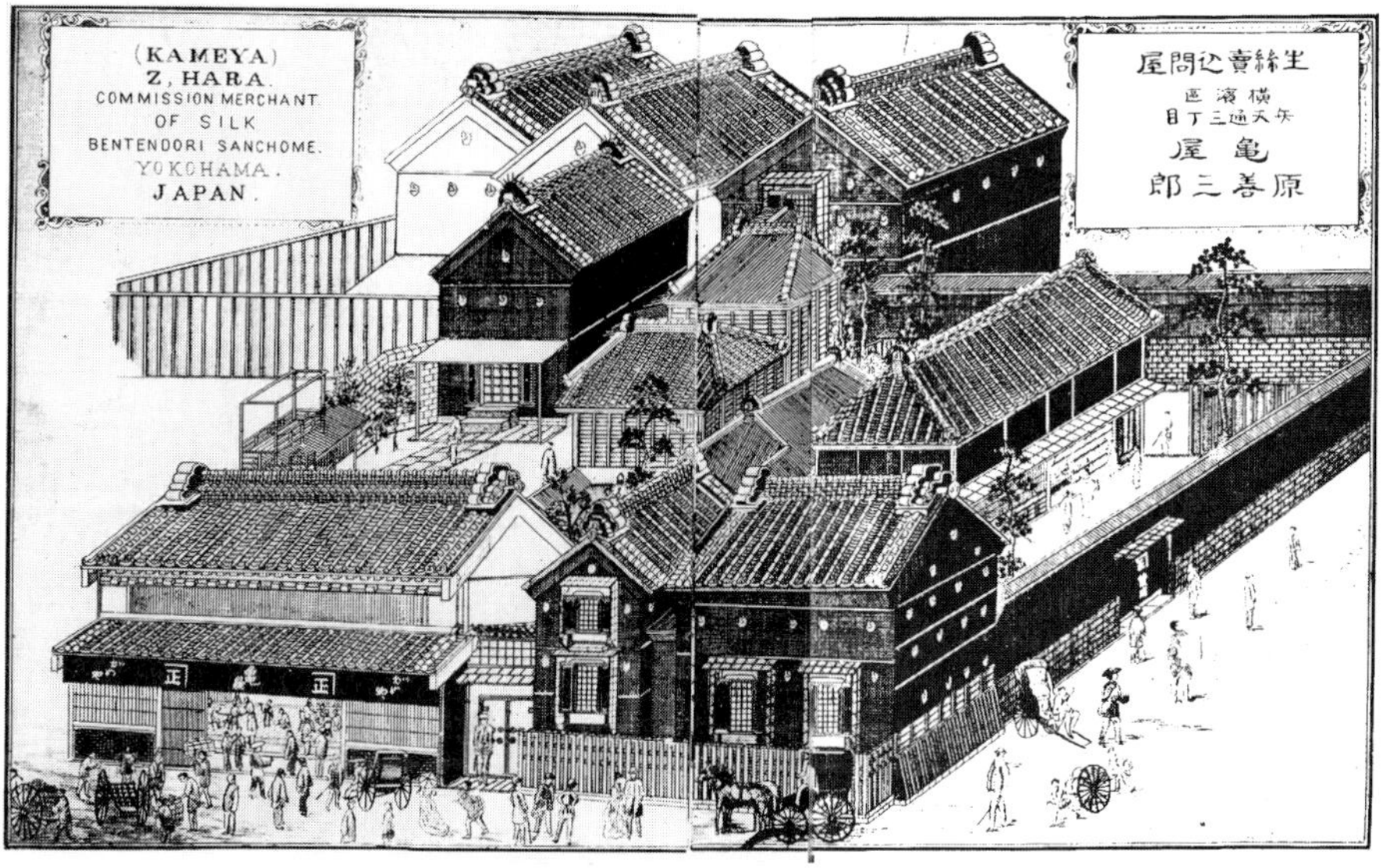


# 幕末商人が開いた絹の市場
# 原善三郎
# 原三溪
## ◎生糸貿易

●——原善三郎店舗
「『銅版画に見る横浜明治の商家』」

## 山村の少年が抱いた自負心

原善三郎は文政十年（一八二七）四月二十八日、武蔵国児玉郡渡瀬村《わたらせ》（現、埼玉県児玉郡神川町渡瀬）の素封家原太兵衛の長男として生まれた。付近に城峯山《じょうみねさん》がそびえ、神流川《かんながわ》が流れる農業地帯である。弟妹は七人で、家は農業のほか、製材、製糸、質商などを営み、とくに蚕糸や紙の仲買に力を入れていた。五歳のころに付近の僧侶の経営する寺子屋で読み書きを習いはじめたが、学習態度は真摯そのもので、遅刻や欠席は一日とてなかったし、おまけに几帳面で礼儀正しかった。ただし成績のほうは、庭訓の書き写しに秀でていたほか、きわだった才能が認められなかったので、時に「総領の甚六」などと陰口を耳にすることもあったが、けっして人と争うようなことはなかった。

数え年の十四歳で学業を修了、蚕糸仲買を中心に商売の見習いをはじめた。近隣や秩父で絹布や生糸を仕入れ、高崎・前橋・沼田あるいは江戸の呉服屋にまで卸す仕事であるが、少年善三郎は馬を追いながら絹布の坪買（大量購入）に従事するようになった。南甘楽《かんら》地方特産の山中紙《さんちゅうし》も、高崎の問屋に卸すことができた。

このような仕事の中で、将来を期する心が芽生えたのだろうか。当時たまたま家に宿泊した常陸の武士から、杜甫の『百憂集行《ひゃくゆうしゅうこう》』の詩（「悲しみて見る生涯百憂の集まるを」）に託した心境を示されたことがあった。その武士はいまだ志を果たす機会がなく、故郷の妻子を貧窮に追いやっている苦悩を語り、「老いてから、このような嘆きに陥ってはならんぞ」と諭そうとしたのであるが、これに対して善三郎少年は穏やかな口調ながら、決然といった。

「ご好意まことにありがとうございますが、私は幸い庶人に生まれ、その仕事もお客さまとは異なりますので、必ず悔いを残すことはないと存じます。時世とはいいながら、妻子にひもじい思いをさせるのは男子の恥とするところ。それくらいなら妻をもたず、子もないほうがましです。広い田畑がなくとも、一家が飢えず凍えずの計を立てることができなければ、憂国の志士とはいえません。杜甫が仰せのような人物なら、賢明な詩人とはいえないと思います。お客さまもそれに似て、痴愚というしかありません。おそらく杜甫は人の情をうたったもので、現実を描写したものではありますまい。野人木訥《ぼくとつ》のため、礼を失した物言いかもしれませんが、お許し願いとう存じます」

善三郎の自負心を窺わせるエピソードだが、面と向かっていわれた武士はさぞ驚いたことだろう。善三郎は叱りつける両親をも無視しつつ、冷然とソダを燻べていたという。近世も末期に近く、権威失墜がいちじるしい武士階級に対し、内心侮蔑心をいだく農民や町人者も現れたが、善三郎の場合はその最もめざましい例であろう。世代交代というよりも覇者交代というべく、このエネルギーが次の時代を形成していくのである。

## 山賊もひるんだ気迫

「仕事に励み、怠けないこと」を意味する「精励恪勤《せいれいかっきん》」という熟語は、いかにも日本人好みだが、そのころの善三郎の日常を表現するのにふさわしいことばだった。日に七、八里と、足が棒になるほど歩きまわるうちに、糸の質を見分ける眼力が養われ、取引のコツを覚えた。コツといっても、まけることではない。品を示したり値をつけたりしてから、じっと

●――原 善三郎
『原善三郎と富太郎(三溪)』

相手の反応をまつ。安易な追従や世辞は一切口にしなかった。品質に自信があったからで、そのことが商いの信用に直結し、間もなく商号の「亀屋」と屋号の「〈正《やままさ》」は、江戸にまで知れわたるようになった。

二十一歳のとき、親のすすめで隣村の加藤喜三郎の次女もんと結婚した。美人で気だてがよく、嫁舅の折り合いもよいという理想の伴侶であったが、一児やゑ（八重）を遺して他界してしまった。善三郎と原家にとっては大きな打撃であったが、いつまでも悲しみに浸っている余裕はなかった。

八重の生まれたのは嘉永四年（一八五一）だが、ペリー率いるアメリカ東インド艦隊の来航は、そのわずか二年後だった。片田舎に住むとはいえ常に江戸の問屋との交渉があり、大名諸侯のもとにも出入りしていた善三郎には、急激な時勢の変化がビシビシと伝わり、日々に緊張感の高まりを覚えたことだろう。大宮の市で商うため、夜明けの峠を越えようとして山賊に襲われかけたのも、ちょうどそのころだった。善三郎は相手の機先を制するように「エイヤッ」と力みながら脇差の鞘を握りしめると、恐怖のあまり仮死状態になっている従者の襟髪を掴みながら、行く手に立ちはだかる山賊のほうに一歩、また一歩と接近していった。まことに剛胆というべきか、善三郎も必死だったのだろう。賊はその気迫に圧されたかのように一歩、また一歩と後退、ついに藪の中に逃げ込んでしまった。

このような日常のなかで、ついに善三郎は生糸市場を一挙に広げる時節の到来を知る。安政六年（一八五九）六月、横浜が開港され、露仏米蘭英五カ国との自由交易が許可され、各地からは商機を先取りしようとする人々が殺到する勢いとなった。善三郎にしても、黒船来航直後の絹布相場の乱高下に着目し、かなりの利益を得ていたことから、開港が未曾

●——当時の生糸外装

有のビジネス・チャンスであることを、だれよりも強く認識していた。

善三郎が初めて横浜に足を踏み入れたのは、開港から三カ月後の九月十一日であった。それも生糸売込商の先達中居屋重兵衛の荷主としてであるから、慎重な態度が窺える。理由として、新開地にはまず治安上の問題がある上に、生糸交易そのものに制約がつきまとっていたことが考えられる。

## 木っ葉浪人を追い払う

安政年間（一八五四〜五九）といえば、まだまだ市中を攘夷派の浪士が横行し、内外の商人に対する暴行事件が後を絶たなかった。ヒュースケンの殺害は当局者を震撼させたが、横浜でも本町におけるロシア士官二名の惨殺や、弁天通におけるフランス人従者（清人）の殺害などがあいついだ。主義主張よりも、金品が目当ての浪士も多かった。現に善三郎は横浜へ出張のさいに泊まった宿で、寝入りばなを浪士に襲われている。とっさに、ここで弱気を起こしては殺されると思った彼は、まずアクビを一つ演じてみせた。苛立った浪士が、刀の柄に手をかけながら叫んだ。

「起きろ、町人！　おのれ売国奴め！　そのままにゃ置かん！」

善三郎は夜具をはねのけ、布団から出て正座して両手をついた。

「深夜わざわざのお出まし、何ごとでしょうか？」

「おのれ、知らんのか」浪士はいっそう語調を荒げた。「洋夷は幕府を欺き、表に交易を名として裏に非望を抱く輩である。国を憂いて事を論じる者は、幕吏の忌諱にふれて獄に閉じこめられる始末。このような際に国の民たる者、相応に自らを捨て、義に赴くべきであるのに、何事ぞ、汝らの行っていることは、薄利に目がくらみ、義を忘れ、わが日本の物産を彼らに供し、鍵を盗人に渡すに等しいことではないか。まさに天地に容れぬ所行である。汚れた幕吏がこれを許すとも、われら義人が許さぬ。おのれ町人、あえてこの地に来るもの、狗偸《くとう》の輩、いいわけあらば言え、聞こう」

善三郎は冷静な頭で、考えながら応じた。

●——横浜英吉利西商館（英一番館）繁栄図（部分）［『幕末明治の歴史』］

「御辺の高義、愚かなわれらにもよくわかります。仰せではありますが、わたしは異人と交易を営む者ではなく、見物にきただけです。少々思うところあって、異人のものを買おうと思いましたが、あなた様の考えを聞いて夢が覚めました。いまとなっては、さしあたり買物用の代価は不要ですので、御辺に進呈し、万分の一にても報国の義の足しにしてくだされ。町人にとって、国家のために御辺らと奔走できないことほど、悲しく口惜しいことはありません」

いいながら、行李の中から小出し用の十五両、さあらぬ顔で財布ごと差し出したところ、浪士はたちまち相好を崩した。

「おぬしは本当に見物にまいったのか？　それなら、何も益なき生を絶たんでもよい。ゆめゆめおれのことばを忘れるなよ。この金は、まさかの際に同志の軍資金とする。さらば！」

浪士が強請《ゆすり》に過ぎないことを、善三郎は早々に見破っていたという。

## 一寸の虫にも五分の魂

横浜進出に慎重だったのは、物騒な環境のせいばかりではない。何といっても輸出入の仕事は未経験で、小手試しにと扱った外油（石油）では容器の不備が原因で失敗するなど、思わぬ失敗も体験し、自信を失いかけたところを大道易者に見てもらったところ、「富貴唾して求むべきも、今はしばらく潜竜の雲雨を得ざる形なり」（富は一心に追求すべきとしても、しばらくは伏竜のごとく時世を待つべし）といわれ、救われたというエピソードもある。

もう一つは、対外的な生糸取引が外国側に一方的に有利に定められ、日本商人の思うにまかせないという一事であった。居留地独自の税率や取引慣行は、手数料や利子設定などを含め、すべて外国側に有利に出来ていた。幕府は是正に躍起となっていたが、なにしろ不平等条約と治外法権が存在するので、手も足も出ない。

しかし、商売を大きくする場は、この開港場を除いてはあり得ない。いずれ不平等条約は是正され、日本商人の商権が確立される時がくると予想した点では、善三郎は初期に横浜に進出した田中正八、茂木惣兵衛、糸屋勘助ら有力売込商と同じ思いであったろう。

決心さえ固まれば、行動は早い。慶応元年（一八六五）善三郎は弁天通三丁目に大店舗を建設した。このころの土地はすべて幕府所有で、営業は許可制だった。善三郎の欲しい土地は中村屋儀兵衛（神奈川出身）という商人に属していたが、その店舗と借地権を千両で購入したのである。当時の善三郎の資本は、約二千両であった。

この店は翌年十月の大火（末広町豚肉屋より出火、関内の大半におよぶ）により焼失してしまったが、直後に行われた生糸商組合の集会で、善三郎が組合頭取の糸屋勘助から外国人顧客を奪うという事件が発生した。「青二才」の善三郎から客を横取りされ、面子丸つぶれとなった勘助が、同業者に呼びかけて善三郎をボイコットし、あまつさえ奉行所に訴え出たというので、横浜の業界は騒然となった。

善三郎は意気軒昂。仲裁に訪れた者に対して、「およそ商業に従事する者は、耳目の敏にして、取引の速かならんことを要す。何事ぞ、その古くより頭取たるの権をもって、我を目して青二才となし、枉《ま》げて我をして屈せしめんとす。善三郎は骨あり、虫あり、彼にして我を憎まば、その為すがままに任せて、我は我が欲するところに行かんのみ」と一歩も引かない。幸い彼とは昵懇の宮内清太郎という大工棟梁が仲裁に入ることで、当事者同士は矛をおさめたのであるが、このように業者間では生き馬の目を抜くような熾烈な争いが日常的に起こっていたといえよう。

●——旧生糸検査所跡［現、横浜第二合同庁舎］

●——本町一丁目にあった横浜商工会議所『横浜歴史散歩』

歩み続けた大商人への道

この争いが、業界地図を変えたと見える。間もなく同じ地に新店舗を再建した善三郎は、明治二年（一八六九）には横浜の生糸輸出額の二十二パーセントを占める大手業者に成長していた。年間売上は推定で約二千万円、その手数料収入は約二万七千円に達する。以後も順調に商業規模を拡大した善三郎は、その実力と信用を背景に、横浜商人の筆頭として、業界の指導者的立場につくことになる。この年、彼は四十二歳となっていた。

翌年、明治政府が生糸業界の統制と近代化のため、民部省管轄の通商司を設けたため、善三郎はその商法司為替方に任命された。以後貿易商社頭取をはじめ、多くの半官半民の地位を兼務するようになるが、その最大のものは東京の生糸商を含む横浜生糸改会社の会頭となったことである。政府に代わって海外取引に必要な品質検査を行い、その手数料をもって運営するという下請会社であるが、実質的には生糸商の同業組合で、善三郎は当時大手の三越得右衛門（越後屋）、小野善三郎（井筒屋）、茂木惣兵衛（野沢屋）、上原四郎左衛門（郡内屋）、金子平兵衛（小松屋）ら同業の五名と並んで社長に登記されたものだが、（ほかに二十三名が加わっている）実質的には原および茂木の二者だけで横浜の全扱い量の、じつに三十七パーセントを占めていた。外国企業は、いち早くこの会社の特権的かつ外国企業の規制目的を看破し、猛反対した。ついには外交問題に仕立て、日本政府の腰をくだこうとした。このような外国側の強硬姿勢と、もう一つは横浜商人と地方商人との間の利害対立が生じたことから、当初の国策による生糸改会社は、建前上民間の発意による生糸検査所へと格下げせざるを余儀なくされた。

このほか蚕種紙（蚕蛾に産卵させた紙）の輸出をめぐって外国商人と正面衝突したさいにも、生糸商の先頭に立ち、明治十二年（一八七九）には第一回県会議員に選ばれたが、翌年には福沢諭吉に相談して横浜商法会議所を設立、自ら社長に就任している。これは横浜商人が得てして自己本位の行動をとったあげく、外国企業に漁夫の利を得させる傾向が強いため、親睦機関を設けて相互認識を深めたいという趣旨に出たものである。通貨問題、港湾改良そのほか、商取引に関する重要案件を審議し、会員への重要な連絡機関となり、紆余曲折はあったが、のちの横浜商工業会議所に発展をとげた。

その後も業界の主要な地位につき、市政にも初代議長などで貢献したが、明治二十八年（一八九五）には貴族院多額納税議員に互選された。そのほかの肩書きは、大小二十八を数えるが、明治三十二年（一八九九）二月六日、惜しまれつつ七十一歳九カ月余の生涯を閉じた。葬儀は十日後、粉雪の舞う中で盛大に営まれた。墓所は西区久保山円覚寺にある。

●──原 富太郎（三溪）

## 駅頭で見初めた妻

善三郎の家庭生活は、女婿（前述の一人娘八重の夫元三郎）が早世したため、そのまた一人娘で善三郎には孫にあたる屋寿《やす》に青木富太郎を女婿として迎えたことが特筆される。のちの原三溪である。

富太郎は慶応四年（一八六八）八月二十三日、岐阜県厚見郡佐波村（現、岐阜県柳津町佐波）の青木久衛と琴の長男として生まれた。生家は養蚕、養豚を行う農家で、戸長をつとめていた。外祖父の高橋友吉（杏村）は著名な文人画家で、富太郎もその血を引いたのか、幼時にはこの祖父から熱心に絵を習い、後年には独自の画境を示している。

教育は十三歳から、江戸末期の藩校の伝統下にある野村藤蔭の鶏鳴塾に学び、その後京都に出て儒者草場船山のもと、経学、詩文、書道、絵画を学んだが、自由民権運動の高まりに影響され、新しい学問への意欲を抑え切れなくなり、両親には無断で教育家跡見花蹊《あとみかけい》（一八四〇〜一九二六）を頼って上京した。船山の紹介状があったため、跡見女学校で国漢・歴史の助教授となることができたが、同時に勉学の不足を自覚し、開校後六年目の東京専門学校（後の早稲田大学）に入学した。怒った父親が上京、息子に翻意を促したが、勉学の意思の固いことを知るにおよんで、逆に「家名を汚すな、名を惜しめ」と許可を与えた。

しかし、富太郎のように明治新時代の空気に強い刺激を受けた若者には、さらに旧時代のしがらみを越えなければならない運命が待ちかまえていた。偶然ながら、前述の原家の一人娘、屋寿が跡見女学校に在学していたのである。

女子の高等教育機関が乏しい当時、跡見女学校は幅広い年齢の生徒を預かる、全寮制の学校として注目されていた。女学生に袴を着用させた最初の学校である。屋寿が入学したのは十一歳の時で、まだ私塾のような小規模なものだったが、富太郎が教授になったころには生徒数は三百人近くになっていた。二人が急速に親しくなったのは、一日新橋ステーションに着いた富太郎が、偶然通りかかった屋寿の下駄の鼻緒がきれたのを、すばやくすげ替えたことからという。

当時の小説を地でいくようなロマンスで、学内の評判にもなったが、二人が結ばれるためには、長男で跡取りの富太郎が生家から出なければならないという難事があった。果然父親は猛反対で、とりつくシマもない。事態を知って乗り出したのは校長の花蹊自身だっ

●——原 屋寿 『原三溪物語』

た。富太郎を伴って岐阜の父親のもとに出向き、直談判をしたところ、案外容易に承諾を得ることができた。かつて勉学のために東京へ行くことを許した父親は、いずれこのような日がくることを覚悟していたのかもしれない。

それよりも屋寿の祖父、善三郎のほうがよほど難しいように思われた。まだ後継の養子元三郎に先立たれて間もないころで、早急に孫娘に婿をと思っていた矢先、意中の人を打ち明けられるという始末で、おまけに新橋ステーションで知り合ったという。それだけでも、頑固者の善三郎には絶対反対だった。

しかし、善三郎は指定の場所にやってきた相手を見て、たちまち気にいってしまった。屋寿が惚れたのも無理はないと思った。善三郎が潜竜とすれば、時と場所こそちがえ、眼

◉——原 富太郎と長男善一郎

前に現れたこの若者も潜竜かもしれなかった。富太郎のほうでも、この横浜財界の大立者に、人間としての親しみを感じた。紋付姿の両人はたがいに初対面にもかかわらず、早くも打ち解けていた。

## 見事な人生の設計図

原三溪は「『七十は古来稀なり』というが、人間の一生は三十までは修業の時代、三十から六十までは活動の時代、六十過ぎたらあっさりと後進に道をゆずり、趣味の生活を楽しみたいものだ」と口癖のようにっていたが、現実の生涯もだいたいこのようになったといってよい。活動期の三十代は畑ちがいながら祖業の製糸業と貿易業に力を注ぎ、発展させたが、充実した趣味生活には準備が必要なのはいうまでもない。

三溪が日本および東洋の古美術に関心をいだくようになったのは、遠く学生時代に端を発するようだが、その大きなきっかけは明治三十年（一八九七）前後に岡倉天心（一八六三〜一九一三）に出会ったことにある。天心を通じて新進の日本画家を援助するとともに、明治三十八年（一九〇五）中区本牧三ノ谷海岸に建築した別荘と庭園（三溪園）に招いて、古美術鑑賞会を開いた。下村観山、横山大観についで今村紫紅、安田靫彦、前田青邨、小林古径、速水御舟、荒井寛峰ら後に日本画壇の最高峰といわれた人々のほか、和辻哲郎、八代幸雄、阿部次郎、谷川徹三ら少壮学者も加わるという、今日からは考えられないようなサロンであった。観山を園の向かいの和田山に迎え、屋敷を提供するということもした。

収集の古美術品も平安時代から江戸時代へ、さらには中国の南画や朝鮮の陶磁器、漆工にいたるまでの約八千点は、質量ともに個人最大級であった。収集の基準としては、美術史的な観点はいうまでもなく、「気韻に乏しきの作」は採らないという三溪独自の視点が貫かれている。大正五年にはインドの詩人タゴールが訪れ、晩年の夏目漱石もまた南画の鑑賞に来訪し、長男善一郎の友人だった芥川龍之介が初音茶屋でお茶をふるまわれたというようなエピソードは枚挙にいとまない。

三溪園は、現在の箕輪下から間門まで見渡す限りの田圃を埋め立て、約五万三千坪（約

●――（上）昭和初期の三溪園［『横浜市史稿』］
●――昭和初期の三重塔（旧燈明寺三重塔）［『横浜市史稿』］

十七万五千平方メートル）の庭園に造成したもので、明治三十九年（一九〇六）に一般公開され、大正十二年（一九二三）四月には全園完成記念の茶会が催された。園内には関西方面から移築した仏殿、神社、祠、寝殿など由緒ある建築物が配置され、紀州徳川家の別邸臨春閣、伏見城の諸侯控えの間月華殿、三溪園のランドマークとしての旧燈明寺三重塔ほか重要文化財が十件十二棟も配置されている。幽邃《ゆうすい》な渓流には関西の生駒などから取り寄せた巨石があしらわれ、大好きな本牧の海を借景に、四季を通じて花の絶えることのない設計としたあたりも、個人趣味をこえた理想の庭園となった（なお、建造物は関東大震災と横浜大空襲のもと、再度にわたり被害を受けたが、戦後横浜市に寄贈され、現在は三溪園保勝会により運営されている）。

三溪の家庭生活は想像通り夫婦睦まじく、一男一女に恵まれて順調だったが、六十九歳で長男善一郎に先立たれた。富太郎はそのことに気落ちしたのか、翌年肺炎に罹ってから病床につき、昭和十四年（一九三九）八月十六日、七十歳を一期に不帰の客となった。死期が迫ったとき、医師に「薬がよく、心がすぐれていても天命には勝てぬ」といい、愛蔵の『雪舟画巻』をじっと見つめ、「わしは死ぬ。しかし、今夜は死なぬ」と言ったという。法号は大瑞院富嶽三溪大居士。

十八日の通夜は雨だった。臨春閣に安置された棺の上には、園内の池から切りとった蓮の花が、一輪だけ添えられていた。そして翌日、出棺の際に鳴った鐘の音は、三重塔を過ぎ、仏殿を渡り、本牧の沖へと消えていったのである。

# 十六

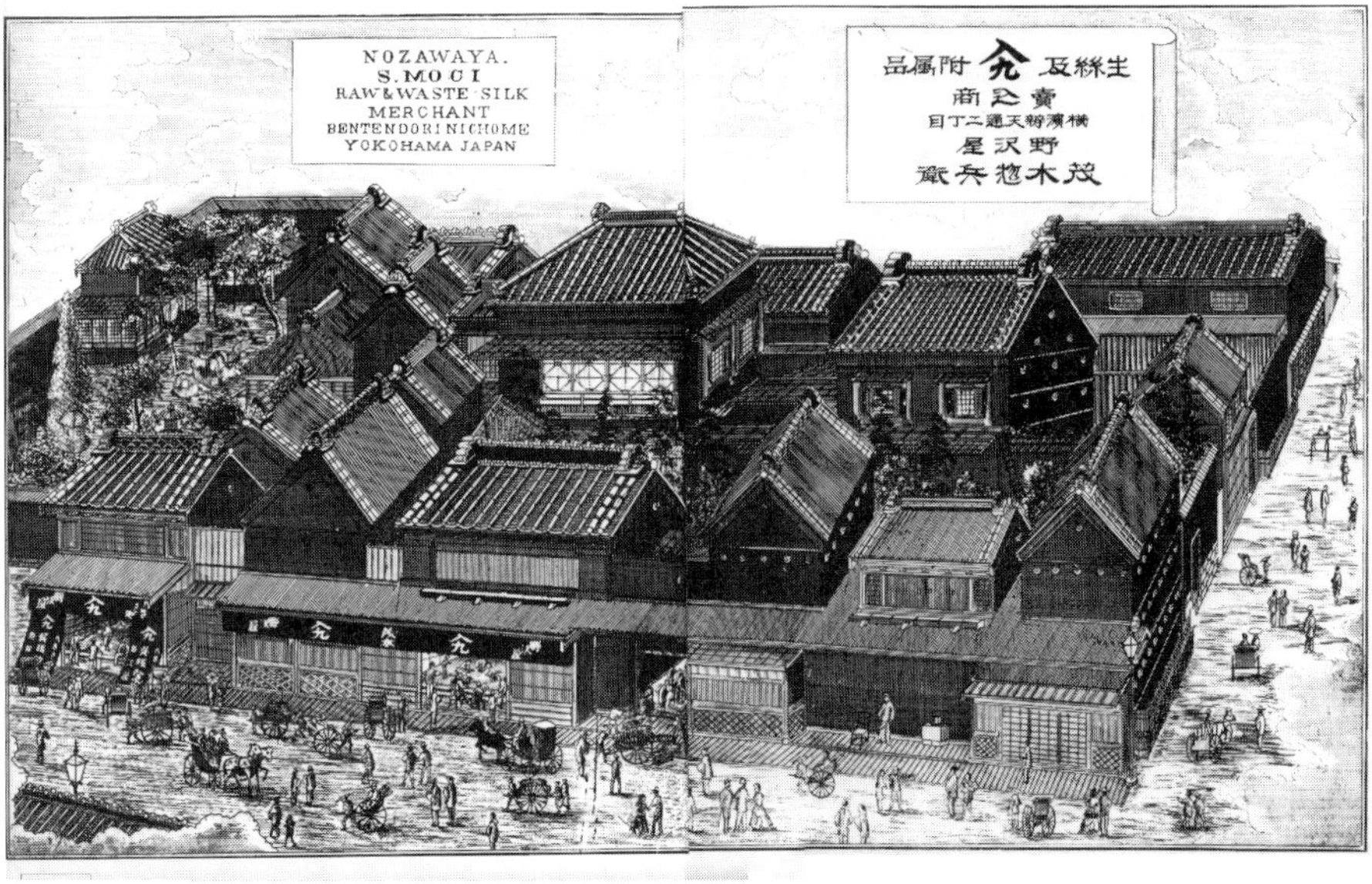


●——野沢屋茂木惣兵衛『市民グラフヨコハマ』

# 理想を掲げた巨富四代の波瀾

## 茂木惣兵衛（初代〜三代）

◎生糸商社

## 一斉に誕生した横浜商人

横浜開港は安政六年（一八五九）六月だが、貿易港として函館や長崎より急速に発展した理由は、蚕糸業の盛んな上州や信州を背後に控えていたからである。これらの地方では、早くから生糸が外国向け商品として有望なことを把握し、開港と同時に横浜へと荷駄を運ぶ業者が現れた。いち早く横浜弁天通の野庄という店（生糸売込商）へ、大間々（現、群馬県みどり市大間々町）特産の生糸を持ち込んだのは、前橋の武常という業者だったという（『横浜開港側面史』）。思ったよりも高く売れたので、以後各地の生糸商人が野庄、吉村屋、柴清、原善三郎などの有力問屋に押しかけるようになった。

野庄すなわち野沢屋庄三郎は、中居屋重兵衛や甲州屋忠右衛門らとともに、横浜最初期の生糸売込商人の一人とされる。文化十一年（一八一四）児玉郡八幡山町（現、埼玉県児玉郡児玉町八幡山）の桜沢家に生まれた。本名は正三郎というが、長じて同地の組頭野沢九平の娘佐和の入婿となる。別に最初から野沢九平の次男として生まれたとする説も有力であるが、いずれにせよ八幡山町の町役人となり、隣村元田村にある鷹取山の開発を行ったり、水争いの絶えない地区に農業用水を引いたりするなど地域に大きく貢献した。横浜開港を知った際の決断も早く、付近の渡瀬村の原善三郎（229頁参照）とともに生糸売込商として進出、首尾よく野沢屋商店を開くことに成功している。

このように、生糸商人としての前途が期待されたが、開店後わずか二年にして突然病を発し、文久元年（一八六一）九月、店を元店員にゆずって死去した。四十七歳であった。

この元店員というのが、野沢屋を実質的に発展させた茂木惣兵衛である。文政十年

茂木惣兵衛

（一八二七）上野国高崎（現、群馬県高崎市）の質商茂木惣七の長男として生まれ、幼名を惣次郎といった。十歳で新田郡太田（現、群馬県太田市）の太物商今井仙七方に奉公し、才腕を発揮したため番頭に抜擢され、さらに二十六歳の折、桐生の絹物商新井長兵衛の養子となった。

前述のように、開港間もない横浜に出て野沢屋につとめ養子となったが、万延元年（一八六〇）にいたって、同じ横浜商人で生糸や昆布、茶などを扱う石川屋平右衛門の養子となり、一時は野沢、石川両家の切り盛りをしていたらしいが、わずか一年後に元の養

●――養蚕農家での取引風景［モース『百年前の日本』］

父野沢庄三郎の死に遭うという慌ただしさだった。ようやくほとぼりがさめたころ、元の野沢屋には跡取りがいないということから、元治元年（一八六四）庄三郎の遺志に従って野沢屋の呉服販売業の暖簾《のれん》を譲り受け、石川屋を野沢屋と改称した。のちの野沢屋百貨店の創業である。商標の「入九」については諸説あるが、野沢九平から出たとする説をとるべきだろう。

このように養子縁組を繰り返した理由は、関内（関門内の商業地区）に地所と居住権を持っている者に限り、外国人との直取引が許される制度があり、その資格手続きに時間がかかったため、多くの新参商人は養子名目で取引を行うという抜け道を考え出したのである。

## 大店への着実な歩み

外国商人相手の生糸売り込みは、生産者↓地方荷主↓売込商↓外商（外国商館）という順序で行われた。当初は外商のほうから売込商の店に来て、品定めをするのが通例だったが、買手市場となり、売込商のほうから押し寄せるという光景にかわった。売込商は産地直輸入品を横浜で高価に売りさばき、価格差を取得していたが、国際相場を操る外商の買いたたきに遭い、利益は安定しなかった。

そこで茂木惣兵衛、原善三郎ら売込商は、地方荷主から一定の口銭を徴収するという、利幅は薄いが安全な方式に転換することにした。幕末から明治初期にかけての生糸市場は、蚕種紙（蚕蛾に産卵させた紙）を扱うようになってから投機性が高まり、折しも欧州

幕末開港地の生糸売込商店頭風景

市場で蚕の病虫害による相場の乱高下が生じたため、横浜の売込商の中には致命的な打撃を蒙った者もあった。しかし、早くから蚕種の危険性を察知した惣兵衛らは、被害を最小限に食い止めることができた。

それよりも惣兵衛が力を入れようとしたのは、いわゆる産地直送だった。自ら養蚕業の盛んな長野県をはじめ、遠く岐阜地方にまで、養蚕農家、それも器械製糸場のある地方を重点的に訪ね、出荷を要請した。当時から養蚕先進地では蚕の病気予防や、蚕の冷害を防ぐ温暖飼育法など、生産性を高める技術を採用、近代養蚕業へと脱皮しようとしていた。惣兵衛はこの機をとらえたのである。

このように先見の明を発揮した惣兵衛は、急速に横浜生糸売込商の首座を占めるように

●——明治初期の呉服店（横浜鶴屋）〔『一〇〇年前の横浜・神奈川』〕

●——弁天町時代の野沢屋

なり、業界内での声望も高まった。明治二年（一八六九）には横浜為替会社の頭取となり、同七年（一八七四）には第二国立銀行および横浜取引所の副頭取となった。開港当時九十三名もいた売込業者も明治五年（一八七二）にはわずか三十五名に減少していた。

明治十四年（一八八一）、原善三郎や渋沢喜作、馬越恭平《まごしきょうへい》らと共同で設立した聯合生糸荷預所は、惣兵衛の業界内での信用と実力を背景としたものである。荷預所とは業界の保護統制機構で、外国商館主導の取引を根本から是正しようとするものだった。契約した荷については、まず日本側で検査や計量を行い、代価や検査期限を契約書に明記し、外国商館の買い叩きを防止するという仕組みである。

これには開港いらい二十年の商慣習を改め、治外法権にくさびを打ち込もうという意図があったが、公表されるや外国側から猛反発が起こり、取引は一時停止のやむなきにいたった。農家や商人からは激励の声があがり、世論も高まる一方では、紛糾が長引くにつれて抜け駆けする業者も現れるなど、戦いは困難をきわめたが、二カ月後仲介者により和解が成立した。全面的な勝利ではなかったものの、日本側の主張はある程度貫かれた。

## 福祉に尽くした晩年

横浜弁天町に店舗を構える茂木商店は、今日でいう商社として、扱い品目も生糸のほか海産物や菜種、人参、海外向けの織物にまで手をひろげた。このような事業拡張のために大きな支えとなったのが、横浜七十四銀行の存在であった。元来この銀行は西南戦争の余波いまだおさらない明治十一年（一八七八）、「第七十四国立銀行」として政府官金の取扱を目的に設立されたが、官金の多くは既設の第二国立銀行が扱っていたため、銀行としての収益手段は銀行券の発行以外になく、三年後の松方正義によるデフレ政策によって発券業務が停止されると、経営に行き詰まってしまった。惣兵衛や大谷嘉兵衛を中心とする有力商人はこの銀行を預金銀行に転換すべく、惣兵衛自ら頭取となって立て直しを図った。以後横浜七十四銀行という名のもとに、生糸貿易を中心とする業務を行い、その後大谷嘉兵衛が頭取となるにおよんで製茶業界にも肩入れし、いちじるしく業績を伸ばした。

惣兵衛はこのころ戸部に別荘を構え、明治十九年（一八八六）には熱海に二・五ヘクタールの梅園をつくった（長与専斎の提言を入れて造成されたもので、現在は「熱海梅園」として熱海市の観光資源となっている）。明治二十三年（一八九〇）には原善三郎の後をついで横浜生糸貿易商組合長に就任しているが、晩年の惣兵衛は海防費一万五千円の献納をはじめ、学校設立や道路・堤防の改修、救貧事業などにも関わった。夜中に火事になると火消しの法被を着て現場に駆けつけ、罹災者に人知れず百円札を手渡すなどの慈善を行ったりもした。横浜は河川が多いのに橋が少ないというので、自分から大工を雇って橋を架けさせるということもした。陰徳ということを地で行く、温厚で謙虚な人物であった、人相では耳たぶの大きな、いわゆる福耳が目立った。

## 慌ただしい代替わり

これより前《さき》、明治十六年（一八八三）、六十九歳に達した惣兵衛は茂木保平を名乗り、家は甥の保次郎に譲って二代目に据えた。これで後継者については安心と思っていたようだが、そうはいかなかった。保次郎がとかく病がちで、業務に適さないとわかったからである。

惣兵衛がとった解決策は、別に保平家を興して養子をとるという方法だった。早くから妻（哲子）を失っていた惣兵衛には、後妻（蝶子）との間に栄子という次女がいたが、この栄子の婿養子として名古屋の瀧定助商店（現、タキヒョー）から次男泰次郎（二十三歳）を迎え、茂木保平としたのである。つまり、茂木家には「惣兵衛家」と「保平家」の二軒が生まれ、保平家のほうが実質的な後継者となったのである（保次郎を三代目と数える文献もあるが、ここでは二代目とする）。

しかし、この二代目の惣兵衛は初代に劣らぬ意欲的な企業人で、茂木家の事業をさらに発展させることに成功した。茂木商店から茂木土地部を独立させ、さらに茂木銀行を新設した。野沢屋呉服店からは野沢屋絹商店、野沢屋輸出店を展開、ニューヨークやリヨンに支店を出し、羽二重を輸出した。製糸工場を愛知県岡崎に、羽二重工場を福井に建設した。自社をこえては全国の羽二重輸出の振興に貢献、横浜商業会議所の会頭に推挙された。趣味も豊かで、謡曲の観世流は製茶業の岡野利兵衛につぐ名人とされた。絵画収集と茶道にも関心が深く、小堀遠州の軸物や利休作の『白飾の文』など、名品も多く所蔵していた。

このように総合商社としての形態が整いつつある矢先、大正元年（一九一二）十月二十八日、二代惣兵衛は病を得て、あっけなく急逝してしまった。享年四十歳であった。当時二代惣兵衛の死去という事態に直面し、茂木財閥はまたもや後継者難に直面した。初代惣兵衛には養嗣子などの手段によって、家督相続を円滑に行おうとするのは常識で、初代惣兵衛の死はあま見られる複雑な分家手段もその例外ではなかったが、いかんせん、二代惣兵衛の死はあま

●——茂木保平（二代目茂木惣兵衛）
『横浜成功名誉鏡』

りにも突然に過ぎた。血縁としての長男良太郎は明治二十六年（一八九三）生まれの、弱冠十九歳の少年で、第八高等学校三年生にすぎなかった。当時呉服店、商社、銀行と手広く事業拡大をとげていた茂木系組織には三百人近い店員がいたが、亡くなった二代目以外には統括者としての人材が育っていなかったのである。

親族会議の結果、長男良太郎に学業を中退させ、三代目惣兵衛として跡目を継がせるということになった。おどろいたのは良太郎である。当時としてリベラルな考えをもっていた彼は、まず茂木家の長男というだけで財産を継ぐということを、封建的経済組織の弊習ではないかと逡巡したが、親族会議の結論に賛成してしまった原因は、もともと大学教育に大した期待を持っていなかったこと、学問は家庭教師によっても可能だし、経営についても自分なりの判断で凌いでいけそうだと考えたことによる。

三代惣兵衛は、店員を前にして、つぎのように挨拶した。

「私が茂木家の相続人として総《す》べての関係事業に采配を振ることになった原因は、只自分がホンの偶然に茂木家の長男として生まれた事実が然《しか》らしむることであるが、同時に茂木家の全財産は茂木一族によって集められたものではなく、店員が相協力して今日の富を形造ったものだ。この富を茂木の名のもとに集め、そうして店員各位の生活を保證《ほしょう》し、何等かに於て社会の進歩に貢献し得たならば自分は非常に満足である」（『茂木惣兵衛遺文集』）

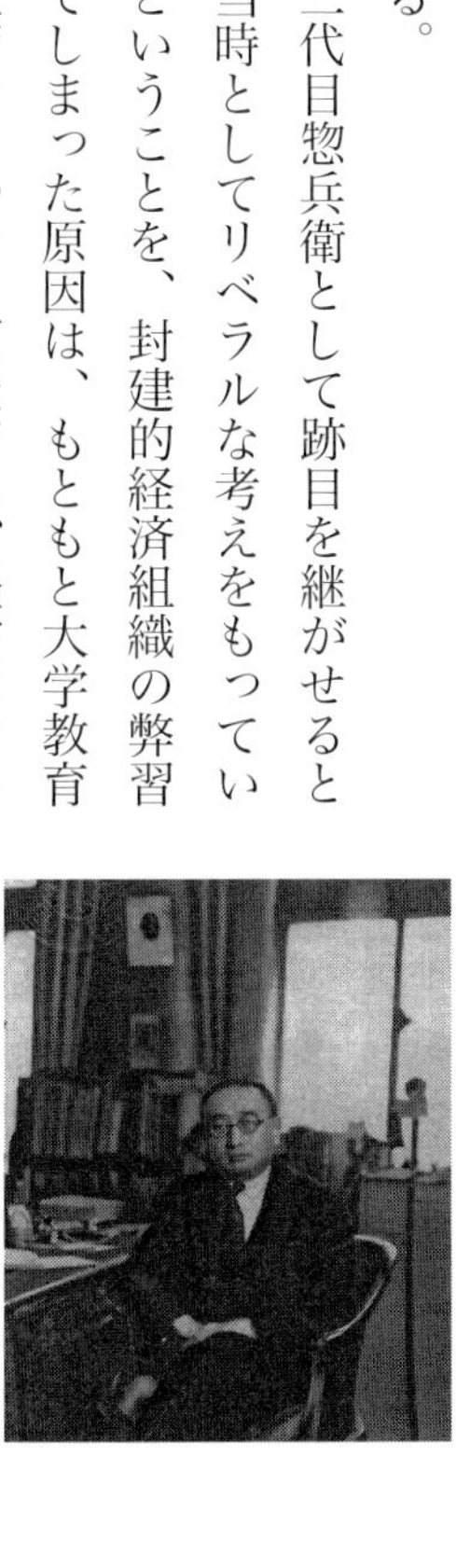

●——茂木惣兵衛（三代目）
『茂木惣兵衛遺文集』

## 三代目の急速な改革

時あたかも大正の初年である。根強い封建的身分意識のもと、〝お店風《たなふう》〟の商業組織にまどろんでいた三百人近い店員は、この急進的な社会主義的な経営理念に接し、ほとんど驚倒に近い衝撃を感じたことと思われるが、三代惣兵衛は歓迎されたという感触をもった。もともと彼は祖父（初代）の慈善行為には共鳴を抱く一方、父親（二代目）が労働時間の割に収入の多いことに、中学時代から疑問に思っていたという。

店員たちをさらに驚かせたのは、続いて行われた社風の改革であった。一例をあげれば茂木家には永年勤続者に対し、「別家」という名で家老のような待遇を与える制度があったが、その妻たちは毎月一日と十五日に主家の〝奥様〟のもとにまかり出て、ご機嫌伺いをしなければならず、盆暮そのほかの祭日には、労力を提供する義務があった。三代惣兵衛が第一に行ったことは、このような封建的な主従関係の全廃であった。彼によれば、当時三井を除けば、三菱も住友も似たり拠ったりの状況だったという。

三代惣兵衛の社内改革の重点は給与の概念を改めることだった。従来は基本給が少ないかわりに、必要に応じて無制限に貸付を行ったが、このようにして借金がかさむと退職時や死亡時の棒引により、手取額が減少する。それよりも基本給を上げ、ボーナスや特別手当を出し、店の無制限な貸付は止めるほうが、はるかに従業員のためになる。

多数の事業部門にはそれぞれ責任者を配し、茂木合名会社の名のもとに統括することとしたが、古い頭の店員はなかなか主従契約の観念から脱することができず、新しい人間関係に適応しようとする若い店員との間に深い溝が生じた。しかし、若い店員はどんどん世界各地に出張し、その目で近代的な企業経営のあり方を見て帰ってくるのである。何とかして世界の趨勢に追いつかないと、競争に負けてしまうという意識が彼を駆り立てた。

改革を行う一方、三代惣兵衛は商売のテクニックを会得するため、昼間は支配人の横に

●——野沢屋の店員

座って手形の書き方や判の捺し方を学び、夜は大学の教師について大学と同等の授業を受けた。取引関係で会った人物からも、多くのことを学んだ。後の日本銀行総裁で当時横浜正金銀行の副頭取だった井上準之助からは、「今後の実業家は茂木家の主人でも何でも、力のない人間は人が相手にしない。頭のない主人は将来駄目だ」といわれた。これに共鳴した彼は、単に一企業のレベルでなく産業全般の封建的なるものを改革しようという意欲が湧いたという。

## 地域経済の崩壊に直面して

成功した実業家の多くは、開港当時、人一倍の努力や才覚を発揮し、先取特権をも得て、事業を確立した。いわゆる原資蓄積期には、すべての利潤は本質的には個人のものであった。その利益の性格は問うところではなかった。

しかし、三代惣兵衛の時代ともなれば、経済全体の仕組みの中で、自社の事業が属する位置を意識するようになる。彼が見るところ、生糸売込商というものは生産者と外国商人の仲介業である。生産者から受領した口銭と、外国商人に売ったさいの為替益をもって莫大な利益をあげている。元来はさほど利幅があるわけでもない取引を、あくまでも経済の好調によって、予期以上の利益をあげているにすぎず、自分の努力によって利益を上げるものではない。「そうした様な生糸問屋、そこに働いている人達というものは、極めて因習的な気分で、また何等新しき考えもなしに、仕事そのものはどうやら円満に発達して来た訳である」（前掲書）

明治四十三年に開業した野沢屋呉服店伊勢佐木町支店「実業之横浜」

このような考え方を三代惣兵衛は自家の歴史や帳簿をひっくり返しているうちに得たという。つまり、自社の事業を客観的に、全経済組織の中で観察する視点を獲得したということだが、事業を否定することではなかった。生糸貿易業が横浜という地域経済の生命であり、中心的事業であるという一事はよく認識していた。現に生糸相場が第一次世界大戦勃発の影響で、千斤当たりの相場が三千円から七百円にまで暴落したさい、彼は急遽対策に乗り出した。その骨子は問屋が生産者に操業短縮を求める見返りに、一定金額（七百円）までの「売止め」を行うということにあった。これは最低限の買値保証を意味するが、当時の生産者は操短の経験もなく、業界の統一的な機関さえ持っていなかったので、抜け駆けに走る者が跡を絶たず、七百円の売止め案はたちまち崩壊の危機に直面した。

彼は政府に補助金を要請することを考えた。生糸は必需品でないために相場が変動しやすく、造船業や船舶業のような基幹産業のように補助を受けにくい。しかし、日本の資本主義経済の現状から見れば当然の策といえる。具体的には政府が七百円までの損失を保証し、銀行が横浜の在荷に対し七百円を担保価格としていくらでも貸し付けるようになれば、問屋や生産者の資力が尽きても、七百円の市価が維持できるはずだ。

彼の考えは、同業者には夢のような話だったようで、容易に乗ってこなかった。中に一人原富太郎（229頁参照）だけは直ちに同意し、三代惣兵衛と一緒に時の総理大臣大隈重信や大蔵大臣若槻礼次郎、農商務大臣箕浦勝人のもとに、陳情に出向いてくれた。このとき大臣に意見を述べる原富三郎の堂々たる態度を見ながら、彼は「力のない人間は人が相手にしない」という井上準之助のことばを思い出していた。

政府補助金が実現し、生糸業界の受け皿（相場調整機関）としての帝国蚕糸会社がスター

野沢屋の食堂

●明治四十三年に開業した野沢屋呉服店伊勢佐木町支店内部
「実業之横浜」

トしたのは大正四年（一九一五）三月。社長原富三郎、副社長茂木惣兵衛という陣容で、三代惣兵衛は弱冠二十二歳だった。

## 米騒動を乗り切る

三代惣兵衛はその後も絹織物輸出の金融機関をつくるなど、斯界の発展に尽くした。自社の扱品目も未曾有の好況を背景に、薬品、鉛、鋼材、羊毛などにまで範囲を広げ、近代的な総合商社としては伊藤忠商事と肩を並べるほどに成長した。

中国への視察旅行を行って帰国し、たまたま財界のご意見番として著名な和田豊治（富士紡績役員）に現地報告していた矢先である。窓の外に米騒動を報じる号外の鈴が鳴り響いた。和田は直ちにこれを資本主義への警鐘と断じ、三代惣兵衛もまた同意した。

翌日、横浜の資産家が県庁に集まって救済策を論じ合ったが、彼は「貧民階級に対しては一時的の救済でなく永久的に、そして徹底的に社会施設を建設する救済策を確立しなければならぬ」とし、神奈川県レベルの救済事業を目指す調査会の設置を提案し、実現させた。じつはこの騒動が起こる前から、彼は南吉田町にあった約一万五千坪（約四万九千五百平方メートル）の土地に、低家賃の住宅百軒を建てはじめていた。そこには公会堂や公設販売所（消費組合）、劇場などを併設し、理想の村とする計画だった。このような三代惣兵衛の取り組みを、横浜の庶民はよく見ていた。翌大正八年（一九一九）、より大規模な米騒動が勃発し、多くの資産家が投石や侵入の被害を受けた際にも、三代惣兵衛の自宅や会社にはガラス一枚の被害もなかった。再び県庁に集まった実業家を前に、彼と原善三郎は救済金百万円の寄付を提案したが、わずか二日間で目標額に達したという。

　集まった寄付金をそのまま横浜市に寄付してしまうと、議会で勢力を誇る憲政会に利用され、野党政友会に属する神奈川県知事が黙認するはずがない。彼は政治的な抗争を嫌っていたので、あくまでも救済事業調査会の名で効率的に役立ててもらおうと、孤軍奮闘の末、結局は中立的な住宅建設事業に寄付することにきまった。

　大正七年（一九一八）彼はアメリカの銀行視察のために旅立った。生糸の八割までがアメリカに輸出されているというのに、現地の銀行とは全く取引がなかったのである。当時はウィルソン大統領の治下だったが、有力上院議員を通じてマーシャル副大統領に日米間（および日中間）の金融改善について記したパンフレットを渡し、議会で読み上げてもらうことができた。この結果、茂木商会はアメリカ市場に進出の手がかりを掴んだ。

　このように世界市場に雄飛し、国内では全国に率先して工場の八時間労働を実現するなど、近代経営を骨太に推進させていた三代惣兵衛の前に、思わぬ悲運が立ちはだかった。

●――茂木惣兵衛夫妻
［『茂木惣兵衛遺文集』］

## 百四十四年の歴史を閉じる

大正九年（一九二〇）三月十五日、空前の株価大暴落（戦後恐慌）によって、千斤三千六百円の生糸相場は一挙に千円台に下落し、茂木商店は大打撃を蒙った。とくに茂木の機関銀行である横浜七十四銀行が預金の取り付けを受けたため、五月二十五日に休業に入り、三代惣兵衛はほとんど全財産を投げ出して破産、三井三菱をしのぐといわれた茂木家の事業は、約半世紀にして横浜という舞台から姿を消した。

ただし、野沢屋の暖簾を惜しんだ絹物輸出商の亀井信次郎と、姻戚となっていた名古屋の瀧定助は、野沢屋呉服店の存立を図った。同店はその十年ほど前、伊勢佐木町にデパートメントストアとしての支店を設立していたので、これを松坂屋・伊藤家の支援を得て、

●――昭和初期の野沢屋（左）

●――二〇〇〇年代の野沢屋

株式会社野沢屋百貨店として再生させたのである。

三年後の大正十二年（一九二三）彼は再起を期して渡英し、ロンドン大学でハロルド・ラスキのもと政治・経済学を専攻、社会運動に関心を高め、国際労働会議や第二インターナショナル会議などに出席した。当時新聞記者だった山浦貫一（後の政治評論家）の回想によると、彼は妻（〝関内の美妓〟）にも一足先に帰国され、下宿の一室で自ら紅茶をいれるという暮らしぶりだったという。

このような中で邦文、英文の著書を出版、昭和十年（一九三五）帰国して青山に家を建てた直後、不運にも結核で倒れた。四十二歳の若さだった。

その後、野沢屋だけは関東大震災、第二次大戦、さらには占領下の接収という難局をしのぎ、長く横浜市民に愛され続けたが、地域経済の急速な変動に翻弄され、最終的には「横浜松坂屋」となり、平成二十年（二〇〇八）波瀾に富んだ百四十四年の歴史の幕を閉じた。

**［参考文献］**

**田中平八**◎土屋喬雄編『類聚伝記大日本史・実業家篇』（雄山閣・一九三六）、沙羅双樹『天下の糸平』（春陽文庫・一九五七）、小林郊人編著『天下の糸平・糸平の祖先とその子孫』（信濃郷土出版社・一九六七）、百五十年記念誌編集委員会編『田中平八の生涯・天下の糸平』（天下の糸平生誕百五十年・葉山嘉樹来住五十年記念碑期成会・一九八五）、早乙女貢『天下の糸平』上下（文春文庫・一九八九）、篠田鉱造『幕末明治女百話』上下（岩波文庫・一九九七）

**コープランド**◎『麒麟麦酒株式会社五十年史』（麒麟麦酒・一九五七）、平塚武二『ヨコハマのサギ山』（あかね書房・一九七三）、出来成訓「英学者勝俣銓吉郎」（「英学史研究」一九七六）、生出恵哉『ヨコハマ歴史散歩』（暁印書館・一九八三）、岡田秀穂「早稲田英作こと勝俣銓吉」（「早稲田英文学人物誌」一九八三）、『ビールと文明開化の横浜』（キリンビール・一九八四）、中区制五〇周年記念事業実行委員会『横浜中区史』（同委員会・一九八五）、『横浜もののはじめ考』（横浜開港資料館・一九八八）

**中川嘉兵衛**◎沢田雪渓「北海道函館五稜郭製氷図解」（「風俗画報」第三二号・一八九二）、大田多稼「近世創始商職業」（「風俗画報」第九九号・一八九五）、『横浜市史稿』風俗編（一九三二）、石井研堂『明治事物起原』（春陽堂書店、一九四四）、香取国臣編『中川嘉兵衛伝・その資料と研究』（私家版・一九八二）、『横浜もののはじめ考』（横浜開港資料館・一九八八）、和合英太郎『製氷發達小史』（『明治大正産業史』第二巻、日本図書センター・二〇〇三）

**堤　磯右衛門**◎小林良正・服部之總『花王石鹸五十年史』（花王石鹸五十年史編纂委員会・一九四〇）、石井研堂『明治事物起原』（春陽堂書店・一九四四）、横浜市立大学経済研究所『横浜経済文化事典』（同研究所・一九五八）、玉蘭斎貞秀『横浜開港見聞誌』（名著刊行会・一九六七）、太田久好『横浜沿革誌』（有隣堂・一九七〇）、『日本女性の歴史（11）文明開化と女性』（暁教育図書・一九七八）、堤磯右衛門『幕末維新「懐中覚」』（横浜開港資料館・一九八八）、『横浜もののはじめ考』（横浜開港資料館・一九八八）

**下岡蓮杖**◎玉蘭斎貞秀『横浜開港見聞誌』（一八六二）、下岡蓮杖談「旧幕府史談会席上に於て」（「旧幕府」第三巻第七号、毎日新聞社・一八九九・九）、山口才一郎「写真実歴」（同）、「写真百年祭記念号」（「アサヒグラフ」臨時増刊、朝日新聞社・一九二五）、前田福太郎『日本写真師始祖下岡蓮杖』（新伊豆社・一九六六）、横浜貿易新聞社編『横浜開港側面史』（横浜貿易新聞社・一九〇九）、小沢健志『日本の写真史』（ニッコールクラブ・一九八六）、木村康夫「下岡蓮杖・東の開祖といわれる多才の人」（「別冊歴史読本」第五七号、新人物往来社・一九八七）、『横浜もののはじめ考』（横浜開港資料館・一九八八）、下岡喜代松述「息子が語る下岡蓮杖の写真修行物語」（「歴史読本スペシャル」新人物往来社・一九八九・五）、長野重一他編『上野彦馬と幕末の写真家たち』（『日本の写真家』第一巻、岩波書店・一九九七）、大島昌宏『幕末写真史下岡蓮杖』（学陽書房・一九九九）、石黒敬章・斎藤多喜夫・青木祐介・松信裕「座談会古写真でみる明治開化期の横浜東京」（「有隣」第四七九号、有隣堂・二〇〇七）

**モレル**◎鉄道省編『日本鉄道史』上巻（鉄道省・一九二一）、『御雇外国人一覧』（日本評論社『明治文化全集』第十六巻・一九二八）、武内博『横浜外人墓地』（山桃社・一九五八）、服部之総『黒船前後』（筑摩書房・一九六六）、澤壽次・瀬沼茂樹『旅行一〇〇年』（日本交通公社・一九六八）、山田直匡『お雇い外国人④交通』（鹿島出版会・一九六八）、生出恵哉『横浜山手外人墓地』（暁印書館・一九八四）、『横浜もののはじめ考』（横浜開港資料館・一九八八）、沢和哉「新橋～横浜間の鉄道建設に尽くしたイギリス人―エドモンド・モレル」（東京電力「地域開発ニュース」二〇〇一・三）、林田治男「鉄道技師：モレルの経歴と貢献」（「大阪産業大学経済論集」二〇〇六・六）

**前島　密**◎前島密『鴻爪痕』（前島彌・一九二〇）、逓信協会編『前島密遺稿集 郵便創業談』（逓信協会・一九三六）、郵政省編『郵政百年の歩み』（小学館・一九七一）、篠原宏『外国郵便事始め』（日本郵趣出版・一九八二）、山口修編『郵便博物館』（ぎょうせい・一九八七）、『横浜もののはじめ考』（横浜開港資料館・一九八八）、横田洋一編『横浜浮世絵』（有隣堂・一九八九）、山口修『前島密』（吉川弘文館・一九九〇）、石井研堂『明治事物起原』（ちくま文庫・一九九七）、童門冬二『小説前島密 天馬陸・海・空を行く』（郵研社・二〇〇四）

**和泉要助**◎「人力車の発明」（『風俗画報』一八九六・一〇・二〇）、下岡蓮杖談「旧幕府史談会席上に於て」（『旧幕府』第三巻第七号、毎日新聞社・一八九九・九）、林若樹「人力車と牛鍋」（『日本及日本人』臨時増刊、明治大正半百年記念号・一九一三）、尾佐竹猛『明治秘史疑獄難獄』（一元社・一九二九）、横浜市役所編『横浜市史稿風俗篇』（横浜市・一九三二）、石井研堂『明治事物起原』（春陽堂・一九四四）、坪内祐三「明治三十一年の人力車夫」（『ちくま』一九六九・九）、齋藤俊彦『人力車』（クオリ・一九七六）、小西四郎編『錦絵幕末明治の歴史』第五巻（講談社・一九七七）、板倉聖宣「日本史再発見 理系の目7・8」（『科学朝日』一九九一・七〜八）、童門冬二「商業者群像 和泉要助1・2」（『商工会』二〇〇〇・七〜八）、エリザ・R・シドモア『シドモア日本紀行』（外崎克久訳・講談社学芸文庫・二〇〇二）、日野龍夫『開化風俗誌集』（『新日本古典文学大系明治篇』岩波書店・二〇〇四）

**岸田吟香**◎『明治文化全集』第一巻皇室篇（日本評論社・一九二三）、宮武外骨『文明開化』（成光館出版部・一九二九）、『廿一大先覚記者伝』（大阪毎日新聞社・一九三〇）、岩崎栄『岸田吟香』（新興亜社・一九四一）、『広告五十年史』（日本電報通信社・一九五一）、森銑三『明治人物逸話辞典』（東京堂出版・一九六五）、鵜月洋『宣伝文』（朝日新聞社・一九六一）、杉浦正『新聞事始め』（毎日新聞社・一九七一）、鶴見俊輔『ジャーナリズムの思想』（『現代日本思想大系』第十二巻・筑摩書房・一九七三）、東球樹『岸田劉生とその周辺』（東出版・一九七四）、『岸田劉生全集』（岩波書店・一九七九）、杉浦正『岸田吟香』（汲古書院・一九九六）、小林弘忠『浮世はままよ』（東洋経済新報社・二〇〇〇）

**早矢仕有的**◎「丸屋商社之記」（『明治文化全集』経済篇・一九二九）、木村毅『明治建設』（改造社・一九三五）、蛯原八郎『早矢仕有的伝』（『明治文化研究』第五輯・学而書院・一九三五・五）、木村毅『丸善外史』（丸善社史編纂委員会・一九六九）、『丸善百年史』（丸善株式会社・一九八〇）、「銅版画に見る横浜明治の商家」（『市民グラフヨコハマ』横浜市役所・一九八七）、横浜開港資料館編『横浜商人とその時代』（有隣堂・一九九四）、『学鐙』特集丸善創業一三〇周年記念（丸善株式会社・一九九九・一）、『学鐙』特集福澤諭吉・早矢仕有的没後百年記念（丸善株式会社・二〇〇一・一）

**ヘボン**◎石井研堂『改訂増補明治事物起原』（春陽堂・一九四四）、高谷道男『ドクトル・ヘボン』（牧野書店・一九五四）、高谷道男「ヘボン博士のこと」（『神奈川県の歴史・人物篇』神奈川県立図書館・一九五九）高谷道男『ヘボン』（吉川弘文館・一九六一）、ヘボン、松村明解説『和英語林集成』（講談社・一九七四）、高谷道男編訳『ヘボン書簡集』（岩波書店・一九七九）、望月洋子『ヘボンの生涯と日本語』（新潮選書・一九八七）、皆川博子『花闇』（中央公論社・一九八七）、『横浜もののはじめ考』（横浜開港資料館・一九八八）、南條範夫『三世沢村田之助・小よし聞書』（文藝春秋・一九八九）、横浜開港資料館編『絵葉書でみる風景・一〇〇年前の横浜・神奈川』（有隣堂・一九九九）

**内海兵吉・打木彦太郎**◎杉浦朝次郎『西洋万物図』（杉浦朝次郎・一八八一）、横浜貿易新報社編『横浜開港側面史』（横浜貿易新報社・一九〇九）、森田忠吉編『横浜成功名誉鑑』（横浜商況新報社・一九一〇）、村井弦齋『食道楽続編 冬の巻』（報知社出版部・一九〇四）、日比野重郎編『横浜社会辞彙』（横浜通信社・一九一七）、鈴木信太郎『パンの文化史』（中央公論社・一九五六）、麒麟麦酒株式会社編『麒麟麦酒株式会社五十年史』（麒麟麦酒株式会社・一九五七）、柴田宵曲『明治の話題』（青蛙房・一九六二）、

森篤男『ヨコハマ散歩』（横浜市観光協会・一九六九）、パンの明治百年史刊行会編『パンの明治百年史』（パンの明治百年史刊行会・一九七〇）、パン産業の歩み刊行会編『パン産業の歩み』（毎日新聞社・一九八七）、『横浜もののはじめ考』（横浜開港資料館・一九八八）、木村屋総本店編『木村屋総本店百二十年史』（木村屋総本店・一九八九）、内海孝『横浜開港と境域文化』（御茶の水書房・二〇〇七）

**草山貞胤・岩谷松平**◎「秦野煙草史話—草山貞胤翁伝」（「財政と専売」一九四九・四）、中村寿夫「秦野煙草史話」（「専売」一九五〇・七）、大渓元千代『たばこ王村井吉兵衛』（世界文庫・一九六四）、紀田順一郎『明治史談』（桃源社・一九六七）、『民営時代たばこの意匠』（専売事業協会・一九七四）、石黒敬七コレクション保存会編『開化写真鏡』（大和書房・一九七五）、『明治大正図誌（関東）』（筑摩書房・一九七八）・井上卓三『秦野たばこ史』（専売弘済会文化事業部・一九七八）、『秦野市史』別巻たばこ編（秦野市・一九八四）、飯島正義「煙草専売制の実施をめぐる生産地域の対応と地主経営—神奈川県秦野地方を中心として」（「経済集志」一九八八・一）、清水勲監修「ビゴーが見た世紀末ニッポン」（「別冊太陽」一九九六・平凡社）

**ビゴー**◎酒井忠康「忘れられた証言者たち」『神奈川県美術風土記・幕末明治初期篇』（有隣堂・一九七〇）、清水勲編著『ジョルジュ・ビゴー画集』（美術同人社・一九七〇）、酒井忠康『ジョルジュ・ビゴーと諷刺』（「みづゑ」一九七二・一〇）、福永重樹「明治の諷刺画家ビゴー」（「三彩」一九七二・一二）、前田愛・清水勲編『自由民権期の漫画』『近代漫画2』（筑摩書房・一九八五）、酒井忠康・清水勲編『日清戦争期の漫画』『近代漫画3』（筑摩書房・一九八五）、清水勲『明治の諷刺画家・ビゴー』（新潮選書・一九七八）、清水勲編『ビゴー日本素描集』（岩波文庫・一九八六）、清水勲編『ワーグマン日本素描集』（岩波文庫・一九八七）、清水勲監修「ビゴーが見た世紀末ニッポン」（「別冊太陽」九五号・一九九六）、福永重樹・堀元彰「ジョルジュ・ビゴー〈近代日本美術家列伝一五四〉」「美術手帖」一九九八・一）、及川茂『フランスの浮世絵師ビゴー』（木魂社・一九九八）、清水勲『ビゴーが見た日本人』（講談社学術文庫・二〇〇一）

**原善三郎・原 三溪**◎横浜貿易新報社編『横浜開港側面史』（横浜貿易新報社・一九〇九）、矢代幸雄「原三溪」1〜3（「芸術新潮」一九五五・一〜三）、横浜市立大学経済研究所編『横浜経済文化事典』（横浜市立大学経済研究所・一九五八）、森篤男『ヨコハマ散歩』（横浜市観光協会・一九六九）、石井光太郎・東海林静男編『横浜どんたく』上下（有隣堂・一九七三）、神奈川県史編集室編『神奈川県史各論編3 文化』（神奈川県・一九八〇）、生出恵哉『ヨコハマ歴史散歩』（暁印書館・一九八三）、『原三溪生誕一二〇年記念 近代日本画のあけぼの展』（朝日新聞社・神奈川新聞社・一九八七）、田中日佐夫「原三溪の眼力」（「芸術新潮」一九八七・一〇）、松信太助編『横浜近代史総合年表』（有隣堂・一九八九）、横浜開港資料館編『横浜商人とその時代』（神奈川新聞社・一九九四）、勝浦吉雄『原善三郎と富太郎（三溪）』（文化書房博文社・一九九六）、新井美恵子『原三溪物語』（神奈川新聞社・二〇〇三）

**茂木惣兵衛**◎横山錦柵編『横浜商人』（横浜商人録社・一八八一）、横浜貿易新報社編『横浜開港側面史』（横浜貿易新報社・一九七六）、『横浜成功名誉鑑』（横浜商況新報社・一九〇九）、「茂木家の六大事業」（「実業之横浜」一九一一・六）、茂木惣兵衛『英国政治の動向』（平凡社・一九三三）、野沢屋編『神奈川県文化展覧会記念写真帖』（野沢屋・一九三四）、茂木惣兵衛『来るべき世界の姿』（千倉書房・一九三四）、野沢屋編『野沢屋創業一〇〇年展』（野沢屋・一九六三）、茂木惣兵衛遺文編纂委員編『茂木惣兵衛遺文集』（茂木惣兵衛遺文編纂委員・一九三六）、山浦貫一「茂木惣兵衛と私」（「政治」一九四九・二）、横浜市立大学経済研究所編『横浜経済文化事典』（横浜市立大学経済研究所・一九五八）、山口和雄『原富太郎と茂木惣兵衛』（明治大学経営学研究所・一九七五）、横浜開港資料館編『横浜商人とその時代』（有隣堂・一九九四）、鎌仲友二・津田武司・中野正裕・松信裕「野沢屋と伊勢佐木町」（「有隣」二〇〇八・一〇）

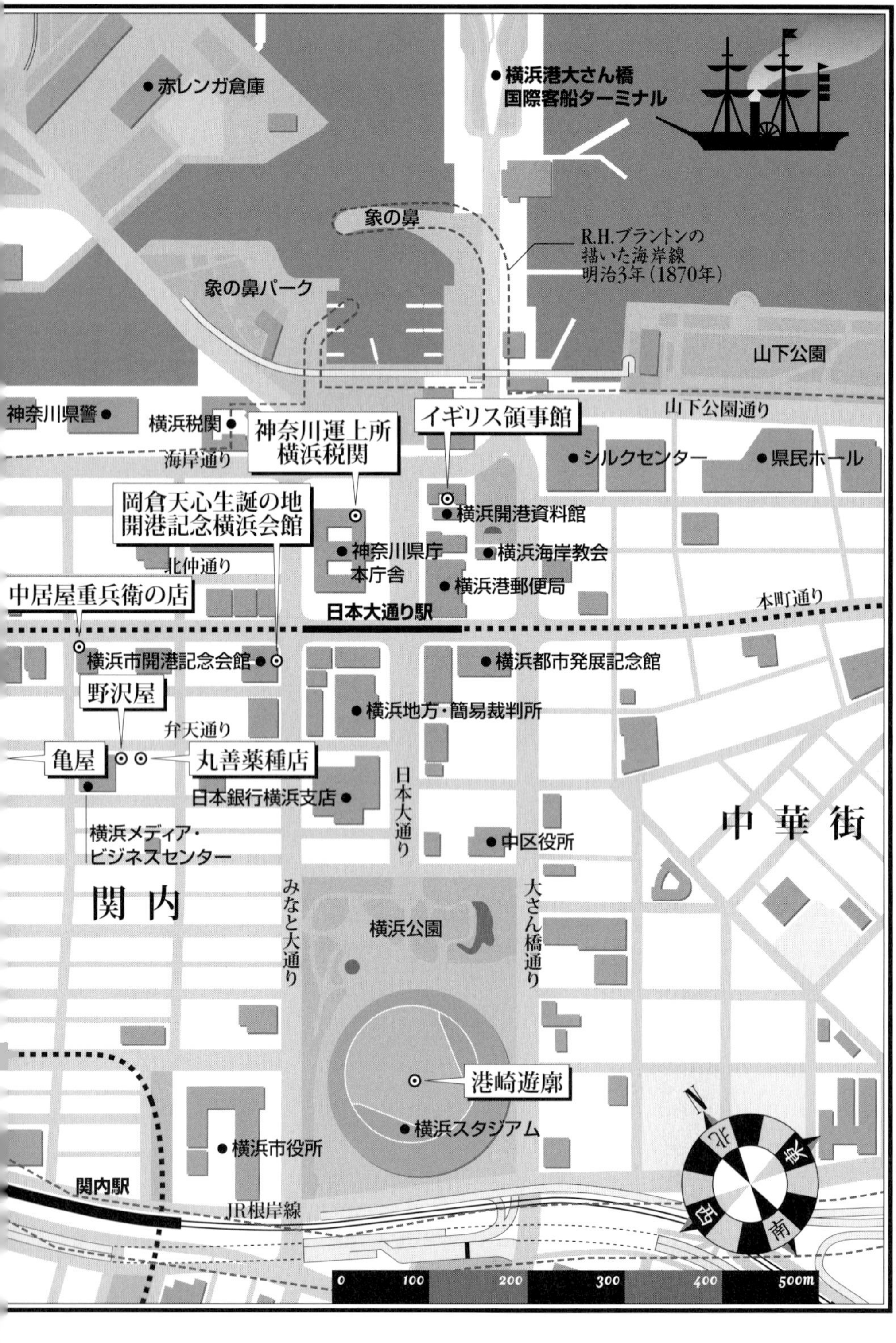

横浜港大さん橋
国際客船ターミナル
赤レンガ倉庫
象の鼻
R.H.ブラントンの
描いた海岸線
明治3年（1870年）
象の鼻パーク
山下公園
神奈川県警
横浜税関
神奈川運上所
横浜税関
イギリス領事館
山下公園通り
海岸通り
シルクセンター
県民ホール
岡倉天心生誕の地
開港記念横浜会館
横浜開港資料館
神奈川県庁
本庁舎
横浜海岸教会
北仲通り
横浜港郵便局
中居屋重兵衛の店
日本大通り駅
本町通り
横浜市開港記念会館
横浜都市発展記念館
野沢屋
横浜地方・簡易裁判所
弁天通り
亀屋
丸善薬種店
日本銀行横浜支店
日本大通り
横浜メディア・
ビジネスセンター
中区役所
中華街
関内
みなと大通り
大さん橋通り
横浜公園
港崎遊廓
横浜スタジアム
横浜市役所
関内駅
JR根岸線
北
東
西
南
N
0
100
200
300
400
500m
Map Designed by Infogram © 2009

横浜
開港時代の人々地圖
其ノ壱……関内
新港
クイーンズスクエア横浜
よこはまコスモワールド
横浜ワールドポーターズ
万国橋
汽車道
横浜ランドマークタワー
乗合汽船発着所
万国橋通り
横浜第二合同庁舎
みなとみらい大通り
馬車道駅
丸善書店
神奈川県立歴史博物館
洲干弁天
本町通り
写真師・下岡蓮杖顕彰碑
桜木町駅
弁天橋
馬車道
関内大通り
横浜市営地下鉄ブルーライン
桜木町駅
関内ホール
指路教会
関内駅

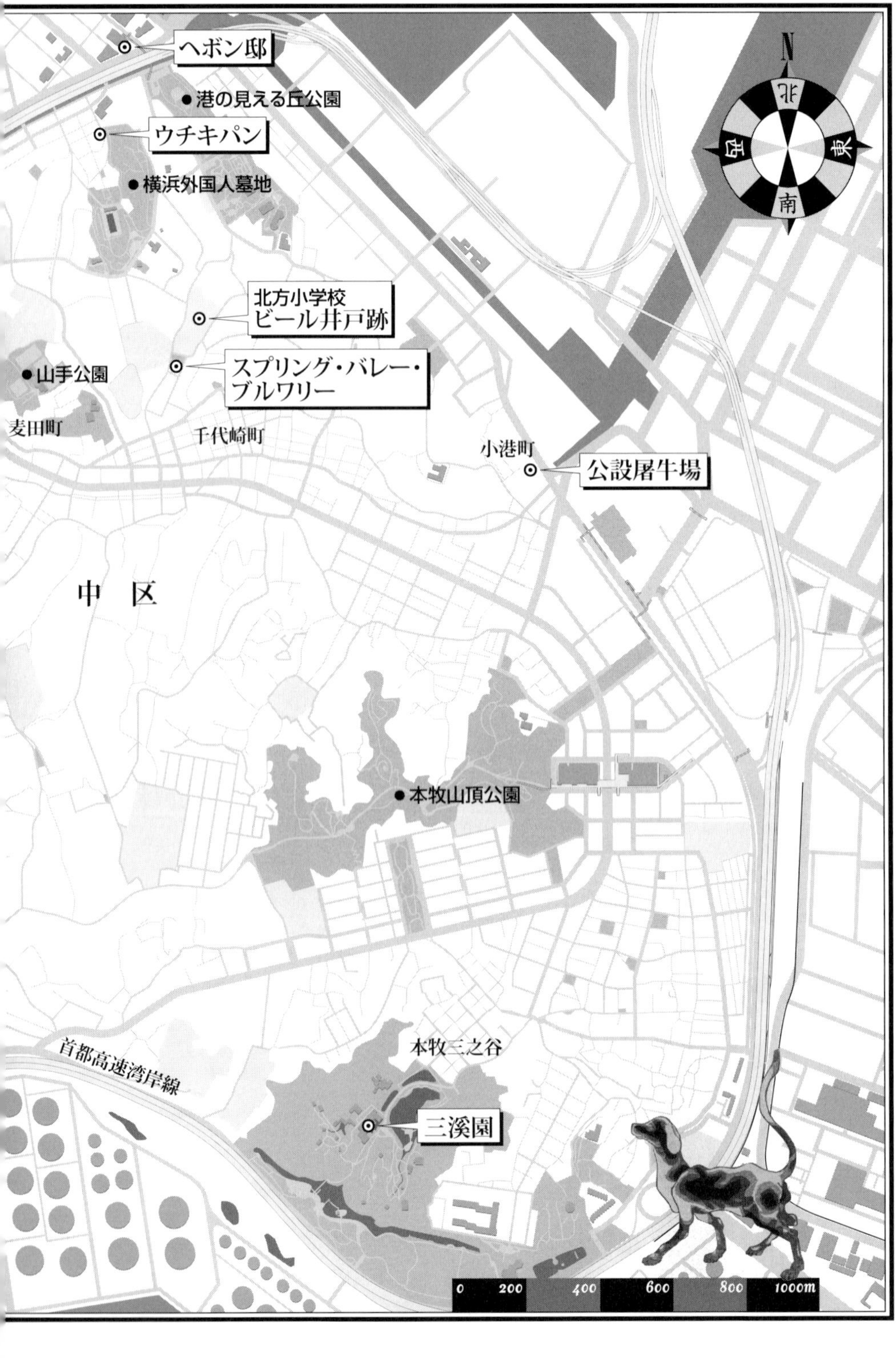

ヘボン邸
港の見える丘公園
ウチキパン
横浜外国人墓地
北方小学校
ビール井戸跡
山手公園
スプリング・バレー・
ブルワリー
麦田町
千代崎町
小港町
公設屠牛場
中　区
本牧山頂公園
首都高速湾岸線
本牧三之谷
三溪園
N
北
東
南
西
0
200
400
600
800
1000m

# 横浜 開港時代の人々地圖

## 其ノ弐……山手、本牧、根岸

## あとがき

この本はいまから約百五十年前、近代日本の夜明けにあたって、神奈川・横浜の経済および文化の両面にわたって活動した人々を中心とした列伝である。

徳川幕府が神奈川、長崎、函館を選んで開港の地とし、出稼ぎ、移住、自由売買を許可したのは安政六年（一八五九）であった。鎖国が寛永十年（一九三三）の第一次鎖国令から始まるとすれば、じつに二百二十六年ぶりに海外への窓が大きく開かれたことになる。これは当時の人々にとって、今日の私たちが想像するよりも、衝撃度の強い出来事だったにちがいない。鎖国という基本政策の放棄を余儀なくされた幕府の姿は、六年前の黒船来航いらい凋落の一途で、庶民の目から見ても危うい存在と化しつつあった

港は間もなく神奈川から横浜へと移転する。幕府にとっては、神奈川でも横浜でも、外国人が江戸に入り込まない防波堤の役割を果たせば足りた。開国といえば長期にわたる幕府専制が崩壊したという意味では、明るく開放的なイメージとなるはずだが、実際に明治初期までの十年間は攘夷派くずれの武士が闊歩し、外国人も自衛の軍隊を常時駐屯させるなど、緊迫した空気が支配していた。新開地特有の火事も頻々として発生、とくに慶応二年（一八六九）十月の豚屋火事などは、居留地の大半を焼き尽くすほどの大火であった。

しかし、このような整備の不十分な、発展途上の街だからこそ、無限の可能性がある。ひとたび開港の声を聞くと同時に、この幕藩体制の末期に生じた異空間には、続々と商

人や労働者が入り込んできた。現在でいえば、ビジネスチャンスを求める人々である。外《と》つ国人《くにびと》もまた海を渡り、千載一遇の商機を窺って、この狭い港町へと押し寄せた。海岸通りには外国商館が軒を並べ、居留地には馬車が疾駆しはじめた。その一角には早くも遊郭が建ち並び、にぎやかな三絃の音にまじって嬌声が漏れてくる。生糸や洋銀相場で巨利を博する者、一敗地にまみれて活舞台から消える者……。まさに疾風怒濤の時代という形容がふさわしい。

肝心なことは、こうした裸一貫の冒険商人たちが幕府の規制をかいくぐり、治外法権の上にあぐらをかく外国勢力と戦いながら、徐々に地盤を固めていったという一事である。ここから横浜商人特有の反権力性、在野性が生まれた。文明開化の先駆というプライドから、進取の気質も生まれた。

いつのころからか、私はこのような横浜の風土に関心を抱くようになった。それは幼いころの遊び場であった山手居留地の丘陵から聞こえる出船の銅鑼《どら》の音に、異国への夢と憧れをかき立てられたせいばかりではない。

私が生まれた横浜の本牧地方は、幕末までは生産性の低い半農半漁地帯で、せいぜい幕府専売の熬海鼠《いりなまこ》で知られる程度であったが、地理的には山手の丘陵地帯をはさんで開港地と隣り合っていたため、明治以後の一時期には居留地に働き口を求める人々が多かった。この地の出身者としては、さしあたり本書に記す製パン業の内海兵吉などが代表的存在だが、私の曾祖父も明治期に白生地を手広く商う横浜商人のはしくれだった。本牧に散在する丘陵には、若き日の伊藤左千夫や谷崎潤一郎（後年には中島敦）が居住していたこともあるという意味で、文学史的にも興味深い地域なのだが、惜しむらくは関東大震災および第二次大戦下の大空襲によって史料のほとんどが焼失してしまったことだ。

ただし、私などは辛うじて残された家蔵の文書類を、貴重性を意識しながら眺めているうちに、横浜を含む近代史一般への関心が育まれたともいえる。本書の執筆にあたっても、そのような郷土の歴史に対する思いが、絶えず去来したことを付記しておきたい。

本書にとりあげた人物は、対比的に描いた人物を含めると二十名以上になる。最初は「開港・開化傑物伝」として雑誌“Best Partner”(浜銀総合研究所発行)に二〇〇八年一月号から連載されたもので、うち十六回分を本書にまとめた。横浜の歴史や風物を多方面からとらえ、明治文化全体の中に位置づけたいという意図から、従来ならば漏れてしまうような他府県の人物や出来事も、関連的にとりあげることにした。

執筆にあたって、多くの文献を参照させていただいたことに謝意を表したい。巻末の参考書目にも掲げたように、たくさんの新しい知見にふれることはもとより、忘れられかけた古い資料の発掘にも努力した。図版に関しては、とくに横浜開港資料館、県立神奈川近代文学館のお世話になった。併せて感謝したい。連載にあたっては青田吉正(プレジデント社企画編集部)の手を煩わせた。単行本化に際しては稲村隆二氏(神奈川新聞社代表取締役社長)に強力な推挙をいただき、また下野綾氏をはじめ同社出版部の方々にはお世話になった。さらに黎明期横浜のイメージをブックデザインにしていただいた中川憲造氏、森上暁氏(NDCグラフィックス)にお礼申しあげたい。

二〇〇九年三月

著　者

**著者略歴**

紀田順一郎
一九三五年（昭和十）、横浜生まれ。

慶応義塾大学経済学部卒。

『永井荷風』『東京の下層社会』『名著の伝記』など、文学、近現代の社会風俗、書誌など幅広く論じるほか、推理小説の創作も手がける。

二〇〇八年（平成二十）、『幻想と怪奇の時代』で日本推理作家協会賞（評論その他の部門）受賞。

同年、神奈川文化賞受賞。

二〇〇六年（平成十八）より、財団法人神奈川文学振興会理事長。

---

**横浜 開港時代の人々**

二〇〇九年四月二十七日 初版発行

著者 紀田順一郎

発行 神奈川新聞社
〒 231-8445 神奈川県横浜市中区太田町 2-23
電話 045-227-0850［出版部］

装幀 中川憲造＋森上暁／NDC グラフィックス



ISBN978-4-87645-438-9 C0023

## 神奈川新聞社の本

かなしん150選書――01

### 開国史話

加藤祐三 著

日米にとって初めての条約交渉に
人々はいかに立ち向かったか。
ペリー来航の横浜を舞台に、
開国をめぐる熱い駆け引きを描く。
四六判三六〇頁
一四七〇円（本体一四〇〇円＋税）

かなしん150選書――02

### 亞墨理駕《アメリカ》船渡来日記
**横浜貿易新聞から**

西川武臣 編著

ペリー艦隊を目のあたりにした
名もない人々は、何を見たのか、感じたのか。
古記録の復元とともに、わかりやすい解説で
幕末庶民の国際感覚を知る！
四六判三〇〇頁
一四七〇円（本体一四〇〇円＋税）

かなしん150選書――03

### おもろ遠眼鏡《とおめがね》
**庶民の見た幕末・明治**

横浜開港資料館 編

「聞く」「食べる・飲む」「知らせる」
「乗る」「治す」「装う」「楽しむ」の
各キーワード別に、
幕末から昭和初期まで、
横浜の知られざる庶民文化を
わかりやすく紹介。
四六判二〇八頁
一四七〇円（本体一四〇〇円＋税）

### 横浜・歴史の街かど

横浜開港資料館 編

ペリー来航から関東大震災まで、
横浜開港資料館の貴重な資料をもとに、
今は失われた街並みや景観を、
興味深いエピソードで取り上げる。
古きよき横浜を
やさしく語る五〇話。
四六判一一〇頁
九四五円（本体九〇〇円＋税）